Compliance-Richtlinien und die Umsetzung im Arbeitsrecht

Europäische Hochschulschriften

European University Studies

Publications Universitaires Européennes

Reihe II **Rechtswissenschaft**

Series II Law

Série II Droit

Band/ Volume **6037**

Yanan Liu

Compliance-Richtlinien und die Umsetzung im Arbeitsrecht

PETER LANG

Bibliografische Information der Deutschen Nationalbibliothek
Die Deutsche Nationalbibliothek verzeichnet diese Publikation in der Deutschen Nationalbibliografie; detaillierte bibliografische Daten sind im Internet über http://dnb.d-nb.de abrufbar.

Zugl.: Passau, Univ., Diss., 2018

D 739
ISSN 0531-7312
ISBN 978-3-631-76767-2 (Print)
E-ISBN 978-3-631-76012-3 (E-PDF)
E-ISBN 978-3-631-76869-3 (EPUB)
E-ISBN 978-3-631-76870-9 (MOBI)
DOI 10.3726/b14706

Peter Lang – Berlin · Bern · Bruxelles · New York · Oxford · Warszawa · Wien

Diese Publikation wurde begutachtet.

www.peterlang.com

Meinen Eltern und Lei Xiao

Vorwort

Die vorliegende Arbeit wurde im Wintersemester 2017 von der juristischen Fakultät der Universität Passau als Dissertation angenommen. Literatur und Rechtsprechung sind bis Ende 2017 berücksichtigt.

Meinem Doktorvater, Herrn Prof. Dr. Frank Bayreuther, danke ich herzlich für seine Betreuung und stetige Unterstützung. Die Zeit als eine ausländische Doktorandin an der Universität Passau war aufgrund der Hilfe von den Kollegen im Lehrstuhl eine wunderbare Erfahrung. Herrn Prof. Dr. Ulrich Manthe danke ich für die schnelle Erstellung des Zweitgutachtens.

Die Arbeit widme ich besonders meinen Eltern und meinem Freund Lei Xiao. Sie haben mich stets in allem unterstützt.

Passau, im Juli 2018 Yanan Liu

Inhaltsverzeichnis

Kapitel 1: Einleitung

A. Problemstellung

Zahlreiche Wirtschaftsskandale wie Korruptions-, Bestechungs- oder Täuschungsfälle im In- und Ausland können erhebliche finanzielle Schäden und einen Imageverlust für Unternehmen herbeiführen. Heutzutage bestehen daher immer höhere Anforderungen an die Unternehmensführung. Vor diesem Hintergrund spielt das Thema Compliance eine immer größere Rolle. Seit Jahren wird über dieses Thema viel diskutiert, sodass Compliance zu einem internationalen Thema geworden ist. Auch in Deutschland hat Compliance zunehmend an Bedeutung gewonnen, so verfügten bis 2015 ca. 76% der Unternehmen über ein Compliance-Management-System.[1] Das aus dem amerikanischen Rechtskreis stammende Wort „Compliance" wurde in den deutschen gesetzlichen und aufsichtsrechtlichen Regelungen niedergelegt, wobei die Einführung von Compliance in vielen Bereichen vorkommen kann. In einem Compliance-System stehen Compliance-Richtlinien als wesentlicher Bestandteil im Vordergrund, wobei mittlerweile bundesweit die Einführung von Compliance-Richtlinien stattfindet.

In arbeitsrechtlicher Hinsicht befassen sich Compliance-Richtlinien mit vielseitigen Verhaltensregelungen, welche die Belegschaft eines Unternehmens zwingend einhalten muss. Zur effektiven Umsetzung von Compliance-Richtlinien muss ein Bündel von Problemfeldern geklärt werden. Bei US-amerikanischen Unternehmen dienen die aus Amerika stammenden „code of ethics" als Vorbild zur Umsetzung von Compliance-Richtlinien. Aufgrund von Rechtsdifferenzen sowie Kulturunterschieden zwischen Deutschland und den USA ist eine einheitliche Geltung im deutschen Recht nicht möglich, da dies zu einer Rechtskollision führen kann. Des Weiteren enthalten Compliance-Richtlinien umfassende Anforderungen zur Einhaltung von gesetzlichen und arbeitsrechtlichen Pflichten, wobei jeweilige Inhalte und Grenzen nicht eindeutig erkennbar sind. Bei der Umsetzung von Compliance-Richtlinien sind arbeitsrechtliche Instrumente anzuwenden, wobei der Umfang und die Grenze des jeweiligen Instruments beachtet werden sollte.

Die vorliegende Arbeit zielt auf die Berücksichtigung und systematische Untersuchung dieser Problemfelder ab. Dabei wird sowohl ein Überblick über

---

1 Bussmann/Salvenmoser/Jeker, CCZ 2016, 235.

das Compliance-System gegeben, als auch eine Erläuterung zur Umsetzung von Compliance-Richtlinien anhand typischer Klauseln geliefert.

B. Gang der Untersuchung

Im Rahmen dieser Arbeit wird die Einführung von Compliance-Richtlinien aus der arbeitsrechtlichen Sicht analysiert. Zunächst werden die theoretischen Grundlagen zu Compliance dargestellt (Kapitel 2). Hierbei wird ein Überblick über die grundlegenden Kenntnisse, die Entwicklung sowie die einzelnen Elemente eines Compliance-Systems dargelegt. Als ein wichtiger Teil des Compliance-Systems sind Compliance-Richtlinien, die sich auf eine Reihe von Verhaltensregelungen beziehen, welche der Konkretisierung des Zwecks und der Funktionen von Compliance dienen, von besonderer Bedeutung. In diesem Zusammenhang werden die Motivationen und die Inhalte von Compliance-Richtlinien näher beleuchtet (Kapitel 3). Die Struktur einer Compliance-Richtlinie wird vor allem von den US-amerikanischen Regelungen beeinflusst, wobei die typischen Klauseln auch nach dem Vorbild der NYSE LCM kategorisiert werden. Anschließend gilt es zu ermitteln, welche Möglichkeiten der Einführung von Compliance-Richtlinien im Unternehmen bestehen. Dazu kommen die traditionellen arbeitsrechtlichen Regelungsmittel, wie z.B. das Weisungsrecht, der Arbeitsvertrag sowie die Betriebsvereinbarung und der Tarifvertrag in Betracht (Kapitel 4). Bei der Einführung von Compliance-Richtlinien durch arbeitsrechtliche Möglichkeiten bedarf es der Mitbestimmung des Betriebsrats, soweit Mitbestimmungsgegenstände betroffen sind. Hiermit wird untersucht, ob die Einführung von Compliance-Richtlinien der Mitbestimmung des Betriebsrats unterliegen soll (Kapitel 5). Weiterhin ist der Untersuchungsgang an der Rechtsfolge anzuschließen, sofern Arbeitnehmer gegen die Compliance-Richtlinien verstoßen. Hiermit würden auf den Arbeitnehmer negative Rechtsfolgen zukommen (Kapitel 6). Zum Schluss dieser Arbeit werden die Ergebnisse der Untersuchung von jedem Kapitel zusammengefasst (Kapitel 7).

Kapitel 2 : Grundlage von Compliance

In jüngster Zeit wird „Compliance“ in der wirtschaftlichen und juristischen Literatur intensiv diskutiert, weshalb es den Anschein hat, dass Compliance ein immer wichtigeres Thema wird.[2] Dieser aus dem amerikanischen Recht transferierte Begriff befasst sich mit vielen Aspekten, sodass eine einheitliche Definition des Rechtsbegriffs „Compliance“ nicht existiert. Vielmehr steigen die rechtlichen Anforderungen, deren Erfüllung Schwierigkeiten bereiten.[3] Vor diesem Hintergrund sind die Rechtsweite und der Umfang von Compliance sowie die rechtlichen Anforderungen zu überdenken. Weitergehend bezieht sich der Compliance-Begriff darauf, die rechtlichen Anforderungen im Unternehmen zu koordinieren, wofür der Aufbau eines entsprechenden Compliance-Programms erforderlich ist.

A. Begriff von „Compliance“

Der Begriff „Compliance“ stammt aus der englischen Sprache, und leitet sich von „to comply with“ ab. Eine exakte Definition dazu findet sich weder im Gesetz und noch in der Literatur, vielmehr wird der konkretisierte Begriff in rechtliche und wirtschaftliche Deutungsmuster verortet.[4] Aus dem Wortlaut lässt sich Compliance als „Einhaltung, Befolgung und Übereinstimmung“ übersetzen.[5] Eine inhaltliche Begriffsbestimmung wird hieraus jedoch kaum ersichtlich.

Hauschka setzt Compliance mit der „Einhaltung, Befolgung, Übereinstimmung, Einhaltung bestimmter Gebote“ in Zusammenhang.[6] *Uwe H. Schneider* wiederum definiert Compliance als die Einhaltung der „Gesetze, Regeln und Usancen“.[7] Gemeint ist damit die Einhaltung von bestimmten Regeln, wobei Compliance als die Einhaltung der für Unternehmen verbindlichen Vorgaben zu verstehen ist. Weiterhin beschreibt der *Deutsche Corporate Governance Kodex (DCGK)* seit der Fassung 2007 in Ziffer 4.1.3 Compliance als die Einhaltung

---

2 Bürkle, BB 2005, 565.

3 Bergmoser/Theusinger/Gushurst, BB-Special 5 2008, 1.

4 Bergmoser/Theusinger/Gushurst, BB-Special 5 2008, 1.

5 Duden-Oxford-Großwörterbuch Englisch

6 Hauschka/Moosmayer/Lösler, Corporate Compliance, § 1 Rn. 2; Hauschka, ZIP 2004, 877.

7 Uwe. H. Schneider, ZIP 2003, 645, 646.

der gesetzlichen Bestimmungen und unternehmensinternen Richtlinien. Obwohl der DCGK kein Gesetz ist, entspricht diese Definition der überwiegenden Meinung in der Literatur.[8] Hinzu kommt die Definition aus *IDW/PS 980*, wonach Compliance als Einhaltung von Regeln (z.B. Gesetze, vertragliche Verpflichtungen und interne Regelungen oder Richtlinien) zu begreifen ist, wobei der Gegenstand von Compliance jedoch um die Einhaltung vertraglicher Verpflichtungen erweitert wird. Diese Definition weicht bereits von der allgemeinen Auffassung ab. Dabei ist in der Literatur allerdings zu verneinen, dass der Verstoß gegen vertragliche Regeln nicht jedenfalls zu einer Pflichtwidrigkeit führe und die zweite Verwendung des Compliance-Begriffs aus praktischer Sicht unsicher wäre.[9] Zusammenfassend lässt sich Compliance als die tatsächliche Einhaltung aller unternehmens-verbindlichen und einschlägigen Vorgaben, Regelungen sowie Anforderungen verstehen. Es umfasst dabei nicht nur die gesetzlichen Regelungen, vielmehr sind die einschlägigen Regelungen aus der jeweiligen Gesellschaftssatzung sowie den Unternehmensrichtlinien und Unternehmensanordnungen zu beachten.[10] Zu den für Unternehmen einschlägigen Regelungen gehören neben den nationalen Bestimmungen auch die im Unternehmen anwendbaren ausländischen Bestimmungen.[11] Darüber hinaus sind auch die „non-legislativen" Normen wie nationale und internationale Regeln und Standards erfasst, womit Compliance hiermit eine „supra-juristische" Wirkung besitzt.[12]

Weitergehend wird Compliance auch als organisatorische Maßnahme aufgefasst, wobei die Unternehmensführung zu gewährleisten hat, dass ein potenzieller Regelverstoß von den Mitarbeitern verhindert wird. In diesem Sinne wird Compliance als Risikomanagement bezeichnet, das sich aus der angelsächsischen Ausprägung ergibt.[13] Ein solches organisatorisches Verständnis ist jedoch nur dann von Bedeutung, wenn es um die Aufgaben und Pflichten eines

---

8 Vgl. Eisele/Faust, in Schimansky/Bunte/Lwowski, Bankrechtshandbuch, § 109, Rn. 1; Bergmoser/Theusinger/Gushurst, BB-Special 5 2008, 1; Bürkle, BB 2005, 565; Lösler, NZG 2005, 104.

9 Vgl. Fett/Theusinger, BB-Special 4 2010, 6, 7.

10 Hauschka/Moosmayer/Lösler, Corporate Compliance, § 1, Rn. 2; Hauschka, ZIP 2004, 877; Mengel/Hagemeister, BB 2006, 2466; Mengel, Compliance und Arbeitsrecht, Einleitung B; Heldmann, DB 2010, 1235.

11 Kort, NZG 2008, 81, 83; Kremer/Klahold, ZGR 2010, 113, 117.

12 Klindt, NJW 2006, 3399; Kort, NZG 2008, 81, 82.

13 Kort, NZG 2008, 81; Kremer/Klahold, ZGR 2010, 113, 117; Eisele/Faust, in Schimansky/Bunte/Lwowski, Bankrechtshandbuch, § 109, Rn. 1.

„Compliance-Beauftragten“ geht.[14] Insbesondere geht es um die deutschen Unternehmen, die in den USA börsennotiert sind. Deshalb wird für das organisatorische Verständnis Compliance nur teilweise und bedingt verwendet.[15] In diesem Sinne kann Compliance als „legal transplant“ im deutschen Recht bezeichnet werden.[16] Zur Abgrenzung des Compliance-Begriffs im organisatorischen und grundsätzlichen Sinne sollte zumindest die „Compliance-Abteilung“ erwähnt werden.[17]

Im weitesten Sinne ist unter Compliance zu verstehen, dass sie eine „Binsenweisheit“ sei[18] und ein Bündel von Maßnahmen darstellt, die alle Bereiche des Unternehmens betreffen. Dieses Verständnis umfasst die Gesamtheit der Maßnahmen und Vorkehrungen, welche die Gebotskonformität sicherstellen. Dabei handelt es sich um normative Maßnahmen, institutionelle Maßnahmen und technische Maßnahmen.[19] Compliance ist demnach eher als „Compliance-Programm“ zu begreifen, hiermit kombiniert der DCGK in Ziffer 4.1.3 unter dem Compliance-Begriff die Einhaltung aller Gebote mit einem Compliance-Programm, die mit dem Organisationsprogramm in Verbindung stehen.[20]

Zusammenfassend lässt sich festhalten, dass der Compliance-Begriff bislang noch nicht einheitlich definiert worden ist. In der Literatur lässt sich Compliance unter unterschiedlichen Gesichtspunkten[21] unterscheiden, sodass der Compliance-Begriff in rechtlichen Gedanken immer mehr konkretisiert und verortet wird. Aus der Unterscheidung des Compliance-Begriffs ergibt sich zudem, dass Compliance nur im weitesten Sinne als die umfassende Gesamtheit sämtlicher

---

14 Mengel/Hagemeister, BB 2007, 1386.

15 Kremer/Klahold, ZGR 2010, 113, 117; Schneider, S. 37.

16 Fleischer, NZG 2004, 1129, 1131.

17 Rotsch, in Rotsch, Criminal Compliance, § 1 Rn. 9.

18 Uwe. H. Schneider, ZIP 2003, 645, 646.

19 Vgl. Uwe. H. Schneider, ZIP 2003, 645, 646; Hauschka/Moosmayer/Lösler, Corporate Compliance, § 1 Rn. 2; Eisele/Faust, in Schimansky/Bunte/Lwowski, Bankrechtshandbuch, § 109 Rn. 1; Bürkle, BB 2005, 565; Kremer/Klahold, ZGR 2010, 113, 117; Lelley, Compliance im Arbeitsrecht, Teil A, Rn.2.

20 Kremer/Klahold, ZGR 2010, 113, 117.

21 Rotsch unterscheidet das Verständnis in drei Stufen, Rotsch in Rotsch, Criminal Compliance, § 1 Rn. 9.; Cauers unterscheidet dies im engeren Sinne und weiteren Sinne, Cauers/Haas/Jakob/Kremer/Schartmann/Welp, DB 2008, 2717; dazu, so auch Kremer und Klahold beschreiben Compliance unter materielle Compliance mit Compliance-Programm, Kremer/Klahold, ZGR 2010, 113, 117. Trotz der unterschiedlichen Unterscheidung befasst sich der Compliance-Begriff immer mit der Einhaltung von Geboten und den Organisationsmaßnahmen.

Maßnahmen gerecht wird.[22] Damit werden die in den Unternehmensinteressen liegenden Aufgaben, wie z.B. Risikosteuerung, Haftungsvermeidung oder Korruptionsbekämpfung anhand organisatorischer Maßnahmen sichergestellt.

B. Entwicklung von Compliance

Compliance stammt ursprünglich aus den USA und entwickelte sich anfänglich als Reaktion auf die steigende Wirtschafts- und Unternehmenskriminalität. Im Jahre 1991 wurden die sogenannten „Federal Sentencing Guidelines" (FSG)[23] eingeführt, sodass die Compliance-Idee im Strafrecht wiederzufinden ist. Die FSG bieten dem Unternehmen die Möglichkeit, sich über die wesentlichen Elemente eines Compliance-Programms und auch eine Anleitung zur Schaffung effektiver Compliance-Strukturen zu informieren. Hat das Unternehmen nach den Anforderungen der Guidelines ein Compliance-Programm eingeführt, kann das zu einer Sanktionsreduzierung oder Milderung führen.[24] Neben dieser öffentlich rechtlichen Verwaltungsanweisung veröffentlichte die Securities Exchange Commission (SEC) eine Reihe von Regelungen zur Sicherstellung des Wertpapierhandels, andernfalls wird eine erhebliche „civil penalty" aufgrund des Mangels an der Etablierung eines ordentlichen Compliance-Systems angedroht.[25] Ebenso werden die Sanktionen minimiert oder reduziert, wenn die Anforderungen zu entsprechenden Compliance-Maßnahmen eingeführt werden.[26] Aufgrund der Skandale von Enron und Worldcom wurde im Jahre 2002 der Sarbanes-Oxley Act (SOX) verabschiedet, wodurch eine Verschärfung der Unternehmenskontrolle erfolgte. Der SOX verpflichtet die Unternehmen nämlich dazu, Verhaltensregeln einzuführen, um betrügerische Handlungen und unrichtige Abschlussprüfungen zu vermeiden.[27] Davon betroffen sind nicht nur die US-amerikanischen Unternehmen, sondern auch die ausländischen Unternehmen, deren Anteile an der US-Börse gehandelt werden oder die sonst zur Berichterstattung an die US-Börsenaufsicht (SEC) verpflichtet sind.[28]

---

22 Vgl. Eisele/Faust, in Schimansky/Bunte/Lwowski, Bankrechtshandbuch, §109 Rn. 1; Bürkle, BB 2005, 565.

23 http://www.ussc.gov/guidelines-manual/guidelines-manual.

24 Hauschka/Moosmayer/Lösler, Corporate Compliance, § 1, Rn.40.

25 Securities Exchange Act of 1934 (SEA), https://www.sec.gov/about/laws/sea34.pdf.

26 Mahnhold, Compliance und Arbeitsrecht, S. 31.

27 Strauch, NZG 2003, 952.

28 Mengel, Compliance und Arbeitsrecht, Einleitung.

In Deutschland war die Compliance-Idee zuerst im Bereich des Wertpapierhandels wiederzufinden, wobei freiwillige interne Richtlinien zur Selbstregulierung in Wertpapierunternehmen eingeführt wurden.[29] Hierbei steht Compliance vor allem im Zusammenhang mit den börsenrechtlichen Vorschriften zur Vermeidung von Insiderverstößen und Interessenkonflikten.[30] Dafür spricht § 33 Abs. 1 S. 2 Nr. 1 WpHG, dass Wertpapierdienstleistungsunternehmen sich dazu verpflichten, eine Compliance-Funktion einzurichten. Nach der Normierung der Organisationspflichten im WpHG hat die Bundesanstalt für Finanzdienstleistungsaufsicht (BaFin) anschließend die rechtliche Vorschrift konkretisiert und diese im Allgemeinen als „Compliance-Richtlinie" bezeichnet.[31] Seit dem Jahr 2010 hat die BaFin die Mindestanforderungen an die Compliance-Funktion und die weiteren Verhaltens-, Organisations- und Transparenzpflichten nach §§ 31 ff. WpHG für Wertpapierdienstleistungsunternehmen (MaComp) veröffentlicht und diese Regelungen stetig verändert und ergänzt,[32] wodurch die Durchsetzung der einzelnen Regelungen präzisiert werden kann. Nach der Zunahme von Haftungsrisiken lassen sich Compliance-Maßnahmen insbesondere in Großunternehmen beobachten. So wird eine Vielzahl von Compliance-Regelungen im privaten Sektor eingeführt, wobei viele Großunternehmen Compliance-Maßnahmen oder Richtlinien insbesondere entsprechend der wirtschaftlichen und rechtlichen Relevanz des Compliance-Systems etabliert haben.[33] Hierbei beschränkt sich Compliance nicht mehr nur auf den finanziellen Bereich, sondern erstreckt sich mittlerweile auf Unternehmen aus sämtlichen Branchen,[34] wobei kleine und mittlere Unternehmen das Compliance-System zu beachten und Compliance-Maßnahmen auszugestalten haben.[35] Im Jahr 2011 hat das Institut der Wirtschaftsprüfer (IDW) den Prüfungsstandard IDW/PS 980 veröffentlicht, der den Inhalt freiwilliger Prüfungen von Compliance-Management-Systemen (CMS-Prüfungen) verdeutlicht. Trotz der Kritik[36] ist ein weiteres Verständnis im

---

29 Soyez, CCZ 2011, 189.

30 Mengel, Compliance und Arbeitsrecht, Einleitung; Lösler, NZG 2005, 104.

31 Richtlinie zur Konkretisierung der Organisationspflichten von Wertpapierdienstleistungsunternehmen gem. § 33 I WpHG vom 25. 10. 1999, Bundesanzeiger Nr. 210 vom 6. 11. 1999, S. 18453 (Compliance-Richtlinie), in Lösler, Compliance im Wertpapierdienstleistungskonzern, S. 39 ff.

32 Abrufbar unter http://www.bafin.de/

33 Vgl. Rotsch, in Rotsch, Criminal Compliance, § 1 Rn.21.

34 Bachmann, in Kremer/Bachmann/Lutter/v.Werder, DCGK, Rn. 811 ff.

35 Vgl. Schröder, CCZ 2015, 63, 64.

36 Fett/Theusinger, BB-Special 4 2010, 6, 7.

Bezug auf Compliance zu vertreten. Im Jahr 2012 wurde weiterhin das Deutsche Institut für Compliance (DICO) gegründet,[37] wodurch die Standards für Compliance gesetzt sind und eine gute Unternehmensführung in Deutschland gestaltet werden soll. In jüngerer Zeit wird an eine Gesetzgebung zur Compliance Maßnahme appelliert. Im Jahr 2014 hat das DICO einen Gesetzesvorschlag für den Entwurf eines Gesetzes zur Schaffung von Anreizen für Compliance-Maßnahmen in Betrieben und Unternehmen (ComAG) vorgelegt,[38] das auf die Schaffung eines Anreizes für Präventionsmaßnahmen in Unternehmen und Betrieben und damit die Bekämpfung von Wirtschaftskriminalität abzielt.[39] In diesem Sinne hat Compliance mehr an Bedeutung gewonnen, auch in der Praxis spielt Compliance eine immer wichtigere Rolle.

C. Compliance und Corporate Governance

Ähnlich wie beim Compliance-Begriff stammt der Begriff der Corporate Governance auch aus der anglo-amerikanischen Wirtschafts- und Rechtsterminologie, der in Deutschland weiter konkretisiert worden ist. In Hinsicht auf die Funktionen besteht eine gewisse Gemeinsamkeit bei beiden Begriffen.[40] Im Folgenden soll das Verhältnis zwischen Compliance und Corporate Governance diskutiert werden.

Der Corporate Governance-Begriff ist in Deutschland in den 1990er Jahren erstmals aufgetaucht.[41] Ähnlich wie im Falle von Compliance findet sich hierbei eine einheitliche Definition weder in den Gesetzen noch in den rechts- oder betriebswissenschaftlichen Literaturen. Der Begriff der Corporate Governance lässt sich in der deutschen Sprache mit „Grundsatz zur Unternehmensführung“ übersetzen[42] und als ein Ordnungsrahmen für die Leitung sowie Überwachung eines Unternehmens bezeichnen.[43] In anglo-amerikanischen Herkunftsländern ist Corporate Governance als Disziplinierungsmittel der Anteilseigner gegenüber dem angestellten Management und damit also der

37 https://www.dico-ev.de/

38 Abrufbar unter http://dico-ev.de/index.php?id=263

39 Dierlamm, CCZ 2014, 194.

40 Bergmoser/Theusinger/Gushurst, BB-Special 5 2008, 1.

41 Hauschka/Moosmayer/Lösler, Corporate Governance, § 1, Rn. 1.

42 Definition im Gabler Wirtschaftslexikon

43 Vgl. Präambel des Deutschen Corporate Governance Kodexes in der Fassung vom 05.05.2015.

Schutz von Anteilsinteressen zu verstehen.[44] Während Corporate Governance die Marktwirtschaft aus der angelsächsischen Rechts- und Wirtschaftskultur betont, zielt dieser Begriff in Deutschland eher auf das „Koalitionsmodell der Unternehmung" ab. Hiermit richtet sich das Verständnis von Corporate Governance in deutscher Rezeption auf einen Ausgleich zwischen den Interessen der Anteilseigner, Beschäftigten, Gläubiger und der Öffentlichkeit.[45] Im Allgemeinen dient Corporate Governance also zur Verwirklichung einer guten Unternehmensführung. Nachfolgend sollen die umfassenden Elemente dieses Systems näher beleuchtet werden.[46]

Der auch aus der anglo-amerikanischen Rechtsterminologie übernommene Begriff Compliance meint die Einhaltung, Befolgung und Übereinstimmung von bestimmten Geboten. Damit verlangt Compliance also, dass sich Unternehmen und Organe ordnungsgemäß und rechtmäßig verhalten, wobei die Haftungen von Unternehmen vermieden werden können. Hierbei stellt das Risikomanagement ebenfalls eine Aufgabe der Compliance dar.[47] Bereits zuvor wurde Compliance als wesentlicher Bestandteil der Corporate Governance eingeordnet,[48] der eine Voraussetzung für eine nachhaltige, risiko- und wertorientierte, ethische und regelkonforme Unternehmensführung sei.[49] Im Laufe der Zeit hat Compliance sich in der deutschen Rechtsterminologie zu einem eigenständigen Begriff entwickelt.[50] Im Jahre 2007 formulierte der Deutsche Corporate Governance Kodex den Compliance-Begriff wie folgt: „Der Vorstand hat für die Einhaltung der gesetzlichen Bestimmungen und der unternehmensinternen Richtlinien zu sorgen und wirkt auf deren Beachtung durch die Konzernunternehmen hin (Compliance)." Vor diesem Hintergrund steht Compliance mit Corporate Governance im Hinblick auf die Unternehmensführung in Beziehung. Der Unterschied liegt lediglich in der Perspektive, dass Corporate

---

44 Gerum, in: Budäus, Governance von Profit- und Nonprofit-Organisationen in gesellschaftlicher Verantwortung, S. 15, 17; Bergmoser/Theusinger/Gushurst, BB- Special 5 2008, 1; Köstner, S. 21.

45 Bergmoser/Theusinger/Gushurst, BB-Special 5 2008, 1.

46 Hauschka, in Hauschka, Corporate Governance, § 1, Rn. 1.

47 Berndt/Hoppler, BB 2005, 2623, 2627; Hehn/Hartung, DB 2006, 1909.

48 Berndt/Hoppler, BB 2005, 2623, 2627; Kagan, S.30; Lelley, Compliance im Arbeitsrecht, S. 13; Kort, NZG 2008, 81.

49 Kort, NZG 2008, 81; Menzies, Sarbanes- Oxley und Corporate Governance, 2006, S. 2.

50 Kagan, S.30; Schneider, S. 43; auch vgl. Hauschka/Moosmayer/Lösler, Corporate Governance, § 1, Rn. 2.

Governance die Sichtweise der „Regulierer“ bezeichnet, während Compliance den Blickwinkel der „Regulierten“ umschreibt.[51] Angesichts dieser Umstände stehen Compliance und Corporate Governance für die Diskussion, dass Corporate Governance sich an die Bekämpfung von Nachteilen der Regulierung richtet und Compliance der Vermeidung regulatorischer Risiken dient.[52] Der Compliance-Begriff kann also zu einer guten Unternehmensführung beitragen, wobei es sich bei Compliance zudem um die partielle Verrechtlichung von Verhaltensregeln im Unternehmen handelt.[53] Zukünftig wird Compliance also immer mehr an Bedeutung gewinnen.

D. Aufbau eines Compliance-Systems

Wie sich aus dem Compliance-Begriff bereits ergibt, umfasst Compliance eine Schutz-, Beratungs-, Informations-, Qualitätssicherungs-, Innovations- sowie Marketingfunktion.[54] Um die Funktionalität von Compliance zu konkretisieren, soll ein Compliance-System aufgebaut werden, wobei die entsprechenden Normen einzuhalten und ein einwandfreies Verhalten des Unternehmens zu gewährleisten sind.[55] Für den Aufbau eines Compliance-Systems besteht kein einheitliches Patentrezept. Das Compliance-System spiegelt sich vielmehr in der Individualität des Unternehmens wider, dementsprechend variiert die Ausgestaltung des Compliance-Systems von Unternehmen zu Unternehmen.[56] Die Ausgestaltung eines Compliance-Systems erfolgt anhand der Spezialität des Unternehmens und hängt von unternehmensindividuellen Faktoren wie Branche, Unternehmensgröße, Konzernstruktur, Internationalisierungsgrad oder Börsennotierung ab.[57] Weiterhin unterliegt die Ausgestaltung eines Compliance-Systems der Entscheidung der Unternehmensleitung. Dabei kann ein Compliance-System aufgrund spezifischer Branchenstandards oder Gegebenheiten im Unternehmen unterschiedlich ausfallen.[58] Trotz der Individualität hinsichtlich

---

51 Hauschka/Moosmayer/Lösler, Corporate Governance, § 1, Rn. 4; Kort, NZG 2008, 81.
52 Schneider, S. 43; Hauschka/Moosmayer/Lösler, Corporate Governance, § 1, Rn. 5ff.
53 Kort, NZG 2008, 81, 82.
54 Lösler, WM 2007, 676, 677; Eisele/Faust, in Schimansky/Bunte/Lwowski, Bankrechtshandbuch, § 109, Rn.4.
55 Bürkle, DB 2004, 2158.
56 Lampert, in Hauschka, Corporate Compliance (2010), § 9, Rn. 7.
57 Uwe. H. Schneider, ZIP 2003, 645, 646; Bürkle, BB 2005, 565.
58 Köstner, S. 27.

der Ausgestaltung basiert ein Compliance-System grundsätzlich auf zentralen Bestandteilen.[59]

I. Compliance-Richtlinien

An erster Stelle eines Compliance-Systems stehen die Compliance-Richtlinien, die als grundlegender Bestandteil einer ordnungsgemäßen Compliance-Organisation eingestuft werden.[60] Compliance-Richtlinien beziehen sich auf konkrete Handlungsanweisungen, welche die Formen von wirtschaftskriminellen Handlungen definieren und klarstellen. Dabei werden eine Orientierung im Unternehmensalltag und ein Wertekanon des Unternehmens vorgegeben.[61] Inhalt und Umfang der Compliance-Richtlinien sind individuell verschieden, jedenfalls handelt es sich stets um die Anforderungen in Bezug auf das Verhalten der Mitarbeiter und das Bewusstsein für die betreffenden unternehmensspezifischen Gefahrenbereiche.[62] Die üblichen Compliance-Richtlinien werden regelmäßig aufgezählt[63] und je nach Umstand eines Einzelfalls behandelt.

II. Compliance-Organisation und Überwachung

Um die Grundelemente eines Compliance-Systems sicherzustellen, erfolgt die Compliance-Organisation auf eine bestimmte Art und Weise. Die Organisation ist zuständig für die Umsetzung von Compliance und die Vermeidung von Kompetenzüberschneidungen.[64] Anschließend wird ein Compliance-Beauftragter[65] delegiert, der das Compliance-System vorschlägt, implementiert, dokumentiert

---

59 Über die grundsätzlichen Elemente des Compliance-Systems gibt es verschiedene Auffassungen in der Literatur. Während z.B. Schneider Elemente wie Compliance- und Ethikrichtlinien, Information, Organisation und Überwachung und Bestimmung des Risikos annimmt (Schneider, S. 41), meint Bürkle die Vier-Säulen, nämlich Compliance-Officer, Verhaltenskodex, Information und Schulung, Beratung (Bürkle, DB 2004, 2160). In IDW/PS 980 werden 7 Grundelemente aufgelistet, die zum CMS dienen. Um Compliance besser und vollständig darzustellen, sind die Elemente in vier Teile in dieser Arbeit gegliedert.

60 Uwe. H. Schneider, ZIP 2003, 645, 649.

61 Schaupensteiner, NZA-Beil. 2011, 8, 10.

62 Lampert, in Hauschka, Corporate Compliance (2010), § 9, Rn. 18.

63 Vgl. Schaupensteiner, NZA- Beil. 2011, 8, 10; Bürkle, BB 2005, 565, 566; Eichler, WPg 2015, 7, 13.

64 Eichler, WPg 2015, 7, 14.

65 Ebenfalls wie der Begriff von Compliance-Officer und Compliance-Manager.

und weiterentwickelt.[66] Der Compliance-Beauftragte ist verantwortlich für die Zusammenarbeit mit der internen Revision, dem Risikomanagement und dem Controlling. In seinem Verantwortungsbereich ist der Compliance-Beauftragte zudem unabhängig, weisungsfrei und selbstständig.[67] Der Compliance-Beauftragte kann also für die Compliance-Funktionen weitere Sub-Beauftragte benennen. Darüber hinaus ist es im Hinblick auf ein effektives Compliance-Management empfehlenswert, ein Gremium einzurichten.[68]

Eine Compliance-Organisation findet sich ohne die Kontrolle und Überwachung von Vorgaben des Compliance-Systems nicht zurecht,[69] da ansonsten deliktische Handlungen verheerender und Straftaten vermehrt auftauchen würden. Dabei ist ein zugängliches Hinweisgebersystem zu bilden, durch das dem Mitarbeiter Gelegenheit gegeben wird, Verstöße gegen die Compliance-Vorgaben zu melden. In diesem Zusammenhang bildet Whistleblowing einen wesentlichen Teil des Compliance-Systems.[70] Whistleblowing eröffnet die Möglichkeit zur Schaffung wirksamer Abhilfemaßnahmen und eines zugänglichen Informationskanals im Unternehmen, damit potenzielle Vermögens- und Reputationsschädigungen vermieden werden.[71] Das Hinweisgebersystem kann sowohl durch interne Compliance-Beauftragte als Ansprechpartner als auch durch externe Rechtsabteilungen als Ombudsmann, also unter Betrachtung von Datenschutzbestimmungen, eingeleitet werden.[72]

III. Information, Schulung und Beratung

Ein Compliance-System erfasst sowohl die organisatorischen Maßnahmen des Unternehmens als auch solche Maßnahmen, die sich aus den wesentlichen unternehmensspezifischen Regelungen ergeben.[73] Dabei haben die Mitarbeiter die einschlägigen Regelungen im Rahmen ihrer Tätigkeit zu beachten. Hiermit sind die Mitarbeiter über externe Vorschriften (z.B. gesetzliche Vorgaben) sowie

66 Bürkle, BB 2005, 565; Bürkle, in Hauschka/Moosmayer/Lösler, Corporate Compliance (2016), § 36, Rn. 34.
67 Bürkle, BB 2005, 565; Bürkle, in Hauschka/Moosmayer/Lösler, Corporate Compliance (2016), § 36, Rn. 66.
68 Eichler, WPg 2015, 7, 14.
69 Schaupensteiner, NZA-Beil. 2011, 8, 11.
70 Bürkle, DB 2004, 2158, 2160; Uwe. H. Schneider, ZIP 2003, 645, 650.
71 Bürkle, DB 2004, 2158, 2161; Berndt/Hoppler, BB 2005, 2623, 2624.
72 Schaupensteiner, NZA-Beil. 2011, 8, 11; Bürkle, DB 2004, 2158, 2160.
73 Uwe. H. Schneider, ZIP 2003, 645; Fleischer, AG 2003, 291.

interne Regelungen (z.B. Satzungen) zu informieren.[74] Hierfür werden Hilfsmittel wie Broschüren und Rundbriefe angeboten oder ein Intranet eingerichtet.[75] Mit der Entwicklung der rechtlichen Rahmenbedingungen entstehen auch rechtliche Gefahren, die erneut in Betracht kommen und anhand von Schulungsmaßnahmen aufgeklärt werden sollen. Eine Schulung erfolgt häufig in besonders kritischen Bereichen, die auf die Sensibilisierung der relevanten Rechtsrisiken und die Vermeidung von Regelverstößen abzielt.[76] Bei der Durchführung der Schulungsmaßnahmen sollen nicht nur traditionelle Präsenzschulungen vorgenommen, sondern es sollen auch elektronische Maßnahmen, wie z.B. E-Learning Programme in Betracht gezogen werden.[77] Trotz dieser Maßnahmen der Informationsverkündung und Schulungen werden immer wieder Beschränkungen in der Compliance und neuartige Probleme im Unternehmensalltag auftauchen. In diesem Fall ist ein umfassendes Beratungsangebot zu erwägen, wobei den Betroffenen eine fortdauernde Orientierung und Unterstützung bei offenen Fragen und Problemen gewährt werden.[78] Die Zuständigkeit des Beratungsangebots obliegt der Rechtsabteilung bzw. dem Compliance Officer oder auch Externen.[79]

IV. Konsequente Reaktionen und Sanktionen

Eine Sanktionierung kommt bei Verstößen gegen Compliance-Normen in Betracht. Die Sanktionierung dient als Abschreckung von zukünftigen rechtswidrigen Nachahmern und als Bestätigung eines regelkonformen Verhaltens.[80] Sofern Verstöße gegen das Compliance-System folgenlos bleiben, verliert Compliance an Glaubwürdigkeit und birgt zudem das Haftungsrisiko.[81] Die Sanktionierung kann sich von der Geltendmachung zivilrechtlicher Schadenersatzansprüche bis hin zur Strafanzeige erstrecken.[82]

---

74 Bürkle, DB 2004, 2158, 2160.

75 Schaupensteiner, NZA-Beil. 2011, 8, 10.

76 Vgl. Bürkle, DB 2004, 2158, 2160; Schaupensteiner, NZA-Beil. 2011, 8, 10; Lampert, in Hauschka, Corporate Compliance (2010), § 9, Rn. 26 ff.

77 Kremer/Klahold, ZGR 2010, 113, 131; Schaupensteiner, NZA-Beil. 2011, 8, 10.

78 Vgl. Bürkle, DB 2004, 2158, 2160; Bürkle, BB 2005, 565, 566; Lampert, in Hauschka, Corporate Compliance (2010), § 9, Rn. 31 ff.

79 Bürkle, BB 2005, 565, 566; Köstner, S. 32.

80 Schaupensteiner, NZA-Beil. 2011, 8, 10; Lampert, in Hauschka, Corporate Compliance (2010), § 9, Rn. 32.

81 Schaupensteiner, NZA-Beil. 2011, 8, 10; Hauschka, DB 2006, 1143, 1145.

82 Schaupensteiner, NZA-Beil. 2011, 8, 10.

Kapitel 3: Compliance-Richtlinien

Als grundlegender Bestandteil des Compliance-Systems befassen sich die Compliance- Richtlinien mit den Verhaltensmaßstäben für die Mitarbeiter eines Unternehmens. Sie umfassen die Regelungen, die ein rechtskonformes Verhalten im Unternehmen sicherstellen und dabei die Unternehmenskultur und Wertsetzung implizieren. Hierbei sind die entsprechenden Verhaltenskodizes vom Unternehmen nach individuellem Bedürfnis einzuführen. Die Einführung von Compliance-Richtlinien orientiert sich auf rechtliche Vorgaben sowie unternehmerische ethische und moralische Vorstellungen und wird in der Regel auf Basis einer freiwilligen Unternehmensentscheidung festgelegt.[83] Wie bereits erwähnt, geht es bei der Durchsetzung von Compliance-Richtlinien um vielfältige Aspekte, zumal jedes Unternehmen einen eigenen, spezifischen Charakter besitzt. Vor diesem Hintergrund ist daher der Problemkreis zu untersuchen, welcher im Zusammenhang mit den grundlegenden Fragen bearbeitet werden soll.

A. Grundlage von Compliance-Richtlinien

I. Begriffsbestimmung

Bisher besteht keine einheitliche Definition für Compliance-Richtlinien, vielmehr wird der Begriff von Compliance-Richtlinien umschrieben. In der Praxis und Literatur sind die Bezeichnungen für Compliance-Richtlinien vielseitig, wozu etwa „code of conduct“, „code of ethics“, „Business conduct guidelines“ und der Corporate Governance Grundsatz gehören.[84] Die Bezeichnung „code of conduct“ lässt sich als Verhaltenskodex übersetzen, während „code of ethics“ als Ethik-Richtlinien zu verstehen ist.[85] Maßgeblich verbirgt sich die Definition hinter der Umschreibung unterschiedlicher Inhalte und Wirkungen. Eine strenge Trennung zwischen diesen genannten Bezeichnungen lässt sich nur schwer vollziehen, denn die Beschreibungen von Regelwerken überschneiden sich mit dem Inhalt. Außerdem erfordern die beiden Beschreibungen der Bezeichnungen ein rechtskonformes Verhalten im Unternehmen. Vielmehr liegt der Ausdruck der Bezeichnungen in der Sichtweise und Schwerpunktsetzung

---

83 Köstner, S. 35.

84 Vgl. Bachner/Lerch, AiB 2005, 229; Borgmann, NZA 2003, 352; Maschmann, FS Tröster, 246, 252.

85 Vgl. Triskatis, S. 36; Wagner, S. 17.

des Betrachters.[86] Während sich „code of conduct“ bzw. der Verhaltenskodex auf die Verhaltensreglungen bezieht,[87] erfassen „code of ethics“ bzw. die Ethik-Richtlinien die Verhaltensvorgaben unter ethischen und moralischen Gesichtspunkten im Unternehmen.[88] Im Zusammenhang mit diesen Beschreibungen tendiert die Bezeichnung für Compliance-Richtlinien eher auf die Verortung im Rahmen des Compliance-Systems.[89] Im Fokus dieser Betrachtung beschreiben alle Bezeichnungen die rechtlichen und ethischen Anforderungen an die Mitarbeiter sowie die Darstellungen zum Betriebs- und Verfahrensablauf.[90] Obwohl der Verhaltenskodex ethische und moralische Ansätze enthält, steht aus arbeitsrechtlicher Sicht in erster Linie die Verhaltensregelung im Vordergrund.[91] In diesem Sinne scheinen Verhaltenskodex und Ethik-Richtlinien sowie Compliance-Richtlinien dieselbe Umschreibung aufzuweisen.[92] Dabei ist der Begriff der Compliance-Richtlinien äquivalent zu den beiden Begriffen „Ethik-Richtlinien“ und „Verhaltenskodex“.[93] Eine einheitliche Definition kann nur im Rahmen der Begriffsumschreibung erfolgen, von großer Bedeutung sind zudem die Verhaltensregelungen bei der Implementierung von Compliance-Richtlinien im Unternehmen.[94]

II. Hintergrund und Entwicklung von Compliance-Richtlinien

Das Phänomen der Compliance-Richtlinien entstand erstmals in den USA, weshalb die meisten Rechtsbegriffe in Deutschland aus der US-amerikanischen Rechtsterminologie stammen. In der damaligen Zeit stand die Einführung eines Verhaltensstandards im Zusammenhang mit dem Thema „Corporate Social Responsibility“[95]. Im Laufe der Zeit erlangte die Bedeutung des Verhaltensstandards weltweit einen stetig wachsenden Stellenwert. Im Jahr 1976 hat die Organization for Economic Co-operation and Development (OECD) erstmals „Guidelines for Multinational Enterprises“ erlassen, wobei freiwillige Maßstäbe für verantwortungsvolles sowie dem geltenden Recht und international

86 Köstner, S. 35.
87 Deyhle, S. 32.
88 Triskatis, S. 36.
89 Köstner, S. 36.
90 Vgl. Borgmann, NZA 2003, 352; Köstner, S. 36.
91 Vgl. Schneider, S. 16.
92 Vgl. Bachner/Lerch, AiB 2005, 229; Borgmann, NZA 2003, 352.
93 Vgl. Bachner/Lerch, AiB 2005, 229; Borgmann, NZA 2003, 352.
94 Bachner/Lerch, AiB2005, 229; Schneider, S. 15; Deyhle, S. 31; Schulz, S. 39
95 Spießhofer, in Hauschka/Moosmayer/Lösler, Corporate Compliance, § 11, Rn. 2.

anerkannte Normen entsprechendes unternehmerisches Handeln festgelegt werden.[96] Bedeutend ist hierbei die ILO-Erklärung seit dem Jahr 1998, welche die Kernarbeitsnormen darstellt, wie z.B. die Vereinigungsfreiheit und das Recht auf Kollektivverhandlungen, die Beseitigung von Zwangsarbeit, die Abschaffung von Kinderarbeit und das Verbot der Diskriminierung in Beschäftigung und Beruf,[97] die als Hauptelemente der Verhaltenskodizes gelten. Mit der Fortentwicklung der Globalisierung ist der „Global Compact" der Vereinten Nationen aus dem Jahre 1999 zu benennen, der 2004 erweitert worden ist und bestimmte Prinzipien aus den Bereichen Menschenrechte, Arbeitsnormen, Umweltschutz und Korruptionsbekämpfung vorsieht.[98] Mit dieser weltweiten Initiative sollen Unternehmen sich im Rahmen der Vereinten Nationen darum bemühen, in Zukunft bestimmte soziale und ökologische Mindeststandards einzuhalten.[99] Zurzeit haben sich über 8.600 Unternehmen aus 163 Ländern zu dem Global Compact Standard bekannt.[100] Des Weiteren entstehen zahlreiche Verhaltensstandards für Unternehmen, die aus Unternehmensverbänden, Nichtregierungsorganisationen und Branchen bzw. branchenübergreifenden Organisationen stammen.[101] Spätestens im Jahre 2002 erfuhr das Phänomen des Verhaltenskodexes weltweit einen Höhepunkt mit dem Erlass des Sarbanes-Oxley-Act (SOX), der die Unternehmen verpflichtet, den „code of conduct" im Unternehmen einzuführen. Aufgrund der extraterritorialen Ausstrahlungswirkung sind die Regelungen des SOX von weltweiter Bedeutung, dabei kann dieser für ausländische Unternehmen gelten.[102]

In Deutschland entstand das Phänomen der Compliance-Richtlinien oder Ethik-Richtlinien erst sehr spät, zudem werden sie als neuer Ansatz in der Wirtschaftsethik bezeichnet.[103] Vorreiter für diese Berücksichtigung ist die Wertpapierbranche, wo seit den 1990er Jahren Organisationspflichten zur ordnungsmäßigen Durchführung von Wertpapierdienstleistungen auferlegt werden.

---

96 Abrufbar unter http://www.oecd.org/corporate/mne/

97 Abrufbar unter http://www.ilo.org/berlin/ziele-aufgaben/verfassung/WCMS_193727/lang--de/index.htm

98 Aus 10 Prinzipien von „Global Compact", abrufbar unter http://www.globalcompact.de/de/ueber-uns/Dokumente-Ueber-uns/DIE-ZEHN-PRINZIPIEN-1.pdf

99 Triskatis, S. 31.

100 https://www.unglobalcompact.org/

101 Jonker/Stark/Tewes, Corporate Social Responsibility, S. 78; ausführlich, Triskatis, S. 32f.

102 Vgl. Wal-Mart Entscheidung, LAG Düsseldorf, vom 14. 11. 2005 – 10 TaBV 46/05, NZA 2006, 63.

103 Schneider, S. 20.

Danach erstrecken sich Compliance-Richtlinien auf andere Branchen, wobei der Regelungsumfang stark gewachsen ist. So ist deutschlandweit ist die Anzahl der Verhaltenskodizes angestiegen.[104] In Folge dieser Entwicklung haben Compliance-Richtlinien an wissenschaftlichen Beobachtungen gewonnen, wobei die Inhalte des Verhaltenskodexes und die entsprechende Einführung im Unternehmen diskutiert werden.[105] Ferner zu erwähnen ist die Wal-Mart-Entscheidung,[106] bei der das Problem der Einführung von Ethik-Richtlinien erstmals in der Rechtsprechung aufgeworfen worden ist. Das Gericht neigt hierbei eher zu einem Mitbestimmungsrecht des Betriebsrats bei Einführung von Ethik-Richtlinien, dennoch werden die Zulässigkeit der Inhalte, die rechtliche Verbindlichkeit und die Einführungsmöglichkeit wenig berührt.[107] Nunmehr hat das BAG in dem Honeywell-Beschluss[108] zum Thema der Ethik-Richtlinien geäußert, dass Ethik-Richtlinien sowohl mitbestimmungspflichtige als auch mitbestimmungsfreie Inhalte umfassen. Damit hat das Gericht richtungsweisende Aussagen getroffen.[109] Aus arbeitsrechtlicher Sicht sind Compliance-Richtlinien eine Reihe von eigenständigen Normsetzungen,[110] vor allem sollte die Diskussion über die Einführung jedoch unter Beachtung rechtlicher Anforderungen geführt werden. Heutzutage haben Compliance-Richtlinien immer mehr an Bedeutung gewonnen, zumal sie in verschiedenen Institutionen durchgesetzt werden.[111]

B. Motivation zur Einführung von Compliance-Richtlinien

Unternehmen tendieren immer mehr dazu, Compliance-Richtlinien oder einen spezifischen Verhaltenskodex einzuführen. Die Motivationen zur Einführung solcher Richtlinien variieren von Unternehmen zu Unternehmen und sind daher vielfältig.[112] Aus arbeitsrechtlicher Sicht sind sowohl die gesetzlichen Vorgaben

104 Köpke/Röhr, code of conduct, S. 10.

105 Z.B. Triskatis, Ethikrichtlinien im Arbeitsrecht; Wagner, Ethikrichtlinien Implementierung und Mitbestimmung; Schneider, Die arbeitsrechtliche Implementierung von Compliacne- und Ethikrichtlinien; Mahnhold, Compliance und Arbeitsrecht; Mengel, Compliance und Arbeitsrecht; Köstner, Compliance-Richtlinien im Unternehmen.

106 LAG Düsseldorf, vom 14. 11. 2005 – 10 TaBV 46/05, NZA 2006, 63.

107 Triskatis, S. 34.

108 BAG, vom 22. 7. 2008 – 1 ABR 40/07, NZA 2008, 1248.

109 Schneider, S. 23.

110 Wagner, S. 18.

111 Siehe Kap. 4.

112 Meyer, NJW 2006, 3605, 3606.

als auch die ausländischen Bestimmungen für deren Implementierung von Bedeutung.[113] Außerdem liegen noch anderweitige Ermessensgesichtspunkte für eine unternehmerische Entscheidung zu Grunde.[114] Im Folgenden soll zunächst die Motivation für die Einführung von Compliance-Richtlinien untersucht werden.

I. Zwecksetzung von Compliance

Aus der Beschreibung des Compliance-Begriffs ergibt sich, dass Compliance primär auf die Rechts- und Ordnungseinhaltung sowie die Vermeidung von Verstößen abzielt. In diesem Zusammenhang sind die daraus resultierenden weiteren Ziele und Zwecke von Compliance zu setzen. Compliance-Richtlinien, die Verhaltensmaßnahmen für Mitarbeiter im Unternehmen implizieren, sind wesentlicher Bestandteil des Compliance-Systems, wobei der Zweck zur Einführung von Compliance-Richtlinien kaum von der Zwecksetzung von Compliance abweichen kann. Es lässt sich also zuerst die Zwecksetzung von Compliance überprüfen, die eine der Motivationen zur Einführung von Compliance-Richtlinien darstellt.

1. Fürsorge gegenüber Arbeitnehmern und Förderung von Betriebsfrieden

Im Rahmen von Compliance sind Arbeitnehmer einerseits durch die auferlegten Verpflichtungen einer Belastung ausgesetzt. Andererseits werden Arbeitnehmer darüber informiert, auf welche Weise sie sich rechtskonform verhalten und in welchen Fällen sie eine Haftung oder den erzeugten Schaden übernehmen sollen.[115] Damit können sich durch die hingewiesenen Verhaltensregelungen auch Nutzten für die Arbeitnehmer ergeben,[116] zumal das Interesse der Arbeitnehmer geschützt wird. Compliance bietet dem Arbeitnehmer also eine Verhaltensorientierung, indem dieser sich auf eine Freistellung zu einem Verschulden gegenüber dem Arbeitgeber berufen könnte.[117] Daneben muss der Arbeitgeber im Unternehmen einen ungestörten Arbeitsablauf sichern, denn der Arbeitgeber

---

113 Kort, FS Buchner, 477, 480; Wisskirchen/Jordan/Bissels, DB 2005, 2190.

114 Fahrig, NJOZ 2010, 975.

115 Mengel, Compliance und Arbeitsrecht, Einleitung C; Pelz, in Hauschka/Moosmayer/Lösler, Corporate Compliance, § 20, Rn. 3; Mahnhold, S. 70; Schlachter, FS Richardi, 1067, 1068.

116 Wagner, S. 19; Uwe. H. Schneider, ZIP 2003, 645, 646.

117 Vgl. HWK/Thüsing, § 611 BGB, Rn. 404.

hat ein berechtigtes Interesse daran, dass ein effektiver Arbeitsablauf der vertrauenswürdigen Zusammenarbeit zwischen beiden Parteien dient. Nach dem Erlass von Compliance werden Arbeitnehmer motiviert, sich für Arbeitsleistung einzusetzen, wodurch ebenfalls ein positives Betriebsklima gestärkt wird.[118] Aus dieser Sicht soll Compliance das Betriebsklima verbessern und zugleich den Betriebsfrieden gewährleisten.

2. *Haftungsvermeidung*

Während der Unternehmensführung kommen üblicherweise auch Haftungsrisiken zum Vorschein. Beispielsweise muss das Unternehmen mit einem Fehlverhalten seiner Arbeitnehmer oder mit ordnungswidrigen Maßnahmen der Unternehmensorganisation rechnen, wodurch sich die Frage nach der Haftung stellt.[119] Im Falle von Compliance handelt es sich in erster Linie eher um eine Präventionswirkung,[120] indem klare Regelungen ausgearbeitet und die Arbeitnehmer darüber informiert werden. Dabei sollen Rechtsverstöße vermieden und potenzielle Haftungen vorgebeugt werden. Gegebenenfalls kann Compliance der Exkulpation der Unternehmensleitung dienen.[121] Damit kann Compliance zu einer Verringerung sowie Vermeidung von Haftungsrisiken beitragen.[122] Weiterhin dient Compliance der Prävention potenzieller Risiken und Schäden. In diesem Sinne ist Compliance auch als „Schadensprävention" zu begreifen.[123]

3. *Verbesserung des Unternehmensimages*

Beim Compliance-System geht es vielmehr um das rechtskonforme Verhalten der Mitarbeiter im Unternehmen, wobei die Unternehmenswerte und die Unternehmenskultur im Vordergrund stehen.[124] Auf diese Weise wird der Öffentlichkeit ein positiver Eindruck vermittelt und gezeigt, dass der Verhaltensstandard im Unternehmen eingehalten wird und Arbeitnehmer sowie Arbeitgeber sich

---

118 Triskatis, S. 38.

119 Vgl. Böttcher, NZG 2011, 1054.

120 Lösler, NZG 2005, 104, 105; Bürkle, BB 2005, 565, 566.

121 Berndt/Hoppler, BB 2005, 2623; Fahrig, NJOZ 2010, 975; Wisskirchen/Jordan/Bissels, DB 2005, 2190, 2193; Wybitul, AuA 2007, 695, 696.

122 Mengel, CCZ 2008, 85; Mengel/Ullrich, NZA 2006, 240.

123 Hauschka, NJW 2004, 257, 259; Eisele, WM 1993, 1021, 1022; Triskatis, S. 39.

124 Borgmann, NZA 2003, 352.

einwandfrei verhalten sollen.[125] Hiermit erfüllt Compliance auch die Erwartungen der Öffentlichkeit, wozu etwa Kunden, Geschäftspartner und Investoren gehören. Mit dem Erlass eines Compliance-Systems wird die Glaubwürdigkeit des Unternehmens gestärkt,[126] wobei in gewissem Maße eine positive Unternehmensreputation aufgebaut wird.[127] Die Einführung eines Compliance-Systems kann also das Unternehmensimage verbessern, wovon Unternehmen profitieren können.[128]

II. Rechtliche Vorgaben

Bei der Einführung von Compliance-Richtlinien stellt sich die Frage, ob der Arbeitgeber zum Erlass solcher Richtlinien verpflichtet ist. Compliance dient oftmals der Umsetzung von gesetzlichen Vorgaben, welche einen wesentlichen Beitrag zur Verwirklichung von Compliance-Richtlinien leisten und wodurch Unternehmen im Einklang mit dem Gesetz agieren.[129] Es liegt eine Vielzahl von Regelungen vor, welche die Verpflichtung zur Einrichtung eines Compliance-Systems vorsehen. Jedoch besteht bisher keine allgemeine für Unternehmen geltende Vorschrift zur Pflicht der Etablierung von Compliance.[130] Ebenfalls gilt es die Einführung von Compliance-Richtlinien als Pflicht, obwohl das deutsche Recht keine ausdrückliche Verpflichtung zum Erlass von Compliance-Richtlinien normiert. Bei näherer Begründung kommen die folgenden gesetzlichen Vorschriften, die sich auf die Implementierung des Compliance-Systems beziehen und auch auf das ordnungsgemäße Verhalten im Unternehmen hinweisen, in Betracht. Als weitere Motivation zur Durchsetzung von Compliance-Richtlinien sind sie näher zu analysieren.

1. Nationale Vorgaben

a. § 33 Abs. 1 WpHG

In Deutschland entstanden die Grundzüge von Compliance erstmals im Wertpapierhandelsgesetz. Mit diesem seit 1995 in Kraft tretenden Gesetz wurden dem Wertpapierdienstleistungsunternehmen ausdrückliche Organisationspflichten

---

125 Fahrig, NJOZ 2010, 975; Hütten, BB 2002, 1740, 1742.

126 Jerusalem, S.149; in Wagner, S. 19

127 Schuster/Dasow, NZA 2005, 273.

128 Vgl. Schuster/Dasow, NZA 2005, 273; Ohmann-Sauer, AuA 2007, 520; Fahrig, NJOZ 2010, 975; Mengel, CCZ 2008, 85; Meyer, NJW 2006, 3605, 3606.

129 Schneider, S. 46.

130 Kort, GmbHR 2013, 566, 568.

zur Unterbindung von Insidergeschäften auferlegt.[131] Ein eindeutiger Compliance-Begriff ist im WpHG jedoch nicht verwendet worden. Dennoch wurde der Gedanke durch das BaWe[132] als „Compliance-Richtlinien“ konkretisiert und erlassen.[133] Erst seit 2007 ist der Compliance-Begriff in § 33 WpHG normiert worden.

§ 33 Abs. 1 WpHG stellt zunächst klar, dass ein Wertpapierdienstleistungsunternehmen die organisatorischen Pflichten nach § 25a Abs. 1, 2 und § 25e KWG einhalten muss. Darüber hinaus ist ein Wertpapierdienstleistungsunternehmen auch dazu verpflichtet, angemessene Grundsätze aufzustellen, Mittel vorzuhalten und Verfahren einzurichten, die darauf ausgerichtet sind, sicherzustellen, dass das Wertpapierdienstleistungsunternehmen selbst und seine Mitarbeiter den Verpflichtungen dieses Gesetzes nachkommen, wobei insbesondere eine dauerhafte und wirksame Compliance-Funktion einzurichten ist, die ihre Aufgaben unabhängig wahrnehmen kann. Im Vergleich zur alten Fassung stellt § 33 WpHG eine ausdrückliche Pflicht zur Einrichtung einer dauerhaften, wirksamen und unabhängigen Compliance-Funktion fest.[134] Damit wird eine Reihe organisatorischer Anforderungen an Wertpapierdienstleistungsunternehmen zur Umsetzung der Regelungen gemäß Art. 13 Abs. 2 MiFID, Art. 6 Abs. 1 DRL sowie § 12 WpDVerOV in § 33 Abs. 1 WpHG gesetzlich verankert.[135]

Um die Pflicht des § 33 Abs. 1 S. 2 WpHG einzuführen, haben Unternehmen organisatorische Vorkehrungen für die Einhaltung gesetzlicher Bestimmungen auszugestalten. Konkrete Maßnahmen trifft das Gesetz aber nicht, mit der „Flexibilisierungsklausel“[136] im Sinne des § 33 Abs. 1 S. 3 WpHG hat der Arbeitgeber einen ausreichenden Spielraum. Unter dem Grundsatz der Angemessenheit im Sinne des § 33 Abs. 1 S. 2 Nr. 1 WpHG hat das Unternehmen die Art, den Umfang, die Komplexität und das Risikogehalt seines Geschäfts sowie Art und Spektrum der von ihm angebotenen Wertpapierdienstleistungen zu berücksichtigen. Zu diesem Zweck ist es unabdingbar, die Mitarbeiter stetig zu schulen[137] sowie

---

131 Wagner, S. 15.

132 Bundesaufsichtsamt für den Wertpapierhandel, das seit 2002 in der BaFin aufgegangen ist.

133 BAnz Nr. 210 vom 6. 11. 1999, S. 18453.

134 Fuchs in Fuchs WpHG, § 33 WpHG, Rn. 67.

135 Koller, in Assmann/Schneider, § 33 WpHG, Rn. 1; Fuchs in Fuchs WpHG, § 33 WpHG, Rn. 67; Veil, WM 2008, 1093, 1094.

136 Fuchs, in Fuchs WpHG, § 33 WpHG, Rn. 68.

137 Koller, in Assmann/Schneider, § 33 WpHG, Rn. 5; Fuchs, in Fuchs WpHG, § 33 WpHG, Rn. 48.

eine Compliance-Abteilung einzurichten, die der Prüfung compliance-relevanter Informationen und der Vertraulichkeit im Unternehmen dienen kann.[138] In praktischer Hinsicht sind zudem die Verhaltensregeln schriftlich niederzulegen und greifbar zu halten.[139]

§ 33 Abs. 1 S. 2 WpHG hat ausdrücklich die Pflicht zur Einrichtung einer dauerhaften, wirksamen und unabhängigen Compliance-Funktion vorgeschrieben. Heutzutage wird dies als eine Bezeichnung von dem besonders wichtigen Teil der organisatorischen Vorkehrungen zur Gewährleistung eines gesetzeskonformen Verhaltens des Wertpapierdienstleistungsunternehmens und seiner Mitarbeiter verstanden.[140] Eine allgemeine Pflicht zum Erlass von Compliance-Richtlinien besteht hingegen nicht, jedoch hat der Arbeitgeber eines Wertpapierdienstleitungsunternehmens spezielle Verhaltensregeln oder Anweisungen zu gestalten, um die gesetzlichen Verpflichtungen zu erfüllen.

b. § 25a KWG

§ 25a KWG wurde durch die 6. KWG-Novelle im Jahr 1997[141] in das Gesetz eingefügt und ist für das Kredit- und Finanzdienstleistungswesen gültig. Die Vorschrift nach § 25a KWG stellt die Kernvorgabe für die Organisationsanforderungen an solchen Instituten dar,[142] wobei im Laufe der Zeit die Vorschriften durch aufsichtliche Vorschriften, Richtlinien sowie Verordnungen einen Einfluss erfahren haben. Damit wurde § 25a KWG umfangreich abgeändert, sodass eine Aufspaltung in mehrere Paragraphen die Folge war.[143] Nach § 25a KWG muss ein Institut über eine ordnungsgemäße Geschäftsorganisation verfügen, welche die Einhaltung der vom Institut zu beachtenden gesetzlichen Bestimmungen und der betriebswirtschaftlichen Notwendigkeiten gewährleistet. Es handelt sich hierbei um die besonderen Organisationspflichten für die Institute, wobei früher die Grundzüge der Compliance lediglich aus der Auslegung von gesetzlichen Bestimmungen im Sinne der Pflichten aus § 25a

---

138 Koller, in Assmann/Schneider, § 33 WpHG, Rn. 18.

139 Koller, in Assmann/Schneider, § 33 WpHG, Rn. 5.

140 Schäfer, in Krimphove/Kruse, MaComp-Kommentar, BT 1, Rn. 11; Fuchs, in Fuchs WpHG, § 33 WpHG, Rn. 67.

141 BGBl. I, S. 2518.

142 Mülbert, BKR 2006, 349, 353.

143 Ausführlich, Reppenthien, in Beck/Samm/Kokemoor, KWG mit CRR, § 25a KWG, Rn. 1.

KWG[144] sowie norminterpretierenden Verwaltungsvorschriften[145] gezogen worden sind. Zur Umsetzung der RL 2013/ 36/ EU und Anpassung an CRD IV-UmsG im Jahr 2013 wird die Vorschrift bezüglich der Einrichtung einer Compliance-Funktion in § 25a KWG eingefügt,[146] wobei die Compliance-Funktion nach § 25a Abs. 1 S. 3 Nr.3 (c) KWG als Bestandteil des internen Kontrollsystems aufgefasst wird.

Während § 33 Abs. 1 WpHG Unternehmen dazu verpflichtet, organisatorische Pflichten nach § 25a Abs. KWG einzuhalten, stellt § 25a KWG einen Anknüpfungspunkt an die Organisationsanforderungen in beiden Regelungswerken dar. Obwohl der Gesetzgeber die Verweisungsklausel hergestellt hat, ist der Unterschied von Schutzrichtungen nicht zu vernachlässigen.[147] Während der WpHG sich am Schutz des Kunden und an der Integrität des Marktes orientiert, zielt das KWG auf die Gewährleistung von Solvenz und Bestand der Institute ab.[148] Trotz der unterschiedlichen Schutzrichtungen sollen die allgemeinen Organisationsanforderungen zur Einhaltungen von gesetzlichen Bestimmungen sowie die dafür einzurichtende Compliance-Funktion überlegt werden.

Um eine ordnungsgemäße Geschäftsorganisation zu unterhalten, welche die Einhaltung der vom Institut zu beachtenden gesetzlichen Bestimmungen und betriebswirtschaftlichen Notwendigkeiten gewährleisten soll, ist davon ein angemessenes und wirksames Risikomanagement umfasst. Hierbei ist zudem die Compliance-Funktion auszugestalten. Bei der Ausgestaltung der Compliance-Funktion bestehen keine konkreten Vorgaben, sodass die Institute einen erheblichen Gestaltungsspielraum besitzen.[149] Im Einzelnen sind die von der BaFin erlassenen Mindestanforderungen an das Risikomanagement von Kreditinstituten (MaRisk) zu treffen, die in Bezug auf § 25a Abs. 1 S. 3 KWG als zentraler Orientierungspunkt für ein angemessenes und wirksames Risikomanagement dienen.[150] Im Hinblick auf die MaRisk-Vorgaben[151] ist auch keine konkrete Aufgabe der Compliance-Funktion vorgesehen, allerdings hängt die Ausgestaltung

---

144 Lösler, NZG 2005, 104, 106; Braun, in Boos/Fischer/Schulte-Mattler, KWG, § 25a, Rn. 15ff.; Köster, S. 49; Schulz, S. 43; Deyhle, S. 37.

145 z.B. MaRisk von BaFin.

146 BGBl. I S. 3395.

147 Fett, in Schwark/Zimmer, § 33 WpHG, Rn. 6; Fuchs, in Fuchs WpHG, § 33, Rn. 7.

148 Fuchs, in Fuchs WpHG, § 33, Rn. 11.

149 Reppenthien, in Beck/Samm/Kokemoor, KWG mit CRR, § 25a KWG, Rn. 135.

150 Hofer/Hanenberg, WPg 2014, 570.

151 Abrufbar unter: http://www.bafin.de/SharedDocs/Downloads/DE/Konsultation/2016/dl_kon_0216_marisk_2016.pdf?__blob=publicationFile

der Compliance-Funktion von Art, Umfang, Komplexität und Risikogehalt der jeweiligen Geschäftigkeit ab.

Mit dem neu veränderten § 25a Abs. 1 KWG sind die Institute verpflichtet, eine angemessene und wirksame Compliance-Funktion zu gestalten. Diese Vorschrift gilt nur in den Kreditinstituten, und dient im Rahmen des Kredit- und Finanzdienstleistungswesens insbesondere der Gewährleistung der umfassenden gesetzlichen Bestimmung, dabei kann sich eine allgemeine Verpflichtung zum Erlass von Compliance-Richtlinien nicht aus § 25a KWG ergeben.

c. *§ 91 Abs. 2 AktG*

Nach § 91 Abs. 2 AktG hat der Vorstand geeignete Maßnahmen zu treffen, insbesondere ein Überwachungssystem einzurichten, damit den Fortbestand der Gesellschaft gefährdende Entwicklungen früh erkannt werden. Als eine Reaktion auf die Unternehmenskrisen in den 1990er Jahren[152] handelt es sich bei § 91 Abs. 2 AktG um eine Vorstandspflicht, für eine ordnungsgemäße Organisation im Unternehmen zu sorgen. Weiterhin ist zu erfragen, ob sich eine unmittelbare Pflicht zur Etablierung eines Compliance-Systems aus § 91 Abs. 2 AktG ergeben könnte.

Zunächst zielt § 91 Abs. 2 AktG auf eine Früherkennung von bestandsgefährdenden Entwicklungen durch geeignete Maßnahmen ab. Diese Entwicklungen beziehen sich auf die angelaufenen negativen Veränderungen und die entsprechenden Prozesse.[153] Bei § 91 Abs. 2 AktG geht es um die Risiken, die zu einer Bestandsgefährdung führen, dabei ist jedoch nicht jede Entwicklung im Sinne des § 91 Abs. 2 AktG frühzeitig zu erkennen.[154] Zu beachten sind allerdings die womöglich nachteiligen Veränderungen.[155] Die Vorgabe des Ziels einer Organisation umfasst gemäß § 91 Abs. 2 AktG die Forderung nach der Einrichtung eines Überwachungssystems. Trotz der Streitigkeiten,[156] ist das Überwachungssystem nach dem Wortlaut und der Entstehungsgeschichte als ein besonderer Bestandteil der „geeigneten Maßnahmen" statt der bloßen Verkörperung abstrakter Risiken zu verstehen. Selbstverständlich muss der Vorstand

152 Fleischer, in Spindler/Stilz, AktG, § 91, Rn. 29.

153 Fleischer, in Spindler/Stilz, AktG, § 91, Rn. 31.

154 Baums, ZGR 2011, 218, 272; Zimmer/Sonneborn, in Lange/Wall, Risikomanagement nach dem KonTraG, 2001, § 1, Rn. 177; Spindler, in Fleischer VorstandsR-HdB, § 19, Rn. 9; Spindler, in Münchener Kommentar AktG, § 91, Rn. 21.

155 Spindler,in Fleischer VorstandsR-HdB, § 19, Rn. 9; Spindler, in Münchener Kommentar AktG, § 91, Rn. 21.

156 Ausführlich, Spindler, in Münchener Kommentar AktG, § 91, Rn. 29f.

sicherstellen, Maßnahmen zur Erkennung potenzieller Risiken zu ergreifen, während das Überwachungssystem sich auf die bestandsgefährdenden Entwicklungen richtet.[157] Die Maßnahme zur Früherkennung von bestandsgefährdenden Entwicklungen soll im Einzelfall unter Beachtung des unternehmerischen Ermessensspielraums verstanden werden.[158] Dabei sind die spezifische Lage und die Größe des Unternehmens, das Risikopotenzial der Märkte sowie die Art des Kapitalmarktzugangs zu berücksichtigen.[159]

Mithin folgt nach § 91 Abs. 2 AktG keine Pflicht zur Einrichtung eines Compliance-Systems sowie zur Einführung von Compliance-Richtlinien im Unternehmen. § 91 Abs. 2 AktG bildet lediglich einen „Mindest-Pflichtenrahmen“,[160] aus dem sich die Etablierung eines umfassenden Risikomanagement-Systems nicht ergeben kann. Zudem stellen Compliance-Richtlinien, die als Präventionsinstrument dienen, die Aufforderung zur Einhaltung von Gesetzen und Regeln dar, welche in § 91 Abs. 2 AktG enthalten sind. Denn § 91 Abs. 2 AktG bezieht sich nur auf die Risiken, die zu einer Bestandsgefährdung führen könnten.

d. DCGK und § 161 AktG

Weiterhin könnte sich die Pflicht zur Einführung von Compliance-Richtlinien aus dem Deutschen Corporate Governance Kodex (DCGK) ergeben. Der DCGK wurde im Jahr 2002 von dem Bundesministerium der Justiz verabschiedet und regelmäßig verändert.[161] Aus der Präambel dient der Kodex der Darstellung der wesentlichen gesetzlichen Vorschriften zur Leitung und Überwachung deutscher börsennotierter Gesellschaften, der Transparenz des deutschen Corporate Governance Systems sowie der Förderung des Vertrauens der internationalen und nationalen Anleger, der Kunden, der Mitarbeiter und der Öffentlichkeit hinsichtlich der Leitung und Überwachung deutscher börsennotierter Gesellschaften. Der Kodex enthält neben den gesetzlichen Vorschriften auch Empfehlungen

---

157 Spindler, in Münchener Kommentar AktG, § 91, Rn. 30; Fleischer, AG 2003, 291, 298.

158 Fleischer, AG 2003, 291, 298; Koch, in Hüffer/ Koch AktG, § 93, Rn. 7; Spindler, in Münchener Kommentar AktG, § 91, Rn. 28.

159 Begr. RegE BT-Drucks. 13/9712, S. 11, 15; Fleischer, AG 2003, 291, 298; Huth, BB 2007, 2167; Bunting, ZIP 2012, 357, 359; Zimmer/Sonneborn, in Lange/Wall, Risikomanagement nach dem KonTraG, 2001, § 1, Rn. 158; Spindler, in Münchener Kommentar AktG, § 91, Rn. 28.

160 Fleischer, AG 2003, 291, 299; Zimmer/Sonneborn, in Lange/Wall, Risikomanagement nach dem KonTraG, 2001, § 1, Rn. 188.

161 unter http://www.dcgk.de/de/kodex/archiv.html sind die jeweilige Fassung und entsprechende Änderung abzurufen.

und Anregungen, die allerdings nicht rechtsverbindlich sind.[162] Seitdem hat die zuständige Kommission die zunehmende Bedeutung von Compliance in der Unternehmenspraxis berücksichtigt[163] und damit „Compliance" in dem DCGK der Fassung 2007 formuliert. In der Ziffer 4.1.3 DCGK hat der Vorstand für die Einhaltung gesetzlicher Bestimmungen und der unternehmensinternen Richtlinien zu sorgen und wirkt auf deren Beachtung durch die Konzernunternehmen hin (Compliance). Der Terminus „Compliance" wurde in dem Kodex erstmals erwähnt und aus der Sicht der Kommission näher definiert.[164]

Nach der neuen Fassung des DCGK ist der Vorstand nicht nur für die Einhaltung gesetzlicher Bestimmungen, sondern auch für die Einhaltung unternehmerischer Richtlinien verantwortlich. Dabei ist die Ansicht zu vertreten, dass Compliance als eine Rechtspflicht des Vorstands angesehen werden kann, zumal der Kodex die Regelung zur Einhaltung von gesetzlichen Bestimmungen impliziert.[165] Demgegenüber ergibt sich aus dem Kodex keine Rechtspflicht, weil sich aus dem exakten Wortlaut von Ziffer 4.1.3 keine Gründe zur Einführung eines Compliance-Systems entnehmen lassen und Ziffer 4.1.3 lediglich eine reine Beschreibung der Rechtslage darstellt.[166] Hiermit ist die Meinung anzunehmen, dass Ziffer 4.1.3 des DCGK den Vorstand nicht zur Einführung von Compliance-Richtlinien verpflichtet. Zunächst enthält der Kodex gesetzliche Vorschriften, Empfehlungen und Anregungen.[167] Die von Ziffer 4.1.3 DCGK beschriebenen gesetzlichen Bestimmungen dienen der Vereinfachung des Verständnisses zum Aktienrecht,[168] welche die bestehenden Vorschriften wiederholen und keine neuen Pflichten vorsehen.[169] Darüber hinaus richtet der DCGK sich nur auf börsennotierte Gesellschaften, ein unbegrenzter Geltungsbereich ist aus der Ziffer 4.1.3 DCGK nicht herzuleiten.[170] Zuletzt aber nicht minder wichtig

162 unter http://www.dcgk.de/de/kodex.html; auch Semler/Wagner, NZG 2003, 553, 557; Theusinger/Liese, DB 2008, 1419; Bachmann, in Kremer/Bachmann/Lutter/v. Werder, DCGK, Rn.50.

163 Bürkle, BB 2007, 1797.

164 Bürkle, BB 2007, 1797.

165 Vgl. Kort, NZG 2008, 81, 83; Bürkle, BB 2007, 1797, 1798; Köstner, S. 48; Nave/Bonenberger, BB 2008, 734, 735.

166 Lang, Corporate Compliance, S. 76f.

167 http://www.dcgk.de/de/kodex.html; v. Werder, in Kremer/Bachmann/Lutter/v. Werder, DCGK, Rn. 143.

168 Theusinger/Liese, DB 2008, 1419, 1420.

169 Lang, Corporate Compliance, S. 77.

170 Weber-Rey, AG 2008, 345, 346.

ist zu beachten, dass der Kodex von der Regierungskommission erarbeitet sowie veröffentlicht wird und dieser somit nicht als Gesetzesrang einzuordnen ist.[171] Folglich ergibt sich keine umfassende ausdrückliche Pflicht zur Einführung von Compliance-Richtlinien aus der Ziffer 4.1.3 DCGK. Vielmehr schuldet der Vorstand nur angemessene und verhältnismäßige Maßnahmen im Rahmen der Unternehmensorganisation, wobei die konkreten Compliance-Anforderungen von den individuellen Verhältnissen des jeweiligen Unternehmens, wie z.B. Branche, Größe, Konzernstruktur sowie Internationalisierungsgrad, abhängig sind.[172]

Für die nicht rechtsverbindlichen Empfehlungen aus der Ziffer 4.1.3 DCGK begründet § 161 Abs. 1 AktG eine jährliche Erklärung, dass den Empfehlungen der „Regierungskommission Deutscher Corporate Governance Kodex" entsprochen wurde und wird oder welche Empfehlungen nicht angewendet wurden oder werden und warum nicht. Mit dieser Entsprechungserklärung nach § 161 Abs. 1 AktG bleibt daher jede Empfehlung im Hinblick auf den Kodex nicht unbeachtet.[173] Solange die Empfehlungen nach der Ziffer 4.1.3 DCGK eine Abweichung aufweisen, haben die Unternehmen die nicht angewendeten Empfehlungen anzugeben und zu begründen.[174] Jedoch werden keine weiteren Sanktionen für die Nichteinhaltung des Kodexes verhängt.[175] Demgegenüber werden die Wiederholungen von gesetzlichen Bestimmungen nicht erklärt oder begründet, weil von der gesetzlichen Compliance-Verpflichtung nicht abgewichen werden darf.[176] Durch § 161 Abs. 1 AktG lässt sich die Einhaltung des DCGK erklären, jedoch liegt keine Pflicht zum Erlass von Compliance-Richtlinien vor.

e. § 12 AGG

§ 12 Abs. 1 verpflichtet den Arbeitgeber dazu, die erforderlichen Maßnahmen zum Schutz vor Benachteiligungen wegen eines in § 1 AGG genannten Grundes zu treffen. Dieser Schutz umfasst auch vorbeugende Maßnahmen. Parallel

---

171 Liese, BB-Special 5 2008, 17, 20; Ettinger/Grützedick, AG 2003, 353, 355; v. Werder, in Kremer/Bachmann/Lutter/v. Werder, DCGK, Rn. 80.

172 Bürkle, BB 2007, 1797, 1798; Kort, NZG 2008, 81, 83; Weber-Rey, AG 2008, 345, 346.

173 Goette, in Münchener Kommentar AktG, § 161, Rn. 1.

174 Ettinger/Grützedick, AG 2003, 353; Goette, in Münchener Kommentar AktG, § 161, Rn. 21; Bachmann AG 2011, 181, 192; Bachmann, in Kremer/Bachmann/Lutter/v. Werder, DCGK, Rn. 702.

175 Triskatis, S. 53.

176 Bachmann, in Kremer/Bachmann/Lutter/v. Werder, DCGK, Rn. 811.

zu § 1 AGG soll diese Pflicht aus einer repressiven und präventiven Perspektive betrachtet werden.[177] Für Compliance-Richtlinien liefert § 12 Abs. 1 AGG den Anhaltspunkt, dass der Arbeitgeber bei Einführung von Compliance-Richtlinien den Schutzbereich aus dem AGG zu beachten hat. Die Verhaltensweisungen der Compliance-Richtlinien müssen den Beschäftigten im Unternehmen vor Benachteiligungen schützen. Vielmehr dienen Compliance-Richtlinien als Präventionsmaßnahmen im Sinne von § 12 Abs. 1 S. 2 AGG, wenn sie die Beschäftigten auf hinreichende Benachteiligungsverbote des AGG hinweisen und ihnen die Missbilligung von Diskriminierung durch den Arbeitgeber vermitteln.[178] Damit ist anzuerkennen, dass die Klausel der Compliance-Richtlinien im Einklang mit dem AGG stehen muss. Mit der Einführung von Compliance-Richtlinien kann der Arbeitgeber den Pflichten nach § 12 AGG nachkommen, sonst würde der Betriebsrat gemäß § 17 Abs. 2 AGG sowie § 23 Abs. 3 BetrVG eine gerichtliche Durchsetzung geltend machen.[179]

Die Frage, welche Maßnahmen erforderlich sind, ist nach objektiven Gesichtspunkten zu beurteilen, wonach die Umstände im Einzelfall geprüft werden sollen.[180] Sofern die Erforderlichkeit der Maßnahmen anhand objektiver Gesichtspunkte begründet wird, hat der Arbeitgeber einen Beurteilungsspielraum, in die Schutzmaßnahmen einzugreifen.[181] Grundsätzlich soll die Regelung von Compliance-Richtlinien nach den Anforderungen an der Erforderlichkeit im Sinne von § 12 Abs. 1 AGG formuliert werden. Möglicherweise kann die Durchsetzung von Compliance-Richtlinien eine Exkulpation nach § 12 Abs. 2 S. 2 AGG herbeiführen, wenn die Voraussetzungen hinreichend erfüllt werden.[182]

Es besteht keine Pflicht nach § 12 AGG, Compliance-Richtlinien zu erlassen, vielmehr sind sie eine der Maßnahmen zur Erfüllung der gesetzlichen Pflichten aus § 12 AGG. Überdies sind Compliance-Richtlinien unter Berücksichtigung des § 12 AGG von großer Bedeutung.[183]

---

177 Bauer/Krieger, AGG, § 12, Rn. 6.

178 Schneider/Sittard, NZA 2007, 654, 655.

179 Schneider, S. 50; Köstner, S. 52.

180 Bauer/Krieger, AGG, § 12 Rn. 7; ErfK/Schlacht, § 12 AGG, Rn. 1; Schneider/Sittard, NZA 2007, 654, 655; BT-Drucks, 16/1780, S. 37.

181 Bauer/Krieger, AGG, § 12 Rn. 6; Göpfert/Siegrist, ZIP 2006, 1710, 1711; ErfK/Schlacht, § 12 AGG, Rn. 1; Schneider/Sittard, NZA 2007, 654, 655; BT- Drucks, 16/1780, S. 37.

182 Wisskirchen/Jordan/Bissels, DB 2005, 2190, 2193; Schneider/Sittard, NZA 2007, 654, 655.

183 Buschmann, in Däubler/Bertzbach, AGG, § 12, Rn. 15.

f. § 130 OWiG

Wer gemäß § 130 OWiG als Inhaber eines Betriebs oder Unternehmens vorsätzlich oder fahrlässig die Aufsichtsmaßnahmen unterlässt, die erforderlich sind, um in dem Betrieb oder Unternehmen Zuwiderhandlungen gegen Pflichten zu verhindern, die den Inhaber treffen und deren Verletzung mit Strafe oder Geldbuße bedroht ist, handelt ordnungswidrig, wenn eine solche Zuwiderhandlung begangen wird, die durch gehörige Aufsicht verhindert oder wesentlich erschwert worden wäre. Bei § 130 OWiG handelt es sich um die Pflichten, die den Inhaber treffen und deren Verletzung mit Strafe oder Geldbuße bedroht ist, damit soll der Arbeitgeber Vorkehrungen unter Beachtung von Rechtstreue im Unternehmen sicherstellen.[184] Im Rahmen von Compliance-Richtlinien sind häufig die Aufsichtsmaßnahmen[185] im Sinne des § 130 OWiG vorgesehen. In diesem Zusammenhang könnte eine Einführung von Compliance-Richtlinien erfolgen.

§ 130 OWiG begründet keine unmittelbar durchsetzbare Organisationspflicht, vielmehr handelt es sich um die erforderlichen Aufsichtsmaßnahmen zum Schutz gegen betriebsspezifischen Zuwiderhandlungen.[186] Welche Maßnahme erforderlich ist, hängt jedoch vom Einzelfall ab. Dabei sind das Maß der Gefährdung, die Art des Betriebes, seine Größe, Organisationsstruktur sowie die Erfahrungen mit Zuwiderhandlungen zu berücksichtigen.[187] Daneben muss die Maßnahme für den Arbeitgeber zumutbar sein.[188] Beispielsweise sind Maßnahmen wie die sorgfältige Auswahl sowie Durchsetzung von Ermahnungen und die Einrichtung einer Sicherheitsstelle zu beachten.[189] Zudem setzt die sich aus § 130 OWiG ergebende Ordnungswidrigkeit eine Pflichtverletzung voraus. Soweit eine Zuwiderhandlung gegen die Aufsichtspflichten im Sinne des § 130 OWiG nicht zustande gekommen ist, fällt das Unterlassen von Aufsichtsmaßnahmen aus.[190]

§ 130 OWiG begründet keine umfassende Pflicht, ein „flächendeckendes Kontrollnetz“ aufzubauen.[191] Weiterhin verpflichtet § 130 OWiG den Arbeitgeber unmittelbar zum Erlass von Compliance-Richtlinien. Dennoch kann der

---

184 Vgl. Korte, NStZ 2006, 24, 26; Triskatis, S. 55; Wagner, S. 22.

185 Siehe Whistelblowing-Klausel.

186 Bohnert/Krenberger/Krumm, § 130 OWiG, Rn.3.

187 Bohnert/Krenberger/Krumm, § 130 OWiG, Rn. 18.

188 OLG Düsseldorf, vom 12.11.1998 – 2 Ss (OWi) 385/98–112/98 III, wistra 1999, 115, 116= NStZ-RR 1999, 151; BayObLG, vom 10.8.2001 – 3 ObOWi 51/2001, NJW 2002, 766, 767.

189 Bohnert/Krenberger/Krumm, § 130 OWiG, Rn. 20.

190 Bürkle, CCZ 2015, 52; Bürkle, BB 2005, 565, 567; Fleischer, AG 2003, 291, 299.

191 Rogall, in Senge Karlsruher Kommentar zum OWiG, § 130, Rn. 17.

Arbeitgeber der Pflicht aus § 130 OWiG durch die Einführung von Compliance-Richtlinien nachkommen, dabei kann § 130 OWiG als das mittelbare unvollkommene Motiv zur Schaffung von Compliance-Richtlinien betrachtet werden.[192]

2. *US-amerikanische Vorgaben*

a. *Sarbanes-Oxley Act (SOX)*

Eine Pflicht zur Einführung von Compliance-Richtlinien könnte sich auch aus dem amerikanischen Sarbanes-Oxley Act (SOX) ergeben. Als eine Reaktion auf die Finanzskandale in den USA wurde der Sarbanes-Oxley Act im Jahr 2002 erlassen und bezweckt den Schutz der Anleger sowie die Wiederherstellung des Anlegervertrauens durch genauere und verlässlichere wertpapierrechtliche Publizitätspflichten.[193] Die Vorschriften des SOX gelten für alle Unternehmen, die an der US-amerikanischen Börse notiert sind, daneben finden sie auch in ihren Tochterunternehmen im Ausland Anwendung.[194] Daran sind also auch die deutschen Unternehmen, die in den USA börsennotiert sind, gebunden. Außerdem stößt der SOX in das deutsche Recht, wenn sich die Tochterunternehmen der US-amerikanischen Unternehmen in Deutschland niederlassen.[195]

In Sec. 406 SOX ist die Einführung der „code of ethics" vorgesehen, wonach Gesellschaften verpflichtet sind, in ihren Jahresberichten die Einführung oder Nichteinführung der „code of ethics" für „Senior Financial Officers" anzugeben.[196] Zudem implizieren die „code of ethics" Standards zu ethischem Verhalten, vollständigen und rechtzeitigen Berichterstattungen sowie die Rechtsbefolgung.[197] Ferner schreibt der SOX die Einrichtung eines „audit committee" in Sec. 301 und den Whistleblower-Schutz in Sec. 806 vor.

---

192 Vgl. Schneider, S. 54; Uwe. H. Schneider, ZIP 2003, 645, 648f.; Mahnhold, Compliance und Arbeitsrecht, S. 78ff.; Greeve, in Hauschka/Moosmayer/Lösler, Corporate Compliance, § 25, Rn. 99.

193 Krause, WM 2003, 762; Gruson/Kubicek, AG 2003, 337, 338.

194 Büssow/Taetzner, BB 2005, 2437; Behrendt/Kaufmann, CR 2006, 642, 643; Regelin/Fischer, IStR 2003, 276, 287; Gruson/Kubicek, AG 2003, 337; Krause, WM 2003, 762, 763; Carl, in Spahlinger/Wegen, Internationales Gesellschaftsrecht, Rn. 1625f.

195 Beispielweise Fall Wal-Mart, LAG Düsseldorf, vom 14. 11. 2005 – 10 TaBV 46/05, NZA 2006, 63; Schneider, S. 49; Hütten/Stromann, BB 2003, 2223, 2227; Lanfermann/Maul, DB 2003, 349, 353.

196 Regelin/Fischer, IStR 2003, 276, 283; Gruson/Kubicek, AG 2003, 393, 400; Köstner, S. 59.

197 Sec. 406 (c) SOX, „In this section, the term "code of ethics" means such standards as are reasonably necessary to promote—

Als US-amerikanische Rechtstradition ist eine große Zahl der Vorschriften abstrakt formuliert, wobei der SOX keine detaillierten Regelungen enthält.[198] Vielmehr werden die einzelnen Normen des SOX durch Securities and Exchange Commission (SEC) ausgestaltet und konkretisiert.[199] Welche konkreten Vorgaben bzw. genauen Inhalte in den Ausführungsbestimmungen hinsichtlich der Einführung der „code of ethics" auszugestalten sind, bleiben der SEC vorbehalten, denn der Umstand kann je nach Unternehmen unterschiedlich sein.[200] Zusätzlich richtet sich Sec. 406 SOX lediglich an die „Senior Financial Officers", während der „code of ethics" nicht für alle Mitarbeiter gilt. In diesem Sinne besteht auch keine ausdrückliche Pflicht zum Erlass von Compliance-Richtlinien.

Hiermit sind die Unternehmen zur Einführung der „code of ethics" im Rahmen des SOX verpflichtet, wenn die deutschen Unternehmen an der US-amerikanischen Börse notiert sind oder die Tochterunternehmen der börsennotierten Unternehmen sich in Deutschland niederlassen. Zwar fehlt es den Pflichten für die nicht davon betroffen Unternehmen, den „code of ethics" im Unternehmen einzuführen, jedoch ist der faktische Druck unter Berücksichtigung der international weit verbreiteten Compliance-Richtlinien nicht zu vernachlässigen.

b. New York Stock Exchange Listed Company Manuals (NYSE LCM)

Weiterhin kann der SOX eine Konkretisierung durch die New York Stock Exchange Listed Company Manuals (NYSE LCM), der von den Regelungen in Bezug auf Sec. 406 SOX ausgeht, erfahren. Sec. 303A. 10 NYSE LCM besagt Folgendes: „Listed companies must adopt and disclose a code of business conduct and ethics for directors, officers and employees, and promptly disclose any waivers of the code for directors or executive officers."[201] Im Gegensatz zum SOX

---

(1) honest and ethical conduct, including the ethical handling of actual or apparent conflicts of interest between personal and professional relationships;

(2) full, fair, accurate, timely, and understandable disclosure in the periodic reports required to be filed by the issuer; and

(3) compliance with applicable governmental rules and regulations."

198 Regelin/Fischer, IStR 2003, 276; Hütten/Stromann, BB 2003, 2223; Carl, in Spahlinger/Wegen Internationales Gesellschaftsrecht, Rn. 1624.

199 Abrufbar unter https://www.sec.gov/; Regelin/Fischer, IStR 2003, 276; Hütten/Strom ann, BB 2003, 2223; Strauch, NZG 2003, 952; Carl, in Spahlinger/Wegen, Interna tionales Gesellschaftsrecht, Rn. 1624.

200 Regelin/Fischer, IStR 2003, 276, 283; Wagner, S. 25; Triskatis, S. 61.

201 Abrufbar unter https://www.nyse.com/index.

schreibt Sec. 303A. 10 NYSE LCM erstmals ausdrücklich die Verpflichtung für Unternehmen zur Einführung von Compliance-Richtlinien vor. Zudem richten sich die Vorschriften an alle Mitarbeiter und nicht nur an die Führungskräfte. Die konkreten Inhalte der Richtlinien erfasst Sec. 303A. 10 NYSE LCM nicht, jedoch etabliert sie ein Leitbild für die Compliance-Richtlinien.[202] Inhaltlich enthält Sec. 303A. 10 NYSE LCM die wesentlichen Regelungen zu Themenfeldern wie Interessenkonflikte („Conflicts of interest"), Bereicherung im geschäftlichen Umfeld („Corporate opportunities"), Verschwiegenheit („Confidentiality"), faires Geschäftsgebaren („Fair dealing"), Umgang mit Unternehmenseigentum („Protection and proper use of listed company assets"), Einhaltung von Gesetzen („Compliance with laws, rules and regulations (including insider trading laws)") sowie Ermutigung zum Whistleblowing („Encouraging the reporting of any illegal or unethical behavior"). Wie SOX verpflichten die Vorschriften der Sec. 303A. 10 NYSE LCM nicht nur die an der New Yorker Börse notierten Unternehmen mit Sitz in den USA, sondern auch ihre im Ausland befindlichen Tochterunternehmen zur Implementierung von Compliance-Richtlinien. Nach Sec. 303A. 11 NYSE LCM[203] haben die ausländischen Unternehmen, die in den USA börsennotiert sind, diese Verpflichtungen einzuhalten.

Sec. 303A. 10 NYSE LCM enthält die ausdrückliche Verpflichtung zur Einführung von Compliance-Richtlinien. Genauso wie Sec. 406 SOX gelten die Vorschriften nur für die in den USA börsennotierten Unternehmen und deren Tochterunternehmen im Ausland. Die davon betroffenen deutschen Unternehmen müssen die Standards und die Umsetzung beachten, wobei ein Ermessensspielraum für die Unternehmen unter Berücksichtigung dieser Regelungen gegeben ist.

3. *Weitere spezielle Vorgaben*

Eine Verpflichtung zur Einführung von Compliance-Richtlinien ergibt sich immer aus der einzelnen Rechtsvorschrift. Neben den genannten Rechtsvorgaben sind folgende Vorschriften zu beachten, die spezielle Regelungen zur Erfüllung angemessener Anforderungen enthalten. Beispielweise sind § 52a Abs. 2 BlmSchG, § 53 KrW-/AbfG, § 2 Abs. 2 BSchSchG sowie §§ 43a, 59b BRAO zu

202 Eisenbeis/Nießen, FS Leinemann, 697, 699; Wagner, S. 26; Köstner, S. 65.

203 Sec. 303A. 11 NYSE LCM: „Listed foreign private issuers must disclose any significant ways in which their corporate governance practices differ from those followed by domestic companies under NYSE listing standards."

nennen,[204] welche öffentlich-rechtliche Pflichten enthalten und zu einer Organisationshaftung bei Nichteinhaltung führen könnten. Solche speziellen Vorschriften gelten ausschließlich in ihrem jeweiligen Anwendungsbereich, darin besteht zudem keine allgemeine Ausstrahlungswirkung.[205]

III. Freiwillige Compliance-Richtlinien

Die Einführung von Compliance-Richtlinien beruht auf einer unternehmerischen Entscheidung. Aus den gesetzlichen Vorgaben besteht keine ausdrückliche allgemeine Pflicht zum Erlass von Compliance-Richtlinien, dennoch steht es dem Unternehmen zur Disposition, freiwillige Richtlinien einzuführen. Diese freiwilligen Compliance-Richtlinien dienen der Zwecksetzung von Compliance,[206] dabei können sie zu einem positiven Auftreten des Unternehmens beitragen. Hauptsächlich geht es hierbei nach wie vor lediglich um die Frage, inwieweit der Arbeitgeber die Verhaltensrichtlinien für die Arbeitnehmer durchsetzen kann.[207]

IV. Fazit

Als ein Teil des Compliance-Systems sind Compliance-Richtlinien im Unternehmen einzuführen. Die Motivation zur Einführung von Compliance-Richtlinien kann auf rechtlichen Verpflichtungen sowie anderweitigen Zielsetzungen von Compliance beruhen. Dabei erschöpft sich eine Reihe von Begründungen zu der Motivation. Eine allgemeine Motivation zur Einführung von Compliance-Richtlinien ist nicht anzunehmen. Bei konkreter Ausgestaltung wird vielmehr mit Rechtsvorgaben, der Durchführungseffizienz sowie mit Auswirkungen gerechnet.

C. Inhalt von Compliance-Richtlinien

Angesichts der unterschiedlichen Anlässe zur Einführung von Compliance-Richtlinien wird eine Vielzahl unterschiedlicher Verhaltensregeln eingefordert.[208] Die Inhalte und der Umfang dieser Verhaltensanforderungen hängen

---

204 Uwe. H. Schneider, ZIP 2003, 645,647; Hauschka, ZIP 2004, 877, 878; Schulz, S. 45.

205 Wagner, S. 29.

206 Vgl. Walmart-Entscheidung, LAG Düsseldorf, vom 14. 11. 2005, NZA 2006, 63; Triskatis, S. 62; Schulz, S. 45; Meyer, NJW 2006, 3605, 3606.

207 Meyer, NJW 2006, 3605, 3606.

208 Meyer, NJW 2006, 3605, 3607.

von zahlreichen Elementen wie der Branche und der Unternehmensgröße ab, die Einzelregelung variiert jedoch von Unternehmen zu Unternehmen. Daher gibt es keine einheitliche Darstellung für die Inhalte von Compliance-Richtlinien, jede exemplarische Verhaltensregelung aufzulisten, ist jedoch auch unpraktisch und zudem sehr aufwendig. Allerdings enthalten die Verhaltensregeln in gewissem Maße einige Gemeinsamkeiten bei der Formulierung. Vor diesem Hintergrund sollen einerseits die Inhalte der Compliance-Richtlinien in Gruppen kategorisiert und andererseits insbesondere typische Verhaltensregeln analysiert werden.

I. Aufbau einer Compliance-Richtlinie

Compliance-Richtlinien werden grundsätzlich von dem Unternehmen ausgeführt. Trotz differenzierter Verhaltensregelungen ist ein gewöhnliches Bild noch aufgebaut, sodass eine deutliche Formulierung von Compliance-Richtlinien aufgezeigt werden kann.[209] In der Regel werden Compliance-Richtlinien nach der Struktur von Einleitung, Verhaltensregeln sowie Sanktionen aufgebaut.

1. Einleitung

Die Einleitung einer Compliance-Richtlinie beginnt in der Form einer Einleitung oder Präambel, in welcher der Hintergrund, die Ziele und die Bedeutung der Richtlinien erklärt werden. Zumeist wird hierbei auch der Geltungsbereich der Richtlinien verdeutlicht. Überdies werden die allgemeinen Pflichten und der Verhaltenskodex der Arbeitnehmer dargelegt. Aus der Einleitung werden die Struktur der Richtlinien und die Werte aus Sicht des Unternehmens deutlich. Die Einleitung einer Compliance-Richtlinie kann etwa wie folgt lauten:

„*Compliance sicherzustellen ist ein wesentlicher Bestandteil unserer täglichen Arbeit. Wir müssen eine Kultur der Aufrichtigkeit pflegen und weiterentwickeln, in der Führungskräfte Vorbilder bei der Förderung von Geschäftsethik und im rechtmäßigen Handeln sind und in der rechtskonformes Verhalten in der persönlichen Verantwortung jedes Einzelnen liegt.*“[210]

209 Vgl. Wagner, S. 30; Beispiel von Triskatis, S. 70; abgelehnt, Schneider, S. 59, aber die Begründung dafür ist nicht zutreffend, denn trotz des Unterschieds wird der Beispielfall auch nach der allgemeinen Struktur von Einleitung, allgemeinen Pflichten und Sanktionen formuliert.

210 BASF-Verhaltenskodex, unter https://www.basf.com/de/de/company/about-us/management/code-of-conduct.html.

„Der Continental-Verhaltenskodex sieht vor, dass jeder einzelne Mitarbeiter, jede Führungskraft, jeder Geschäftsführer und jedes Vorstandsmitglied der Continental AG die Verantwortung für sein Handeln und Verhalten übernimmt, und soll als Unternehmensrichtlinie für das tägliche Verhalten im Arbeitsalltag dienen. Der Verhaltenskodex zeigt zudem die ethischen Ziele und Grundsätze für die Geschäftstätigkeit von Continental auf.“[211]

2. Kategorisierung von Verhaltensregeln

Der Schwerpunkt der Compliance-Richtlinien liegt in den Verhaltensregeln.[212] Aufgrund zahlreicher divergierter Verhaltensregeln ist es unmöglich, jede einzelne Regelung zu prüfen. Dennoch lassen sich die Verhaltensregeln in verschiedene Fallgruppen gliedern. Hierbei ist zunächst eine Einteilung der Regelungsinhalte nach Unterscheidungsmerkmalen möglich.

Bei der Unterscheidung des Verhaltenskodexes kommen verschiedene Auffassungen in Betracht. Nach dem Geltungsbereich lassen sich die Verhaltensregelungen in ein betriebliches und ein außerbetriebliches Verhalten einteilen.[213] Diese Unterscheidung bietet im Einzelfall viele Schwierigkeiten, da sie in der Praxis nicht zielführend ist. Beispiel hierfür ist etwa das Verhalten beim Umgang mit den Kunden sowie im Betrieb oder außerhalb des Betriebs.[214] Weiterhin können die Verhaltensregeln nach dem Regelungsinhalt über Interessenkonflikte, Verschwiegenheitspflicht, faire Geschäftsgebaren usw. unterschieden werden. Diese Einteilung beruht auf dem Leitbild von Sec. 303A. 10 NYSE LCM und wird in den meisten Fällen als die Darstellung für den Inhalt der Compliance-Richtlinien angewendet.[215] Problematisch ist dann aber, dass jedes Unternehmen über eigene, spezifische Besonderheiten verfügt. Eine vollständige Auflistung von Verhaltensregelungen zur allgemeinen Geltung ist nicht praktisch, deshalb zeigt der NYSE nur die repräsentativen Klauseln für die börsennotierten Unternehmen.[216] Außerdem werden die Verhaltensrichtlinien anhand des

211 Continental- Verhaltenskodex, unter http://www.continentalcorporation.com/www/csr_com_de/themen/downloads/coc_download_liste_de.html.

212 Triskatis, S. 69.

213 Schreiber, NZA-RR 2010, 617, 618.

214 Schulz, S. 46.

215 Vgl. Eisenbeis/Nießen, FS Leinemann, 697, 699 ff.; Wagner, S. 31ff.; Schneider, S. 59ff.; Köstner, S. 79ff.

216 Dazu lautet nach Sec. 303A. 10 NYSE LCM: „Each listed company may determine its own policies, but all listed companies should address the most important topics, including the following…“.

Tätigkeitsbezugs kategorisiert, wie z.B. Regelungen mit ausschließlichem Tätigkeitsbezug, Regelungen mit Bezug auf die Tätigkeit und sonstiges Verhalten und Regelungen zum außerdienstlichen sowie privaten Verhalten.[217] Diese Kategorisierung verläuft in die richtige Richtung, indem im ersten Schritt die Regelungen nach dem Tätigkeitsbezug untergliedert werden.[218] Für besseres Verständnis der Verhaltensregelungen soll die Unterscheidung die Verfahrensklauseln einschließen.[219] Schließlich werden die Compliance-Anforderungen und -Funktionen bei Kategorisierung der Verhaltensregelungen berücksichtigt, sodass unter der Unterscheidung von betrieblichem und außerbetrieblichem Verhalten die Verhaltensregelungen näher eingeteilt werden.[220] Zusammenfassend lassen sich folgende Kategorisierungen von Verhaltensregelungen im Hinblick auf die oben genannten Auffassungen darstellen, dabei können die Geltungsbereiche, der Tätigkeitsbezug sowie Verfahrenselemente überlegt werden.

a. Verdeutlichung von gesetzlichen Pflichten

Ein fester Bestandteil der Verhaltensregelungen ist die Einhaltung von Gesetzen und Rechtsordnungen,[221] welcher sich aus den Anforderungen der Compliance-Definition sowie den Hinweisen von Sec. 303A. 10 NYSE LCM ergibt. Daher ist es sinnvoll, die gesetzlichen Regelungen in die Verhaltensregelungen aufzunehmen. Die Arbeitnehmer sind dabei aufgefordert, die jeweiligen Rechtsvorschriften zu beachten. Die gesetzlichen Pflichten können einerseits durch die Verhaltensregelungen wiederholt werden, andererseits betonen die Regelungen die Einhaltung gesetzlicher Pflichten.[222] Welche Gesetze dabei einzuhalten oder auf welche Art und Weise die Gesetze aufzunehmen sind, hängt von den Branchen und der Größe des Unternehmens ab.[223] Beispielsweise werden haftungsrelevante Bestimmungen wie § 299 StGB, § 2 BeschSchG, § 5 BDSG in der Praxis erwähnt.

---

217 Borgmann, NZA 2003, 352, 353f.; Meyer, NJW 2006, 3605, 3607; Kock, MDR 2006, 673, 674; Teilweise angenommen, Schulz, S. 47.

218 Vgl. Schulz, S. 47.

219 Eisenbeis/Nießen, FS Leinemann, 697, 700.

220 Vgl. Müller-Bonnani/Sagan, BB-Special 5 2008, 28, 29; Ohlendorf/Bünning, AuA 2006, 200f.

221 Eisenbeis/Nießen, FS Leinemann, 697, 703; Köstner, S. 82.

222 Ohlendorf/Bünning, AuA 2006, 200, 201; Müller-Bonnani/Sagan, BB Special 5 2008, 28, 29;

223 Vgl. Wagner, S. 31; Ohlendorf/Bünning, AuA 2006, 200, 201; Müller-Bonnani/Sagan, BB Special 5 2008, 28, 29.

„Wir halten uns streng an alle anwendbaren Anti-Korruptionsgesetze und -vorschriften, einschließlich solcher, die die Bestechung ausländischer Amtsträger zum Inhalt haben."[224]

„Wir respektieren die persönliche Würde, die Privatsphäre und die Persönlichkeitsrechte jedes Einzelnen. Wir arbeiten mit Individuen verschiedener ethnischer Herkunft, Kultur, Religion, verschiedenen Alters, unabhängig von Behinderung, Hautfarbe, sexueller Identität, Weltanschauung und Geschlecht zusammen."[225]

b. Ausschließlich dienstliches Verhalten

Compliance-Richtlinien enthalten unmittelbar klassische Verhaltensanweisungen,[226] welche die Art und Weise von Arbeitsleistungen betreffen. Die Regelungen mit ausschließlichem Tätigkeitsbezug beruhen auf vertragliche Pflichten, wobei die Hauptleistungspflichten und Nebenpflichten zu beachten sind.[227] Grundsätzlich spielen für Compliance-Richtlinien die Hauptleistungspflichten keine große Rolle, vielmehr können die Compliance-Richtlinien die vertraglichen Nebenpflichten im Sinne der §§ 241 Abs. 2, 242 BGB konkretisieren.[228] Unter diesen Umständen sollen die Bestimmungen aus § 106 GewO, § 315 BGB Beachtung finden.[229] Hierzu kommen folgende Beispiele in Compliance-Richtlinien vor:

„Mitarbeiter von OSRAM sind verpflichtet, ihre Geschäftsentscheidungen im besten Interesse von OSRAM und nicht auf Basis persönlicher Interessen zu treffen. Interessenkonflikte entstehen dann, wenn Mitarbeiter auf Kosten der Interessen von OSRAM eigene Aktivitäten oder persönliche Interessen verfolgen. Der Mitarbeiter hat jedes persönliche Interesse, das im Zusammenhang mit der Durchführung seiner dienstlichen Aufgaben bestehen könnte, seiner Führungskraft mitzuteilen."[230]

---

224 Continental- Verhaltenskodex, unter http://www.continentalcorporation.com/www/csr_com_de/themen/downloads/coc_download_liste_de.html.

225 Siemens Business Conduct Guidelines, unter http://www.siemens.com/about/sustainability/de/themenfelder/compliance/system/richtlinien.htm.

226 Borgmann, NZA 2003, 352, 353; Ohlendorf/Bünning, AuA 2006, 200.

227 Schreiber, NZA-RR 2010, 617, 618; Schulz, S. 48ff.

228 Vgl. Müller-Bonnani/Sagan, BB Special 5 2008, 28, 29; Schulz, S. 48; Deyhle, S. 39; Mengel, Compliance und Arbeitsrecht 2009, Kap. 1, Rn. 9.

229 Schreiber, NZA-RR 2010, 617, 618; Müller-Bonnani/Sagan, BB Special 5 2008, 28, 29.

230 Osram, Business Conduct Guidelines, unter http://www.osram.de/osram_de/nachhaltigkeit/wirtschaft/compliance/index.jsp.

„Um zum bestangesehenen Dienstleistungsunternehmen unserer Branche zu werden, müssen wir uns verbessern, unsere Sicht auf den Kunden unentwegt schärfen, Kundenbedürfnisse frühzeitig erkennen und Kundenerwartungen möglichst übertreffen. Dafür stellen wir unser Serviceverhalten, unsere Produkte und Dienstleistungen stets auf den Prüfstand.“[231]

c. Sonstiges Verhalten im Betrieb

Ferner sind weitere Verhaltensregelungen denkbar, wenn sie sonstiges Verhalten im Betrieb betreffen. Solche Regelungen werden aufgestellt, wenn die Vorgaben zum allgemeinen Verhalten während der Arbeitszeit über reine Arbeitsanweisungen hinausgehen oder weder auf Hauptleistungspflichten noch Nebenpflichten zurückgeführt werden können.[232] Darunter bezieht sich das sonstige Verhalten hauptsächlich auf das Ordnungsverhalten oder das Verhalten der Arbeitnehmer, wie z.B. das politische oder soziale Verhalten im Betrieb.[233] Von dieser Kategorie werden solche Verhaltensregelungen regelmäßig pauschal erfasst, die relativ strengeren Anforderungen unterliegen.[234] Als Beispiel können die Regelungen folgendermaßen lauten:

„Die private Nutzung von Firmeneigentum ist grundsätzlich nicht erlaubt, soweit individualrechtlich, kollektivrechtlich oder gemäß betrieblicher Regelungen bzw. der betrieblichen Praxis keine anderslautenden Regelungen bestehen.“[235]

„Wir gefährden niemals die Gesundheit und die Sicherheit unserer Mitarbeiter oder unserer Geschäftspartner. Wir ergreifen alle angemessenen und gesetzlich vorgeschriebenen Vorsichtsmaßnahmen, um zu gewährleisten, dass unsere Arbeitsplätze immer ein sicheres Arbeiten ermöglichen… Es ist nicht zulässig: Alkohol oder Drogen zu konsumieren bzw. unter deren Einfluss zu arbeiten, wenn Sie dadurch Ihre oder die Sicherheit und Unversehrtheit anderer gefährden.“[236]

---

231 Telecom, Code of Conduct, unter http://www.telekom.com/code-of-conduct?wt_mc=alias_1195_code-of-conduct.

232 Borgmann, NZA 2003, 352, 353; Ohlendorf/Bünning, AuA 2006, 200, 201; Schreiber, NZA-RR 2010, 617, 618.

233 Schreiber, NZA-RR 2010, 617, 618; Müller-Bonnani/Sagan, BB Special 5 2008, 28, 29; Schulz, S. 59; Mengel, Compliance und Arbeitsrecht, Kap. 1, Rn. 5.

234 Schulz, S. 59; Mengel, Compliance und Arbeitsrecht, Kap. 1, Rn. 5.

235 Bosch, Code of Business Conduct, unter http://www.bosch.com/de/com/sustainability/corporatemanagement/compliance/code_of_business_conduct/code_of_business_conduct.html.

236 Verhaltenskodex der adidas Gruppe, unter http://www.adidas-group.com/de/investoren/corporate governance/verhaltenskodex/.

d. *Außerdienstliches Verhalten und privates Verhalten*

Neben den Vorgaben zur Tätigkeit und zum Verhalten während der Arbeitszeit könnten die Compliance-Richtlinien auch Regelungen, die das außerdienstliche und private Verhalten betreffen, enthalten. Im Gegensatz zum dienstlichen Verhalten handelt es sich beim außerdienstlichen Verhalten um sämtliche Handlungen des Arbeitnehmers, die nicht Arbeitsleistungen auf unmittelbare Weise erbringen.[237] Grundsätzlich hat der Arbeitnehmer keine Pflichten, seine private Lebensführung dem Arbeitgeber mitzuteilen. Ausnahmsweise fallen diese Regelungen unter den privaten Bereich, wenn sich die ausgeübte Tätigkeit störend auf den betrieblichen Bereich auswirkt.[238] Hierzu zählt das Verhalten im außerdienstlichen Bereich, das den Betriebsfrieden und die Arbeitsleistung stört, oder dem Unternehmensimage schaden könnte.[239] Beispielsweise können die Regelungen etwa wie folgt lauten:

„Continental respektiert das Recht von Mitarbeitern, außerberuflichen Aktivitäten nachzugehen, die privater Natur sind und in keiner Weise in Konflikt stehen mit bzw. sich negativ auf Continental und/oder sein Unternehmensimage auswirken. Dazu gehört, dass Sie keine externen geschäftlichen oder finanziellen Interessen oder Beziehungen – weder direkt noch indirekt – pflegen, die im Widerspruch zu den Interessen von Continental stehen oder die Ihre Fähigkeit beeinträchtigen könnten, Ihren Verpflichtungen im Rahmen Ihres Beschäftigungsverhältnisses im vollen Umfang nachzukommen.“[240]

„Mitarbeiter dürfen außerhalb der adidas Gruppe keine Tätigkeiten aufnehmen oder weitere Beschäftigungsverhältnisse eingehen, die sie in Konflikt mit ihren Aufgaben als Mitarbeiter der adidas Gruppe bringen oder zumindest den Anschein erwecken könnten. Ihr Compliance-Beauftragter kann solche externen Beschäftigungen nach Absprache mit Ihrem Vorgesetzten und der Personalabteilung genehmigen.“[241]

e. *Verfahrensklauseln*

Regelmäßig enthalten Compliance-Richtlinien Verhaltensklauseln, die den Arbeitnehmer dazu verpflichten, Verstöße gegen Compliance-Richtlinien zu melden,

---

237 Boemke, AR-Blattei SD 1228, Rn. 247.

238 Mengel, Compliance und Arbeitsrecht, Kap. 1, Rn. 5; Müller-Bonnani/Sagan, BB Special 5 2008, 28, 29; Schreiber, NZA-RR 2010, 617, 618.

239 Kock, MDR 2006, 673, 674; Borgmann, NZA 2003, 352, 353.

240 Continental-Verhaltenskodex, unter: http://www.continentalcorporation.com/www/csr_com_de/themen/downloads/coc_download_liste_de.html.

241 Verhaltenskodex der adidas Gruppe, unter: http://www.adidas-group.com/de/investoren/corporate governance/verhaltenskodex/.

nämlich „Whistleblowing“[242], wodurch Compliance-Richtlinien effektiv durchgesetzt werden sollen. Die im Rahmen des Verhaltenskodexes auftretende Whistleblowing-Klausel dient nicht als ein rein unverbindlicher Appell oder eine Bitte, sondern als eine Pflicht zur Aufdeckung von Fehlverhalten und Verstößen.[243] Hierzu gehören etwa nachfolgende Bestimmungen:

„Jeder ist mutmaßlicher oder tatsächlicher Verstoß gegen Gesetze oder Unternehmensrichtlinien zu melden. In solchen Fällen steht Ihnen auch die Compliance-Hotline zur Verfügung. Zu diesem Zweck wurden in allen Regionen weltweit Compliance-Hotlines eingerichtet. Mitteilungen können auch anonym erfolgen.“[244]

„Darüber hinaus kann ein Mitarbeiter, sofern er mögliches Fehlverhalten erkannt hat, verschiedene Wege nutzen, um dieses Fehlverhalten zu melden. Hierfür stehen nicht nur seine Führungskraft und sein Compliance Officer bereit, sondern auch der Compliance Helpdesk Tell Us, der 24 Stunden täglich telefonisch und über das Internet erreichbar ist, und der Siemens Ombudsmann.“[245]

3. *Sanktionen*

Zur Gewährleistung der Compliance-Richtlinien enthalten die Richtlinien regelmäßig Sanktionsklauseln, die im Falle eines Verstoßes gegen die Compliance-Richtlinien drohen.[246] Die Sanktionsklauseln stehen zumeist am Ende des Kodexes und werden als negative Durchsetzungsmechanismen angesehen.[247] Mit der Ankündigung von Sanktionsklauseln werden den Arbeitnehmern mit Abmahnung, Kündigung oder sogar strafrechtlichen Sanktionen gedroht, wobei die Compliance-Richtlinien auf dem „living paper“ präktiziert werden.[248]

„Ein Verstoß gegen anwendbare Gesetze und Vorschriften und folglich gegen den Continental-Verhaltenskodex kann sowohl strafrechtliche Maßnahmen, Geldsanktionen und einen Reputationsverlust für Continental als auch persönliche

242 Ausführlich, siehe unten.

243 Fahrig, NJOZ 2010, 975, 976; Kock, MDR 2006, 673, 674; Mengel, Compliance und Arbeitsrecht, Kap. 1, Rn. 121ff.

244 BASF-Verhaltenskodex, unter:https://www.basf.com/de/de/company/about-us/management/code-of-conduct.html.

245 Siemens Business Conduct Guidelines, unter:http://www.siemens.com/about/sustainability/de/themenfelder/compliance/system/richtlinien.htm.

246 Eisenbeis/Nießen, FS Leinemann, 697, 704; Wagner, S. 38; Köstner, S. 84; Schuster/Darsow, NZA 2005, 273, 276.

247 Triskatis, S. 68.

248 Grötzinger/Hohmann, AuA 2006, 286; Triskatis, S. 68; Schulz, S. 62.

Sanktionen zur Folge haben, die sich aus der Verletzung des Continental-Verhaltenskodexes ergeben.“[249]

„Jeder Mitarbeiter muss im Falle eines Verstoßes – unabhängig von den im Gesetz vorgesehenen Sanktionen – wegen der Verletzung seiner arbeitsvertraglichen Pflichten mit disziplinarischen Konsequenzen rechnen.“[250]

II. Typische Klauseln beim Verhaltenskodex

Aufgrund der Besonderheit des einzelnen Unternehmens ist eine pauschale Feststellung von Verhaltensregeln nicht möglich, vielmehr orientiert sich die einzelne Verhaltensregelung in der Praxis an Sec. 303 A. 10 NYSE LCM. Nach der Kategorisierung von Verhaltensregeln werden daher einige typische Klauseln beim Verhaltenskodex ausgewählt und dargestellt, um die relevanten „Soll-Inhalte“[251] zu identifizieren.

1. Verschwiegenheitsklauseln

Häufig enthalten Compliance-Richtlinien Regelungen zur Verschwiegenheitspflicht, die maßgeblich dem wirtschaftlichen Erfolg und der Verkörperung des Vorsprungs gegenüber Wettbewerbern dienen.[252] Die Verschwiegenheitsklauseln umfassen Pflichten zur Wahrung von Betriebs- und Geschäftsgeheimnissen während laufender Arbeitsverhältnisse und nach Beendigung eines Arbeitsverhältnisses.[253] Unter den Betriebs- und Geschäftsgeheimnissen sind die Tatsachen zu verstehen, die im Zusammenhang mit dem Geschäftsbetrieb stehen, einem nur eng begrenzten Personenkreis bekannt und nicht offenkundig und nach dem bekundeten Willen des Arbeitgebers aufgrund eines berechtigten wirtschaftlichen Interesses geheim zu halten sind.[254] Ferner kann sich die Verschwiegenheitspflicht auch auf die von dem Arbeitgeber ausdrücklich als vertraulich

---

249 Continental-Verhaltenskodex, unter: http://www.continentalcorporation.com/www/csr_com_de/themen/downloads/coc_download_liste_de.html.

250 Siemens Business Conduct Guidelines, unter: chohttp://www.siemens.com/about/sustainability/de/themenfelder/compliance/system/richtlinien.htm.

251 Eisenbeis/Nießen, FS Leinemann, 697, 699; Köstner, S. 79.

252 MünchArbR/Reichold, § 48, Rn. 44; HWK/Thüsing, § 611 BGB, Rn. 351.

253 BAG, vom 24. 11. 1956 – 2 AZR 345/56, AP zu § 611 BGB Fürsorgepflicht Nr. 4; Eisenbeis/Nießen, FS Leinemann, 697, 701; Richters/Wodke, NZA-RR 2003, 281, 287.

254 BAG, vom 15. 12. 1987 – 3 AZR 474/86, NZA 1988, 502= AP zu § 611 BGB Betriebsgeheimnis Nr. 5; Richters/Wodtke, NZA-RR 2003, 281, 284.

bezeichneten Tatsachen erstrecken.[255] Mitunter steht dem Arbeitgeber ein flexibler Spielraum zur Verfügung, um die Verschwiegenheitspflicht im Rahmen der Compliance-Richtlinien unter Berücksichtigung jeweiliger Besonderheiten auszugestalten.[256]

2. *Nebentätigkeitsverbotsklauseln*

Oftmals enthalten Compliance-Richtlinien die Bestimmungen vom Verbot von Nebentätigkeiten, die eine typische Konstellation zur Vermeidung von Interessenkonflikten darstellen.[257] Grundsätzlich ist der Arbeitnehmer dazu verpflichtet, Arbeitsleistung im Rahmen des Arbeitsvertrags zu erbringen. Demgegenüber hat er nicht die Pflicht, dem Arbeitgeber seine gesamte Zeit zur Verfügung zu stellen. Jedoch kann die Gefahr bestehen, dass wegen des Interessenkonfliktes die Ausübung der vom Arbeitgeber zugewiesenen Aufgabe nicht mehr objektiv und effektiv sein kann, wenn der Arbeitnehmer einer weiteren Tätigkeit nachgeht.[258] Daher bezweckt das Verbot von Nebentätigkeit die Vermeidung von Interessenkonflikten. Im Extremfall könnten Interessenkonflikte zur Korruption führen, was dem Unternehmensimage schaden könnte, in diesem Sinne wird das Unternehmensimage auch durch Verbot von Nebentätigkeit verbessert.[259] Durch die Bestimmungen in den Compliance-Richtlinien werden die Verbote eindeutig und konkretisiert dargelegt.

Unter dem Verbot von Nebentätigkeit sind ein absolutes Verbot und eine Anzeigepflicht mit Genehmigungsvorbehalt zu beachten.[260] Immerhin ist das Nebentätigkeitsverbot nicht umfassend zwingend durchzusetzen, vielmehr ergibt sich das aus der einzelnen gesetzlichen Regelung oder dem Vertrag.[261] Unter Beachtung des Schutzbereichs des Art. 12 Abs. 1 GG hat der Arbeitgeber die Interessen abzuwägen.[262] In diesem Sinne ist ein absolutes Nebentätigkeitsverbot nicht möglich, vielmehr muss der Arbeitgeber überprüfen, ob seine Interessen

---

255 Richters/Wodtke, NZA-RR 2003, 281, 283; Preis/Reinfeld, AuR 1989, 361, 362; Münch-ArbR/Reichold, § 48, Rn. 34; Wagner, S. 38.
256 Schaub-ArbHdB /Linck, § 53, Rn. 53; Köstner, S. 81; Schneider, S. 77.
257 Eisenbeis/Nießen, FS Leinemann, 697, 700; Triskatis, S. 216.
258 Hunold, NZA-RR 2002, 505ff.; Schaub-ArbHdB/Linck, § 53, Rn. 53
259 Schneider, S. 87.
260 BAG, vom 28. 2. 2002 – 6 AZR 33/01, NZA 2002, 928.
261 HWK/Thüsing, § 611 BGB, Rn. 368.
262 Hunold, NZA-RR 2002, 505.

potenziell beeinträchtigt werden können und das Verbot als das erforderliche, geeignete Mittel anzusehen ist.[263] Dann kann der Arbeitgeber das Verbot im Einzelfall berücksichtigen, wobei möglicherweise die Nebentätigkeitsverbote mit einem Genehmigungsvorbehalt praktisch noch ausführbar sind.

3. Klauseln über zwischenmenschliche Beziehung/Liebesbeziehung

Manchmal enthalten Compliance-Richtlinien auch Klauseln über die zwischenmenschliche Beziehung, insbesondere die sogenannte „Liebesbeziehung", welche eine Liebesbeziehung zwischen Arbeitnehmern oder Arbeitnehmern mit Vorgesetzten verbieten. Einerseits sind Liebesbeziehungen ein Grundrecht des Arbeitnehmers, das in den Schutzbereich des Grundgesetzes fällt. Andererseits betreffen Liebesbeziehungen im Unternehmen nicht nur ein außerdienstliches Verhalten, sondern auch ein innerbetriebliches Verhalten. Aufgrund dieser Besonderheit ist eine Liebesbeziehung keine rein private Angelegenheit, vielmehr könnte sie zu Arbeitsstörungen oder zur Beeinträchtigung des Betriebsklimas führen.[264] Hierbei geht es nicht einfach nur um das private Verhalten, sondern tatsächlich um die Regelungen zu Betriebsabläufen.[265] Die Bestimmungen in Compliance-Richtlinien, welche die Liebesbeziehungen regeln, stoßen auf den Schutzbereich des Grundrechts. Die Fragen, ob die Bestimmungen zulässig und wie die Bestimmungen durchzusetzen sind, unterliegen der Abwägung der Interessen des Arbeitgebers und den vom Grundgesetz geschützten Grundrechten.

4. Verbot zur Annahme von Geschenken und anderen Vorteilen

Als klassischen Inhalt[266] enthalten Compliance-Richtlinien Bestimmungen über das Verbot der Annahme von Geschenken und anderen Vorteilen, bei denen die gegenüber dem Kunden garantierte persönliche Integrität der Mitarbeiter eine wichtige Rolle spielt.[267] Die Klauseln beziehen sich in der Praxis auf den Umgang mit Kunden und Geschäftspartnern und manchmal auch auf das Verhalten

---

263 Vgl. Wisskirchen/Jordan/Bissels, DB 2005, 2190; Schaub-ArbRHdB/Linck, § 53, Rn. 53.

264 Siehe Schneider, S. 80.

265 BAG, vom 28.5.2002 – 1 ABR 32/01, AP zu § 87 BetrVG 1972 Ordnung des Betriebes Nr. 39 = NZA 2003, 166.

266 Wagner, S. 32.

267 Schuster/Darsow, NZA 2005, 273, 275.

gegenüber Behörden und Amtsträgern, womit sie als Zweck zur Vermeidung von Interessenkonflikten oder gar der Korruptionsbekämpfung dienen.[268]

Grundsätzlich sind Geschenke und Vorteile sehr vielfältig gefasst und im weiteren Sinne zu verstehen. Hierunter fallen beispielsweise Waren, Schmiergelder, Einladungen zum Essen, Rabatte oder sonstige Gefälligkeiten.[269] Klauseln, welche die Geschenke und Vorteile verbieten, richten sich nicht nur auf das Annahmeverbot, sondern auch auf das Schenkverbot.[270] In der Regel werden alle solche Verhalten, die strafrechtlichen Regelungen gegenüberstehen, verboten, wobei § 299 StGB und §§ 333, 334 StGB zu beachten sind. Teilweise sind Anordnungen in Compliance-Richtlinien zulässig, wenn es um einen gewissen Wert geht oder das Ablehnen aus kulturellem Geschäftsverkehr als unhöflich betrachtet wird.[271] Im Ausnahmefall kann es sein, dass die Annahme von dem Vorgesetzten genehmigt oder im Voraus angezeigt wird. Dies sollte der Arbeitgeber in den Compliance-Richtlinien ausdrücklich vermerken.[272] Überdies wird die Annahme von Geschenken und anderen Vorteilen von dem Arbeitgeber untersagt,[273] nur ausnahmsweise ist dieser zuzustimmen, wenn der Genehmigungsvorbehalt oder Anzeigevorbehalt in Betracht kommt.

5. *Klausel über Wertpapierbesitz und Wertpapierhandel*

Zur Vermeidung von Interessenkonflikten sind auch Wertpapierklauseln in Compliance-Richtlinien enthalten. Diese Klauseln umfassen einerseits Regelungen, den Wertpapierbesitz der Arbeitnehmer offenzulassen und andererseits Regelungen, den Wertpapierhandel von dem Arbeitnehmer zu beschränken. Die Wertpapierklauseln dienen weiterhin dem Schutz des Arbeitgebers vor Insiderhandel und dadurch entstehende Wirtschafts- und Reputationsschäden.[274]

In den Finanzdienstleistungsunternehmen sind die Arbeitnehmer gesetzlich verpflichtet, den Insiderhandel nach beispielsweise § 14 Abs. 1 WpHG zu untersagen. Neben den gesetzlichen Bestimmungen können sich die Wertpapierklauseln

---

268 Schuster/Darsow, NZA 2005, 273, 275; Eisenbeis/Nießen, FS Leinemann, 697, 701; Triskatis, S. 204; Schneider, S. 85; Mengel, Compliance und Arbeitsrecht, Kap. 1, Rn. 103ff.

269 Maschmann, in Dölling Korruptionsprävention, Kap. 3, Rn. 50; Schneider, S. 83.

270 Triskatis, S. 204.

271 Vgl. Wagner, S. 32f.; Schneider, S. 83.

272 Wagner, S. 32f.; Schneider, S. 83; Kock, MDR 2006, 673, 674; Zimmer/Stetter, BB 2006, 1445, 1451.

273 Fahrig, NZOJ 2010, 975, 977.

274 Vgl. Schuster/Darsow, NZA 2005, 273, 275.

auch auf andere Branchen erstrecken, die nicht unter dem Anwendungsbereich des WpHG fallen.[275] Dabei ist Zulässigkeit der Klauseln zu überprüfen. Im Hinblick auf die Interessen der Arbeitnehmer greifen diese Klauseln in das allgemeine Persönlichkeitsrecht nach Art. 12 Abs. 1 GG sowie in die Berufsfreiheit nach Art. 12 Abs. 1 GG ein. Denn grundsätzlich sind die Arbeitnehmer nicht dazu verpflichtet, das eigene Privatleben, die Handlungsfreiheit sowie das private Vermögen einzuschränken. Demgegenüber kann die Unternehmensfreiheit des Arbeitgebers nach Art. 14 Abs. 1 GG wegen Insiderhandel beeinträchtigt werden. In diesem Zusammenhang müssen diese Klauseln unter Abwägung der Interessen der beiden Parteien geprüft werden. Die Zulässigkeit einer Klausel soll schließlich in vielseitiger Hinsicht berücksichtigt und eingeführt werden.

6. *Whistleblowing-Klauseln*

Weiterhin enthalten Compliance-Richtlinien immer Whistleblowing-Klauseln, die als Kernbestandteil eines Kodexes angesehen werden.[276] Beim Whistleblowing geht es um die Fälle, in denen der Arbeitnehmer aufgefordert wird, Rechts- oder Richtlinienverstöße zu melden. Hiermit werden nicht nur die Verhaltensregelungen, sondern auch die technische Einrichtung zur Entdeckung und Meldung von Rechts- oder Richtlinienverstößen gefordert. In diesem Sinne ist Whistleblowing als ein Instrument für die Unternehmensleitung zu verstehen.[277] Bevor Whistleblowing-Klauseln in Compliance-Richtlinien vorgeschrieben werden, sollen zunächst die Grundlagen von Whistleblowing dargelegt werden.

a. *Begriffsbestimmung*

Wie Compliance stammt der Begriff „Whistleblowing“ ebenfalls aus dem angloamerikanischen Rechtskreis des Commen Law und wird als „the disclosure by organization members (former or current) of illegal, immoral, or illegitimate practices under the control of their employers, to persons or organizations that may be able to effect action“ umschrieben.[278] Für Whistleblowing gibt es in Deutschland bisher noch keine gesetzliche Definition,[279] im Allgemeinen wird

275 Schuster/Darsow, NZA 2005, 273, 275.

276 Eisenbeis/Nießen, FS Leinemann, 697, 703; Schneider, S. 59.

277 Köstner, S. 156.

278 Graser, S. 14; Bürkle, DB 2004, 2158; Near/Miceli, Journal of Business Ethics 1985, S. 4, in Berndt/Hoppler, 2005, 2623, 2624.

279 Schürrle/Fleck, CCZ 2011, 218; Scheicht/Loy, DB 2015, 803; Maume/Haffke, ZIP 2016, 199; Triskatis, S. 66.

Whistleblowing jedoch als die Verhaltensregelung, die das Fehlverhalten von Mitarbeitern oder Unternehmen gegen die gesetzlichen Regelungen oder Compliance-Richtlinien bei der zuständigen Stelle im Unternehmen oder außerhalb des Unternehmens anzeigt, verstanden.[280] Dabei ist zwischen internem und externem Whistleblowing zu unterscheiden. Unter dem internen Whistleblowing ist zu verstehen, dass sich der Hinweisgeber an Vorgesetzte, Kollegen, die Geschäftsleitung und sonstige unternehmensinterne Stellen wendet. Demgegenüber wird sich im Rahmen des externen Whistleblowing an Aufsichtsbehörden, Staatsverfolgungsorgane oder die Medien gewandt.[281]

Überdies lässt sich die amerikanische Bezeichnung „Whistleblowing" im Deutschen als „verpfeifen" übersetzen, wobei hiermit jedoch der eigentliche Sinn verfehlt wird. Während das Wort „verpfeifen" in der deutschen Sprache eine negative Tendenz aufweist, impliziert „Whistleblowing" hingegen eher einen neutralen Beiklang.[282] Dabei fehlt es an einer geeigneten Übersetzung von „Whistleblowing", aus diesem Grund wird der Terminus gerade in der deutschen Sprache genutzt. Vielmehr dient Whistleblowing also der betriebsinternen Informationserlangung zur Aufdeckung von Missständen und Rechtsverstößen.[283] Dabei sollen die Verstöße so schnell wie möglich aufgedeckt und das öffentliche Vertrauen gegenüber dem Unternehmen gestärkt werden.[284] Zudem werden Straftaten so im Unternehmen vorgebeugt und eine Rufschädigung lässt sich dadurch ebenfalls vermeiden. Durch Whistleblowing wird der Aufbau eines gängigen Kommunikationsweges gefördert, der dem Betriebsfrieden dient, damit ein besseres Betriebsklima gewahrt werden kann.[285]

b. Rechtslage von Whistleblowing

Da der Terminus „Whistleblowing" aus dem amerikanischen Recht stammt, in dem eine umfangreiche Gesetzes-, Rechtsprechungs- und Praxiserfahrung über

280 Bürkle, DB 2004, 2158; Berndt/Hoppler, 2005, 2623, 2624; Eisenbeis/Nießen, FS Leinemann, 697, 703; Weber-Rey, AG 2006, 406, 407; Müller, NZA 2002, 424, 426; Bachner/Lerch, AiB 2005, 229, 230.

281 Bürkle, DB 2004, 2158; Schulz, BB 2011, 629, 630; Buekist/Fahrig, BB 2013, 119, 120; Scheicht/Loy, DB 2015, 803, 805; Maume/Haffke, ZIP 2016, 199, 200;

282 Wisskirchen/Jordan/Bissels, DB 2005, 2190, 2193; Wisskirchen/Körber/Bissels, BB 2006, 1567, 1570; Maschmann, AuA 2009, 72, 75.

283 Maschmann, AuA 2009, 72, 75; Breininger/Krader, RDV 2006, 60.

284 Wisskirchen/Körber/Bissels, BB 2006, 1567; Weber-Rey, AG 2006, 406, 407.

285 Schneider, S. 59; Triskatis, S. 66.

Whistleblowing besteht,[286] sind zuerst die Regelungen, die auf das US-amerikanische Recht zurückzuführen sind und einen großen Einfluss auf deutsche Unternehmen, insbesondere auf die börsennotierten Unternehmen haben, zu beachten. Trotz der stets ansteigenden Prägungen existieren tatsächlich im deutschen Recht keine ausdrücklichen gesetzlichen Regelungen zum Whistleblowing,[287] vielmehr finden sich nur vereinzelte Regelungen in bestehenden Gesetzen. In diesem Zusammenhang werden Rechtsprechungen erwähnt, welche die Grundsätze des Whistleblowing aufstellen.

1) US-amerikanische rechtliche Regelungen

a) False Claim Act

In den USA finden sich die Regelungen seit langer Zeit in den einzelnen Bundes- und Landesgesetzen.[288] Erstmals gewährt der False Claim Act als Bundesgesetz die Regelungen zum Whistleblowing, die sich auf das Informieren über die wissentliche illegale Erlangung oder Verwendung öffentlicher Gelder des Arbeitgebers im Gesundheitswesen beziehen, damit das Fehlverhalten des Unternehmens in der Öffentlichkeit publiziert wird.[289]

b) Sarbanes Oxley Act und NYSE LCM

Wie zuvor bereits genannt, wurde der Sarbanes Oxley Act aus dem Jahre 2002 als Reaktion auf Bilanzskandale erlassen und beinhaltet umfassende Regelungen zu Whistleblowing. Der SOX hat eine zentrale Diskussion um Whistleblowing hervorgebracht, wobei verschiedene Bereiche des SOX geregelt werden.[290] Sec. 301 SOX bestimmt die Einrichtung eines Prüfungsausschusses („audit committee“), der einerseits zur Überwachung der Ordnungsmäßigkeit von Rechnungslegung und Abschlussprüfung dient und andererseits die Etablierung eines Meldesystems und entsprechender Maßnahmen fördert, mittels derer die Beschwerden der Mitarbeiter in anonymer Weise zu melden sind.[291] Daneben sichert Sec. 806

---

286 Berndt/Hoppler, 2005, 2623; Weber- Rey, AG 2006, 406, 408.

287 Scheicht/Loy, DB 2015, 803; Schürrle/Fleck, CCZ 2011, 218, 220; Fischer-Lescano, AuR 2016, 4; Bürkle, DB 2004, 2158.

288 Schürrle/Fleck, CCZ 2011, 218; Bürkle, DB 2004, 2158.

289 Weber-Rey, AG 2006, 406, 408; Berndt/Hoppler, 2005, 2623, 2625; Thüsing/Forst, in Thüsing, Beschäftigtendatenschutz und Compliance, § 6, Rn. 4.

290 Mahnhold, NZA 2008, 737, 740; Zimmermann, WM 2007, 1060; Berndt/Hoppler, 2005, 2623, 2625.

291 Hütten/Stromann, BB 2003, 2223; Kamann/Simpkins, RIW 2003, 183, 185; Mahnhold, NZA 2008, 737, 740; Zimmermann, WM 2007, 1060, 1061; Berndt/Hoppler, 2005, 2623, 2625.

SOX den Schutz für Whistleblower vor Entlassung oder sonstigen Diskriminierungen.

Ferner ist zu erwähnen, dass der NYSE LCM entsprechende Regelungen zum Whistleblowing unter Einführung der „code of ethics" in Sec. 303 A. 10 vorgesehen hat, in denen der Mitarbeiter ermutigt wird, Gesetzesverstöße und Verstöße gegen den Kodex zu melden.

c) Dodd-Frank Act

Als eine Reaktion auf die Finanzkrise des Jahres 2008 wurde der Dodd-Frank Act erlassen. Dadurch wird eine Belohnung („Bounty Programms") für den Whistleblower, der bei der Aufdeckung von rechtswidrigem Verhalten im Finanzsektor hilft, geboten.[292] Zudem sieht der Act den Schutz für den Whistleblower vor Vergeltung und anderen Diskriminierungsmaßnahmen vor. Erwähnenswert ist außerdem, dass der Geltungsbereich des Act im Vergleich zum SOX von börsennotierten Unternehmen auf staatlich anerkannte Ratingorganisationen und Tochtergesellschaften US-börsengehandelter Unternehmen ausgeweitet wird.[293]

2) Deutsche gesetzliche Regelungen

Unvergleichbar mit den US-amerikanischen Rechten gibt es in Deutschland kaum ausdrücklich gesetzliche Regelungen. Unter bestehenden gesetzlichen Bestimmungen ist Whistleblowing lediglich in bestimmten Fällen zu behandeln. Die aus § 17 ArbSchG[294], §§ 84 ff. BetrVG resultierenden Anzeige- und Beschwerderechte sind nur vereinzelt sowie unbefriedigend und können daher nicht alle Fälle abdecken.[295] Außerdem fehlt es an arbeitsrechtlicher Relevanz bei den Anzeigepflichten zu bestimmten Straftaten wie Geldfälschung und Mord.[296] Neben den fehlenden systematischen Vorgaben über die Meldepflichten findet sich in Deutschland noch kein ausdrücklicher gesetzlicher Whistleblower-Schutz. Trotz des Entwurfs[297] mangelt es immer noch an Gesetzesrealität.[298] Sofern der Mitarbeiter Missstände oder Straftaten, die den Arbeitgeber betreffen,

---

292 Schürrle/Fleck, CCZ 2011, 218, 219; Thüsing/Forst, in Thüsing, Beschäftigtendatenschutz und Compliance, § 6, Rn. 4.

293 Schürrle/Fleck, CCZ 2011, 218, 220.

294 Zimmer/Seebacher, CCZ 2013, 31, 32; ausführlich Wiebauer, NZA 2015, 22.

295 Scheicht/Loy, DB 2015, 803; Fischer-Lescano, AuR 2016, 4, 6.

296 Scheicht/Loy, DB 2015, 803.

297 BT-Drucks. 17/08567, Entwurf eines Gesetzes zum Schutz von Hinweisgebern – Whistleblowern.

298 Simonet, RdA 2013, 236, 237.

weitergegeben hat, dürfte er sich nur auf die Grundrechte nach Art. 5 GG oder auf das Benachteiligungsverbot nach § 612a BGB berufen,[299] obwohl die Rechtsprechung in wenigen Fällen den Schutz bereits anerkannt hat.[300]

3) Rechtsprechungen

Weiterhin wird das Regelungskonzept zum Whistleblowing im deutschen Recht durch die Rechtsprechung, die bereits allgemeine Grundsätze herausgearbeitet hat,[301] aufgestellt.

Vor allem hatte das BVerfG bereits deutlich herausgestellt, dass eine Strafanzeige durch den Arbeitnehmer gegen den Arbeitgeber eine fristlose Kündigung nicht rechtfertigen kann, es sei denn, der Arbeitnehmer hat wissentlich unwahre oder leichtfertig falsche Angaben gemacht.[302] Im Anschluss zur Rechtsprechung des BVerfG hat das BAG durch das Whistleblower-Urteil vom 3. 7. 2003 eine weitere Klärung vorgenommen. Der Arbeitnehmer kann die vertragliche Rücksichtnahmepflicht verletzen, wenn sich seine Strafanzeige gegen den Arbeitgeber oder dessen Repräsentanten als eine unverhältnismäßige Reaktion auf dessen Verhalten darstellt. Dabei können als Indizien für eine unverhältnismäßige Reaktion des anzeigenden Arbeitnehmers sowohl die Berechtigung der Anzeige als auch die Motivation des Anzeigenden oder ein fehlender innerbetrieblicher Hinweis auf die angezeigten Missstände sprechen.[303] Durch dieses Urteil beschränkt sich eine Pflichtverletzung einerseits nicht auf die Fälle, in denen der Arbeitnehmer wissentlich unwahre oder leichtfertig falsche Angaben macht.[304] Andererseits hat das BAG keinen generellen Vorrang einer innerbetrieblichen Klärung gegeben. Vielmehr muss im Einzelfall überprüft werden, ob eine vorherige innerbetriebliche Anzeige zumutbar ist. Eine vorherige innerbetriebliche Meldung und Klärung ist dem Arbeitnehmer allerdings unzumutbar, wenn er Kenntnis von Straftaten erhält, durch deren Nichtanzeige er sich selbst einer

299 Mahnhold, AuA 2009, 72, 76; Zimmer/Seebacher, CCZ 2013, 31, 32; Fischer-Lescano, AuR 2016, 4, 5.

300 Vgl. Wisskirchen/Jordan/Bissels, DB 2005, 2190, 2193; Fischer-Lescano, AuR 2016, 4, 5; auch die Rechtsprechung, siehe unten.

301 Deyhle, S. 176.

302 BVerfG, vom 2. 7. 2001 – 1 BvR 2049/00, AP zu § 626 BGB Nr. 170= NZA 2001, 888 = NJW 2001, 3474.

303 BAG, vom 3. 7. 2003 – 2 AZR 235/02, AP zu § 1 KSchG 1969 Verhaltensbedingte Kündigung Nr. 45 = NZA 2004, 427= NJW 2004, 1547= BB 2004, 1172.

304 BAG, vom 3. 7. 2003 – 2 AZR 235/02, AP zu § 1 KSchG 1969 Verhaltensbedingte Kündigung Nr. 45 = NZA 2004, 427= NJW 2004, 1547= BB 2004, 1172.

Strafverfolgung aussetzen würde.[305] Entsprechendes gilt es auch bei schwerwiegenden Straftaten oder Straftaten des Arbeitgebers. Weiterhin hat der anzeigende Arbeitnehmer auch keine Pflicht zur innerbetrieblichen Klärung, wenn Abhilfe berechtigterweise nicht zu erwarten ist. Demgegenüber ist es zumutbar, vom Arbeitnehmer vor einer Anzeigenerstattung einen Hinweis an den Arbeitgeber zu verlangen, wenn ein Mitarbeiter statt des Arbeitgebers seine Pflichten verletzt oder eine strafbare Handlung begeht.[306]

Erwähnenswert ist weiterhin der vom EGMR entschiedene Fall „Heinisch", in dem der EGMR verurteilt hat, dass die außerordentliche Kündigung gegenüber der Beschwerdeführerin aufgrund der Strafanzeige ihre Meinungsfreiheit des Art. 10 EMRK verletzt hat. Denn die Kündigung ist im Sinne des Art. 10 Abs. 2 EMRK nicht „in einer demokratischen Gesellschaft notwendig".[307] Zwar hat dadurch ein weiterer Aspekt des Whistleblowing durch die EGMR eine Entscheidung erfahren, jedoch ergeben sich keine neuen Vorgaben für den bereits vom BAG festgelegten Grundsatz.[308] Die deutlichen Unterschiede des Urteils liegen lediglich in der Tatsachenbewertung, während das LAG Berlin-Brandenburg die Motivation der Klägerin prüft, fokussiert das EGMR sich eher auf das Handeln der Beschwerdeführerin im öffentliche Interesse.[309] Darüber hinaus bietet die Entscheidung keinen absoluten Kündigungsschutz zugunsten des Whistleblowers, stattdessen unterliegt die Kündigung stets der umfassenden Interessenabwägung.[310] Die Entscheidung des EGMR macht bislang nur punktuelle Vorgaben, fehlt es doch an systematisch umfassendem Schutz des Whistleblowing.[311]

In der Folgezeit hat das BAG am 27. 9. 2012 entschieden, dass eine Anzeige unabhängig vom Nachweis der mitgeteilten Verfehlung und ihrer Strafbarkeit ein Grund zur Kündigung sein könne, wenn sie sich als eine unverhältnismäßige Reaktion auf das Verhalten des Arbeitgebers oder eines seiner Repräsentanten darstelle. Die Rechtsprechung des EGMR schließe eine solche Bewertung nicht

305 BAG, vom 3. 7. 2003 – 2 AZR 235/02, AP zu § 1 KSchG 1969 Verhaltensbedingte Kündigung Nr. 45 = NZA 2004, 427= NJW 2004, 1547= BB 2004, 1172.

306 BAG, vom 3. 7. 2003 – 2 AZR 235/02, AP zu § 1 KSchG 1969 Verhaltensbedingte Kündigung Nr. 45 = NZA 2004, 427= NJW 2004, 1547= BB 2004, 1172.

307 EGMR, vom 21. 7. 2011 – 28274/08 (Heinisch/Deutschland), NJW 2011, 3501= NZA 2011, 1269.

308 Deyhle, S. 177.

309 Anm. Mengel von EGMR, vom 21. 7. 2011 – 28274/08, CCZ 2011, 229f.

310 Scheicht/Loy, DB 2015, 803, 805; Bueskist/Fahrig, BB 2013, 119, 121.

311 Fischer-Lescano, AuR 2016, 4, 5.

generell aus. Es spreche zudem Einiges dafür, die Grundsätze des EGMR auch auf innerbetriebliche „Anzeigen" und auch solches Verhalten zu übertragen, das unterhalb der Schwelle eines strafbaren Verhaltens liege. Arbeitnehmer müssen auch in solchen Fällen angemessen auf Persönlichkeitsrechte von Arbeitskollegen und Vorgesetzten Rücksicht nehmen.[312] Weiterhin hat das LAG Rheinland-Pfalz unter Bezugnahme auf die Entscheidung vom EGMR darauf hingewiesen, dass die bloße Androhung eines Arbeitnehmers, belastende Geschäftsunterlagen an das Finanzamt oder sonstige Behörden zu geben, eine entsprechende Pflichtverletzung darstellen kann, und als Grund für eine ordentliche Kündigung anzusehen sei. Die Grenze des Zulässigen sei aber dann überschritten, wenn der Kläger „doppelt" Druck ausüben wollen habe, mit der Drohung, die Unterlagen neben den Strafverfolgungsbehörden auch den Medien und lokalen Politikern zuzusenden. Dies ist völlig unverhältnismäßig.[313] Ähnlich befasst sich das BAG mit der Entscheidung, dass ein Arbeitnehmer seine vertragliche Pflicht zur Rücksichtnahme verletze, wenn er über seinen Arbeitgeber, seine Vorgesetzten oder Kollegen bewusst wahrheitswidrige Tatsachenbehauptungen aufstelle, insbesondere wenn sie den Tatbestand der üblen Nachrede erfüllen. Gleiches gelte für eine bewusste und gewollte Geschäftsschädigung, die geeignet sei, bei Geschäftspartnern Misstrauen in die Zuverlässigkeit des Arbeitgebers hervorzurufen. Im Zusammenhang mit einer geplanten Betriebsratswahl dürfte ein Arbeitnehmer nicht wissentlich falsche, geschäftsschädigende Tatsachenbehauptungen über die betrieblichen Verhältnisse aufstellen und über digitale Medien wie Facebook oder YouTube verbreiten bzw. verbreiten lassen. Sachbezogene Kritik an den betrieblichen Gegebenheiten kann jedoch von der Meinungsäußerungsfreiheit des Arbeitnehmers gedeckt sein. Hinsichtlich der Grenzziehung kommt es auf den Inhalt und den Kontext der Äußerungen an.[314] Zuletzt betont das BAG in seine Entscheidung wiederum, dass eine unverhältnismäßige, die vertragliche Nebenpflicht zur Rücksichtnahme nach § 241 Abs. 2 BGB verletzende Reaktion auch dann vorliegen könne, wenn der Arbeitnehmer einen Strafantrag stelle, weil er sich selbst als durch eine Straftat verletzt fühle. Dies komme etwa dann in Betracht, wenn der Vorwurf, es sei durch ein bestimmtes Verhalten ein Straftatbestand verwirklicht worden, völlig haltlos sei. Die Pflichtverletzung sei in einem solchen Fall schuldhaft und damit vorwerfbar, wenn dem Arbeitnehmer die Haltlosigkeit des Vorwurfs erkennbar war. Der Einwand des Arbeitnehmers, er

312 BAG, vom 27.9.2012 – 2 AZR 646/11, NZA 2013, 808.
313 LAG Rheinland-Pfalz, vom 15.5.2014 – 5 Sa 60/14, BeckRS 2014, 70644.
314 BAG, vom 31.7.2014 – 2 AZR 505/13, NZA 2015, 245.

habe sich vor der Anzeige anwaltlich beraten lassen, führe im entschiedenen Fall nicht zur Entkräftung der von ihm verschuldeten Pflichtverletzung.[315]

Im Hinblick auf die vorliegenden Rechtsprechungen lässt sich festhalten, dass kein genereller Grundsatz zum Whistleblowing-System besteht. Vielmehr orientieren sich die durch Prüfung der Rechtsmäßigkeit der Kündigung entstehenden Grundsätze an der Interessenabwägung, bei der das Aufklärungsinteresse des Arbeitnehmers und das Geheimhaltungsinteresse des Arbeitgebers abzuwägen sind.[316] Obwohl die deutsche Rechtsprechung noch darauf die Prüfung richtet, ob das Verhalten des zu kündigenden Arbeitnehmers verhältnismäßig ist, ist in den nachfolgenden Urteilen anzunehmen, dass die Äußerungsfreiheit oder die Meinungsfreiheit des Arbeitnehmers berücksichtigt werden soll.

c. *Inhalt von Whistleblowing-Klauseln*

Das Konzept von Compliance bedarf der Einhaltung von Gesetzen und unternehmensinternen Richtlinien, jedoch kann dies nicht von der Unternehmensführung einfach verordnet werden. Vielmehr ist es erforderlich, den Mitarbeitern einen Informationsfluss zu gewährleisten, um Missstände im Unternehmen aufzudecken und eine Kanalisierung der Meldung von Fehlverhalten sicherzustellen.[317] In diesem Sinne ist Whistleblowing ein wesentlicher Bestandteil von Compliance.[318] Oftmals erfolgt eine Ausgestaltung des Whistleblowing-Systems in Verhaltenskodizes,[319] dabei wird dies üblicherweise in sogenannten Whistleblowing-Richtlinien geregelt.[320] Ein einheitliches Whistleblowing-System besteht hingegen nicht, vielmehr sind die Programme auf die Besonderheiten des jeweiligen Unternehmens zuzuschneiden.[321] Aus arbeitsrechtlicher Sicht handelt es sich beim Whistleblowing-System vor allem um die entscheidende Frage,[322] ob die Whistleblowing-Klauseln für den Arbeitnehmer eine Meldepflicht oder

315 BAG, vom 15. 12. 2016 – 2 AZR 42/16, NZA 2017, 703.
316 Busekist/Fahrig, BB 2013, 119, 121.
317 Berndt/Hoppler, BB 2005, 2623, 2628.
318 Bürkle, DB 2004, 2158, 2160; Breininger/Krader, RDV 2006, 60f.; Berndt/Hoppler, BB 2005, 2623, 2627f.; Maume/Haffke, ZIP 2016, 199, 200.
319 Schneider, S. 38.
320 Scheicht/Loy, DB 2015, 803, 805.
321 Mahnhold, NZA 2008, 737; Köstner, S. 162; Scheicht/Loy, DB 2015, 803, 805; Maume/Haffke, ZIP 2016, 199, 200.
322 Mahnhold, NZA 2008, 737; Fahrig, NJOZ 2010, 975, 976; Meyer, VW 2008, 950, 951; Ohlendorf/Bünning, AuA 2006, 200, 202.

eine Meldemöglichkeit vorsehen. Hinsichtlich der Meldeform kann der Arbeitnehmer gängige Verfahrenswege frei auswählen. In Betracht kommt jedoch ein Whistleblowing durch Briefe, Telefon, E-Mail oder Beschwerdekästen. Oftmals wird auch eine Whistleblowing-Hotline zur Meldung von Verstößen eingerichtet.[323] Vor diesem Hintergrund soll diskutiert werden, ob eine anonyme Anzeige gegen Fehlverhalten oder Verstößen überhaupt möglich ist.

1) Meldemöglichkeit oder Meldepflicht

Unproblematisch sind die Whistleblowing-Klauseln, die beim Arbeitnehmer eine freiwillige Meldung von Verstößen gegen Verhaltensregeln vorsehen.[324] Eine solche Bestimmung kann jedoch nur regulieren, was ohnehin jederzeit möglich ist.[325] Denn eine freiwillige Meldung steht keinen berechtigten Interessen des Verdächtigten entgegen, dabei liegen ebenfalls keine Eingriffe in Grundrechte vor.[326] Allerdings kann durch eine freiwillige Meldung im Vergleich zur Meldepflicht ein Fehlverhalten nicht effektiv angezeigt werden.[327]

Demgegenüber ist eine Meldepflicht zur Anzeige von Fehlverhalten in Whistleblowing-Klauseln vorgesehen. Solche Regelungen variieren je nach Anzeige von Fehlverhalten oder Verstößen gegenüber Kollegen bis hin zur Pflicht zur Selbstanzeige.[328] Diese Whistleblowing-Klauseln weisen die Gemeinsamkeit auf, Verstöße umgehend zur Anzeige zu bringen. Mit diesen Klauseln ändert sich die Interessenlage, dabei sind die Interessen der widerstreitenden Beteiligten abzuwägen.[329] Es ist allerdings unklar, wie die Interessen genau abzuwägen sind. Doch ist eine Pflicht zur Selbstanzeige grundsätzlich unzumutbar.[330] Wenn es um die Fehlanzeige gegenüber Dritten geht, kommt die allgemeine Schadenabwendungspflicht in Betracht, wobei der Arbeitnehmer im Rahmen der arbeitsvertraglichen Rücksichtnahmepflichten die eintretenden oder drohenden Schäden anzeigen muss.[331]

---

323 Berhendt/Kaufmann, CR 2006, 642, 648; Zimmer/Seebacher, CCZ 2013, 31, 32.

324 Mahnhold, NZA 2008, 737, 738; Schuster/Darsow, NZA 2005, 273, 276.

325 Mahnhold, NZA 2008, 737, 738.

326 Triskatis, S. 220; Mahnhold, NZA 2008, 737, 738.

327 Triskatis, S. 221.

328 Diller, DB 2004, 313, 314; Wagner, S. 37.

329 Mahnhold, NZA 2008, 737, 738.

330 Diller, DB 2004, 313, 314; Schuster/Darsow, NZA 2005, 273,276; Mahnhold, NZA 2008, 737, 739.

331 BAG, vom 1. 6. 1995 – 6 AZR 912/94, NZA 1996, 135, 136; Schulz, S. 147.

2) Anonyme oder nicht anonyme Meldungen

Im Zusammenhang mit den Whistleblowing-Klauseln stellt sich stets die Frage, ob die Meldungen von Fehlverhalten oder Verstößen anonym oder nicht anonym erfolgen. Im Folgenden soll die Problemlage näher ausgeführt werden. Sofern die Meldungen anonym erfolgen, besteht die Möglichkeit, Missstände frühzeitig zu erkennen, wodurch potenzielle Kosten oder Schäden vermieden werden.[332] Zudem eröffnet die Anonymität der Anzeige die Möglichkeit zum Schutz des Whistleblowers. Ohne Anonymität ist der Whistleblower hingegen häufig mit der Angst vor dem Vorwurf der Illoyalität gegenüber Kollegen und Unternehmen oder Vergeltungsmaßnahmen konfrontiert.[333] Anonymität gewährleistet am effektivsten einen umfassenden Schutz des Whistleblowers vor Diskriminierung und bietet damit mehr Sicherheit als ein offenes System.[334] Darüber hinaus kann eine anonyme Meldung teilweise den gesetzlichen Vorgaben entsprechen. Steht das Unternehmen unter dem Anwendungsbereich des SOX, besteht die Anforderung, ein anonymes Beschwerdesystem einzurichten.[335]

Jedoch wird die Einführung von anonymen Meldungen in Deutschland kritisch diskutiert. Vor allem können anonyme Meldungen eine erhöhte Gefahr in sich bergen, dass jemand zu Unrecht belastet und ihnen mangels Kenntnis der Untersuchung die Entlastung erschwert würde.[336] Daneben ist es erheblich schwieriger für das Unternehmen, die Anzeige zu überprüfen, zumal keine Rückfragen an den Whistleblower möglich sind.[337] Im Hinblick auf die Stellungnahme von Art. 29-Datenschutzgruppen[338] wird ein nicht-anonymes Whistleblowing empfohlen. Hierbei soll der Arbeitgeber eine nicht-anonyme Einrichtung

---

332 Berndt/Hoppler, BB 2005, 2623, 2628; Bürkle, DB 2004, 2158, 2161; Berhendt/Kaufmann, CR 2006, 642, 648; Mengel, CCZ 2008, 85, 89.

333 Berndt/Hoppler, BB 2005, 2623, 2628; Bürkle, DB 2004, 2158, 2161; Triskatis, S 222; Berhendt/Kaufmann, CR 2006, 642, 648; Mengel, CCZ 2008, 85, 89; Scheicht/Loy, DB 2015, 803, 806.

334 Maume/Haffke, ZIP 2016, 199, 203.

335 Sec. 301 (4) SOX „"COMPLAINTS.- Each audit committee shall establish procedures for – (B) the confidential, anonymous submission by employees of the issuer of concerns regarding questionable accounting or auditing matters."

336 Wisskirchen/Körber/Bissels, BB 2006, 1567; Köstner, S. 164; Scheicht/Loy, DB 2015, 803, 806.

337 Wisskirchen/Körber/Bissels, BB 2006, 1567, 1569; Mahnhold, NZA 2008, 737, 740.

338 Die Artikel-29-Datenschutzgruppe wurde im Rahmen der Richtlinie 95/46/EG des Europäischen Parlaments und des Rates vom 24. 10. 1995 über den Schutz natürlicher Personen bei der Verarbeitung personenbezogener Daten und zum freien Datenverkehr eingerichtet, abrufbar unter http://ec.europa.eu/justice/data-protection/

des Berichts auffordern.[339] Weiterhin haftet am Whistleblowing wegen der historisch-kulturellen Erfahrung noch der Ruf des „Denunziantentums", wonach sich das Unternehmensklima durch ein anonymes Whistleblowing verschlechtern könnte.[340]

Anschließend lässt sich anhand der Argumentation ein Spannungsverhältnis herleiten. Trotz der großen Bedeutung der Anonymität einer Anzeige ist jedoch die nicht-anonyme Meldung der Regelfall. Tatsächlich ist weder eine absolute Anonymität noch eine nicht-anonyme Meldung notwendig.[341] Um die Interessen der Betroffenen auszugleichen, ist eine vertrauliche Stelle zu etablieren.[342] Dennoch ist auch einer anonymen Anzeige stets nachzugehen.[343]

d. Fazit

Als ein wesentlicher Bestandteil der Compliance-Richtlinien erlangen die Whistleblowing-Klauseln immer mehr an Bedeutung. Tatsächlich besteht keine allgemeine systematische Rechtspflicht zur Einführung von Whistleblowing-Klauseln, vielmehr sind die relevanten ausländischen und inländischen gesetzlichen Regelungen sowie die Rechtsprechungen zu beachten. Whistleblowing-Klauseln helfen zudem dabei, Compliance-Richtlinien effektiv einzuführen. Whistleblowing ist außerdem auszugestalten, wenn eine Meldepflicht vorgesehen wird. Unter dem Aspekt der Ausgestaltung hat der Arbeitgeber dafür zu sorgen, die Interessen des Unternehmens, des Whistleblowers sowie von Dritten abzuwägen.

---

index_en.htm. Stellungnahme zu Whistleblowing-Systeme, unter http://ec.europa.eu/justice/policies/privacy/docs/wpdocs/2006/wp117_de.pdf.

339 Wisskirchen/Körber/Bissels, BB 2006, 1567, 1569; Müller-Bonanni/Schell, ArbRB 2006, 299, 300; Mahnhold, NZA 2008, 737, 740.

340 Wisskirchen/Jordan/Bissels, DB 2005, 2190, 2193; Wisskirchen/Körber/Bissels, BB 2006, 1567, 1569; Mahnhold, NZA 2008, 737, 739; Maume/Haffke, ZIP 2016, 199, 202.

341 Zimmer/Seebacher, CCZ 2013, 31, 32; Maume/Haffke, ZIP 2016, 199, 203.

342 Bürkle, DB 2004, 2158, 2161; Wisskirchen/Körber/Bissels, BB 2006, 1567, 1569; Köstner, S. 163; Triskatis, S. 223; Scheicht/Loy, DB 2015, 803, 806; Maume/Haffke, ZIP 2016, 199, 203.

343 Mahnhold, NZA 2008, 737, 740; Triskatis, S. 223; Scheicht/Loy, DB 2015, 803, 806.

Kapitel 4: Implementierungsinstrument von Compliance-Richtlinien im Arbeitsverhältnis

Die zuvor dargestellten Compliance-Richtlinien umfassen vielseitige Verhaltensregeln, die einen Einfluss auf den Arbeitnehmer ausüben. Sofern der Arbeitgeber die Entscheidung trifft, Compliance-Richtlinien im Unternehmen einzuführen, sind rechtliche und strategische Überlegungen erforderlich. Dabei sind der Wunsch eines Arbeitnehmers, ein möglichst einwandfreies Verhalten an den Tag zu legen, die psychologische Akzeptanz des Arbeitnehmers sowie die wirtschaftlichen Interessen des Arbeitgebers bei der Einführung von Compliance-Richtlinien abzuwägen. Vor diesem Hintergrund stellt sich die Frage, ob und inwieweit die Verhaltensregeln zulässig sind und auf welche Weise die Compliance-Richtlinien im Arbeitsverhältnis tatsächlich umgesetzt werden.

Zur Einführung von Compliance-Richtlinien stehen dem Arbeitgeber viele Möglichkeiten zur Verfügung. In den folgenden Ausführungen sollen die jeweiligen Instrumente näher untersucht werden. Dabei finden sowohl das individuelle als auch kollektive Arbeitsrecht Berücksichtigung.

A. Einzelne Vorfrage

Vor Untersuchung der Implementierungsmöglichkeiten ist es sinnvoll, auf einige Fragestellungen einzugehen.

I. Anwendbares Recht

Compliance-Richtlinien sind ein globales Instrument des Compliance-Managements, das gegenwärtig immer mehr deutsche Unternehmen einführen. Insbesondere die deutschen Unternehmen, die in den USA börsennotiert sind, verpflichten sich zur Einführung der von SOX und SEC erlassenen „code of ethics".[344] Hätte ein Unternehmen entschieden, die Compliance-Richtlinien einheitlich umzusetzen, sind ausländische Rechtsregelungen betroffen. Dabei kann es zur Kollision zwischen dem deutschen und dem ausländischen Recht kommen. Vor diesem Hintergrund gilt es festzulegen, welches Recht anwendbar ist.[345]

344 Siehe oben „die Entwicklung von Compliance", Kap. 2 B.

345 Meyer, NJW 2006, 3605, 3607.

Im Bereich des individuellen Arbeitsrechts haben Arbeitsvertragsparteien die Freiheit, selbst das jeweilige Recht zu wählen. Laut Art. 8, Art. 3 Rom I-VO besitzen nach dem 17. 12. 2009 individuelle Arbeitsvertragsparteien eine freie Rechtswahl, welche früher durch Art. 27 ff. EGBGB erfasst wurde. Dennoch ist die Freiheit der Rechtswahl nicht schrankenlos. Nach Art. 30 Abs. 1 EGBGB oder Art. 8 I Rom I-VO darf die Rechtwahl den Schutz nicht entziehen, den ihm die zwingenden Bestimmungen des Rechts, das ohne die Rechtswahl anwendbar wäre, gewähren.[346] Zudem setzt diese Anwendung zwingender Bestimmungen voraus, dass sie zu günstigeren Ergebnissen führt als im Fall des gewählten Rechts. Dafür ist ein Günstigkeitsvergleich durchzuführen.[347] Wann die Vorschrift jedoch günstiger ist und nach welchem Maßstab die Günstigkeit zwischen objektivem und subjektivem Vertragsstatut es zu vergleichen gilt, ist bisher anhand der Rechtsfrage zu beantworten. Dazu ist ein Sachgruppenvergleich vorzunehmen.[348]

Trotzdem steht es den Arbeitsvertragsparteien grundsätzlich innerhalb der Schranke der Art. 27 und Art. 30 EGBGB oder Art. 8, Art. 3 Rom I-VO frei, den Arbeitsvertrag einem ausländischen Vertragsstatut zu unterstellen.[349] Auch würde die individuelle Einbeziehung der Compliance-Richtlinien sich am jeweiligen ausländischen Recht orientieren. In der Praxis ist es aber zumeist der Fall, dass internationale Unternehmen die Arbeitsverträge in deutschen Unternehmen oder Niederlassungen auf Grundlage des deutschen Rechts unterbreiten.[350] Daher behandeln die folgenden Ausführungen lediglich den individualarbeitsrechtlichen Bereich.

Anders als beim Individualarbeitsrecht besteht keine kollisionsrechtliche Bestimmung im Kollektivarbeitsrecht, dabei haben die Betriebsparteien kein Recht, geltende Gesetze zu wählen.[351] Nach ständiger Rechtsprechung gilt das Territorialitätsprinzip beim Betriebsverfassungsgesetz, hierbei kommt es weder auf die Staatsangehörigkeit des Arbeitgebers oder des Arbeitnehmers noch auf die für die einzelnen Arbeitsverhältnisse geltende Rechtsordnung an.[352] Maßgebend

346 BAG, vom 10. 4. 2014 – 2 AZR 741/13, AP zu § 20 GVG Nr. 8=NJOZ 2016, 535; BAG, vom 9. 7. 2003 – 10 AZR 593/02, NZA 2003, 1424.

347 BAG, vom 10. 4. 2014 – 2 AZR 741/13, AP zu § 20 GVG Nr. 8=NJOZ 2016, 535; BAG, vom 29. 10. 1992 – 2 AZR 267/92, NZA 1993, 743.

348 MünchArbR/Oetker, § 11, Rn. 25; Staudinger/Magnus, Art. 30 EGBGB, Rn. 84.

349 Einsele, WM 2009, 289, 290; Meyer, NJW 2006, 3605, 3607.

350 Meyer, NJW 2006, 3605, 3607.

351 Richardi, BetrVG, Einleitung, Rn. 63.

352 BAG, vom 9. 11. 1977 – 5 AZR 132/76, AP zu Internat. Privatrecht, Arbeitsrecht Nr. 13; BAG, vom 25. 4. 1978 – 6 ABR 2/77, AP zu Internationales Privatrecht-Arbeitsrecht Nr. 16; BAG, vom 22. 3. 2000 – 7 ABR 34/98, NZA 2000, 1119, 1121= AP

ist stattdessen der Sitz des Betriebs. Liegt der Betrieb im Inland, findet das Betriebsverfassungsgesetz für die in Deutschland ansässigen Unternehmen und Betriebe Anwendung.[353] Für die Einführung von Compliance-Richtlinien sind stets die gesetzlichen Bestimmungen des Staats, in dem der Betrieb ansässig ist, zu messen. Dabei ist es unerheblich, ob das ausländische Recht, wie z.B. der SOX, die Einführung von Compliance-Richtlinien oder sonstiger Verhaltenskodizes zwingend vorschreibt oder nicht.[354]

II. Grundrechte als Grenze

Compliance-Richtlinien beinhalten vielfältige Regelungen und Vorgaben, wobei bei deren Einführung die Grundrechte beider Parteien verletzt werden können. Insbesondere ist dies dann der Fall, wenn die Compliance-Regelungen sich auf den privaten Bereich eines Arbeitnehmers auswirken. Bevor auf die einzelnen Implementierungsmöglichkeiten bei der Einführung von Compliance-Richtlinien eingegangen wird, sollen zunächst die betroffenen Grundrechte der beiden Parteien sowie die Grundrechtswirkung auf die Umsetzung von Compliance-Richtlinien identifiziert werden.

Die Grundrechte bilden eine Ordnung von Grundprinzipien, die alle Teilrechtsordnungen überlagert und prägt.[355] Grundsätzlich dienen die Grundrechte als Abwehr- und Freiheitsrechte gegen staatliche Eingriffe. Die Grundrechte stellen zudem eine objektive Wertentscheidung für alle Bereiche des Rechts dar und können Wertungen auf das Privatrecht ausstrahlen.[356] Trotz der unterschiedlichen Theorien zur Wirkung der Grundrechte[357] ist der Rechtsprechung des

---

zu AÜG § 14 Nr. 8= BB 2000, 2098, 2099; Richardi, BetrVG, Einleitung, Rn. 66f.; Fitting, § 1 BetrVG, Rn. 13.

353 BAG, vom 7. 12. 1989 – 2 AZR 228/89, NZA 1990, 658; Richardi/Richardi, BetrVG, Einleitung, Rn. 68.

354 Kort, FS Buchner, 477, 478; Junker, BB 2005, 602, 603.

355 ErfK/Schmidt, GG, Einleitung, Rn. 2.

356 BVerfG, vom 15. 1. 1958 – 1 BvR 400/51, NJW 1958, 257; BVerfG, vom 14. 2. 1973 – 1 BvR 112/65, NJW 1973, 1221.

357 Über die Wirkung des Grundrechts auf das Privatrecht gibt es zwei Theorien– die unmittelbare Drittwirkung sowie die mittelbare Drittwirkung des Grundrechts. Früher ist die Literatur und Rechtsprechung der unmittelbaren Drittwirkung gefolgt, dass die Grundrechte unmittelbar im Privatrecht gelten. Siehe, Nipperdey, Grundrechte und Privatrecht, 1961; BAG, vom 15. 1. 1955 – 1 AZR 305/54, AP zu Art. 3 GG Nr. 4.

Gerichts derart zu folgen, dass Grundrechte keine unmittelbare Wirkung zwischen Privaten entfalten, sondern nur über Generalklauseln und unbestimmte Rechtsbegriffe in das privatrechtliche Verhältnis einwirken.[358] Aufgrund der mittelbaren Drittwirkung der Grundrechte bedarf es der Anknüpfung an einfache Gesetze bei der Prüfung von der Beeinträchtigung der Grundrechte. Bei der Einführung von Compliance-Richtlinien geht es dabei darum, welche Grundrechte der Arbeitsvertragsparteien betroffen sind und wie die Grundrechte auf die Implementierungsinstrumente wirken. In diesem Sinne sind dann die arbeitsrechtlichen Regelungen oder die Anwendung gesetzlicher Vorschriften zu berücksichtigen.

1. Relevante Grundrechte bei der Einführung von Compliance-Richtlinien

Je nach Inhalt der Compliance-Richtlinien können die folgenden Grundrechte betroffen sein, die nicht nur die Grundrechte der Arbeitnehmer, sondern auch die der Arbeitgeber umfassen.

2. Allgemeines Persönlichkeitsrecht gemäß Art. 2 Abs. 1 GG i. V. m. Art. 1 Abs. 1 GG

Zunächst können die Compliance-Richtlinien das allgemeine Persönlichkeitsrecht der Arbeitnehmer beeinträchtigen. Nach der Rechtsprechung basiert das allgemeine Persönlichkeitsrecht auf Art. 2 Abs. 1 GG in Verbindung mit Art. 1 Abs. 1 GG.[359] Der Inhalt des allgemeinen Persönlichkeitsrechts ist so umfangreich, dass eine abschließende und detaillierte Definition des Schutzbereichs nicht in Betracht kommen kann.[360] Neben dem Schutz der Privatsphäre umfasst der Schutzbereich sowohl den Ehrenschutz als auch die informationelle Selbstbestimmung.[361] Während sich der Schutz der Privatsphäre auf den autonomen Bereich privater Lebensgestaltung bezieht, ist die Befugnis des Einzelnen aus dem allgemeinen Persönlichkeitsrecht so abgeleitet, grundsätzlich selbst über

---

358 BAG, vom 27. 2. 1985 – GS 1/84, AP zu § 611 BGB Beschäftigungspflicht Nr. 14=NZA 1985, 702; BAG, vom 27. 9. 1994 – GS 1/89 (A), AP zu § 611 BGB Haftung des Arbeitnehmers Nr. 103=NZA 1994, 1083; BVerfG, vom 7. 2. 1990 – 1 BvR 26/84, NJW 1990, 1469=NZA 1990, 389; ErfK/Schmidt, GG, Einleitung, Rn. 17 ff.

359 BVerfG, vom 26. 4. 1994 – 1 BvR 1299/89, 1 BvL 6/90, NJW 1994, 2475.

360 Wiese, ZfA 1996, 439, 469.

361 ErfK/Schmidt, Art. 2 GG, Rn. 34 ff.

die Preisgabe und Verwendung seiner persönlichen Daten zu bestimmen.[362] Damit ist die zentrale Bedeutung des Rechts auf die Beschränkung sowie Bindung der Datenerhebung, Datenverarbeitung und des Informationsflusses zwischen verschiedenen Stellen der Verwender abzustellen.[363] Im Rahmen des Rechts der informationellen Selbstbestimmung werden deshalb alle Dokumentationen, die der Entscheidung über den Zeitpunkt und die Grenze zur Offenbarung persönlicher Lebenssachverhalte entsprechen, geschützt.[364]

Aufgrund der mittelbaren Drittwirkung der Grundrechte findet das allgemeine Persönlichkeitsrecht keine unmittelbare Anwendung bei der Einführung von Compliance-Richtlinien. In erster Linie entfaltet sich das allgemeine Persönlichkeitsrecht im Rahmen mehrerer Implementierungsinstrumente mittelbar in den Nebenpflichten sowie dem billigen Ermessen des Arbeitgebers unter §§ 138, 242 BGB und §§ 106, 305 BGB.[365] Außerdem legt das allgemeine Persönlichkeitsrecht auch in § 75 Abs. 2 BetrVG dar, dass die Betriebsparteien zum Schutz und zur Förderung der freien Entfaltung der Persönlichkeit der Arbeitnehmer verpflichtet sind.[366]

Die Verhaltensregeln sind im Rahmen von Compliance-Richtlinien sehr facettenreich. Es ist daher möglich, dass Verhaltensregeln das allgemeine Persönlichkeitsrecht der Arbeitnehmer gefährden können. Die Einführung von Compliance-Richtlinien kann in die Privatsphäre eines Arbeitnehmers eingreifen, wenn das Verhalten des Arbeitnehmers im Betrieb oder außerhalb des Betriebs geregelt wird. Beispielsweise können die Regelungen über Nebentätigkeit außerhalb des Betriebs oder die „Liebesbeziehung“[367] zwischen Mitarbeitern die allgemeinen Persönlichkeitsrechte des Arbeitnehmers einschränken. In Form der informationellen Bestimmung ist das allgemeine Persönlichkeitsrecht betroffen, sofern Compliance-Richtlinien die Preisgabe der persönlichen Daten des Arbeitgebers vorsehen. Dazu zählen etwa die Regeln über die Offenlegung von Wertpapierbesitz und die Anzeigepflicht zur Meldung von Verstößen gegen

362 BVerfG, vom 19. 4. 2016 – 1 BvR 3309/13, NJW 2016, 1939; BVerfG, vom 15. 12. 1983 – 1 BvR 209/83, NJW 1984, 419.

363 BVerfG, vom 15. 12. 1983 – 1 BvR 209/83, NJW 1984, 419; ErfK/Schmidt, Art. 2 GG, Rn. 41.

364 ErfK/Schmidt, Art. 2 GG, Rn. 42.

365 ErfK/Schmidt, Art. 2 GG, Rn. 68; Wiese, ZfA 1971, 273, 278; Vgl. Schneider, S. 140; Willemsen, S. 110.

366 GK-BetrVG/Kreutz, §75, Rn. 102.

367 ArbG Wuppertal, vom 15. 6. 2005 – 5 BV 20/05, NZA-RR 2005, 476; LAG Düsseldorf, vom 14. 11. 2005 – 10 TaBV 46/05, NZA-RR 2006, 81.

Richtlinien oder Gesetze.[368] Im Fall der Bekämpfung von Korruption oder Wirtschaftskriminalität ist es zudem erforderlich, die Daten über einzelne Projekte von Arbeitnehmern und deren Kontakte zu Zulieferern, Projektpartnern und sonstigen Dritten, mit denen geschäftliche Beziehungen bestehen, zu erheben und zu nutzen,[369] was auch in das Recht der informationellen Selbstbestimmung des Arbeitnehmers eingreift. Dabei gilt es das allgemeine Persönlichkeitsrecht in den Compliance-Richtlinien zu beachten, insofern ein Schutzinteresse des Arbeitnehmers darin besteht.

3. *Meinungsäußerungsfreiheit gemäß Art. 5 Abs. 1 GG*

Neben dem allgemeinen Persönlichkeitsrecht können Compliance-Richtlinien auch in die Meinungsäußerungsfreiheit der Arbeitnehmer nach Art. 5 Abs. 1 GG eingreifen. Die Meinungsäußerungsfreiheit ist eine Ausprägung der Menschenwürde und des allgemeinen Persönlichkeitsrechts.[370] Als ein Merkmal des Schutzbereichs ist die persönliche Meinung durch ihre Subjektivität wie das Element der Stellungnahme, des Dafürhaltens und Meinens im Rahmen einer geistigen Auseinandersetzung gekennzeichnet.[371] Ob die Äußerung bedeutsam, richtig oder vernünftig ist, ist dabei unerheblich.[372] Auch Tatsachenbehauptungen werden von der Meinungsäußerungsfreiheit geschützt, soweit sie sich auf die Meinungsbildung beziehen.[373] Die Meinungsäußerungsfreiheit findet ihre allgemeine Grenze in Art. 5 Abs. 2 GG, wonach die Rechtsprechung das Prinzip der Wechselwirkung entwickelt hat und Rücksicht auf die Meinungsäußerungsfreiheit und die Belange der Allgemeinheit und Rechte Dritter genommen werden soll.[374] Im Arbeitsrecht steht die Meinungsäußerungsfreiheit ebenfalls dem Arbeitgeber und Arbeitnehmer zu, dabei gelten die Grundregeln des Rechts der Meinungsfreiheit auch im Arbeitsverhältnis.[375] Insbesondere ist jedoch die

---

368 Mahnhold, Compliance und Arbeitsrecht, S. 145; Mahnhold, NZA 2008, 737, 738; Mengel/Hagemeister, BB 2007, 1386, 1389.

369 Bauckhage-Hoffer/Katko, WM 2012, 486; Hauschka/Greeve, BB 2007, 165, 168

370 BAG, vom 12. 1. 2006 – 2 AZR 21/05, NZA 2006, 917.

371 BVerfG, vom 17.9.2012 – 1 BvR 2979/10, NJW 2012, 3712; BVerfG, vom 9. 10. 1991 – 1 BvR 1555/88, NJW 1992, 1439; ErfK/Schmidt, Art. 5 GG, Rn. 5.

372 BVerfG, vom 4. 11. 2009 – 1 BvR 2150/08, NJW 2010, 47; ErfK/Schmidt, Art. 5 GG, Rn. 5.

373 BVerfG, vom 25. 6. 2009 – 1 BvR 134/03, NJW-RR 2010, 470; ErfK/Schmidt, Art. 5 GG, Rn. 5.

374 ErfK/Schmidt, Art. 5 GG, Rn. 20 f..

375 MünchArbR/Richardi, § 12, Rn. 50.

Besonderheit im Arbeitsverhaltnis zu beachten, weil am Arbeitsplatz es sich nicht nur um das dienstliche Verhalten, sondern auch um das private Verhalten des Arbeitnehmers handelt. Hierbei sollten die Schranken der Meinungsäußerung der Arbeitnehmer getrennt beurteilt werden. Während der Arbeitnehmer die Schranken beachten soll, dass einerseits der Betriebsfrieden nicht ernsthaft und schwer gefährdet wird und andererseits die Zusammenarbeit im Betrieb mit den übrigen Arbeitnehmern, aber auch mit dem Arbeitgeber für diese zumutbar bleibt,[376] ist es nicht zu beanstanden, das Gebot, Meinungsäußerungen im außerdienstlichen Umfeld als eigene Meinung kenntlich zu machen, denn die Meinungsfreiheit wird dadurch nicht inhaltlich beschränkt.[377] Allerdings findet die Meinungsfreiheit im Arbeitsrecht ihre Schranke grundsätzlich in den gesetzlichen Regelungen sowie den vertraglichen Vereinbarungen, und diese betreffen meistens nicht das rein private Verhalten der Arbeitnehmer.[378]

Compliance-Richtlinien regeln die Verhaltensweise der Arbeitnehmer, nicht davon umfasst ist das rein außerdienstliche und private Verhalten der Arbeitnehmer. Dabei ist die rein private Meinungsäußerung nicht betroffen, denn sie hat keinen Bezug zur Arbeitsleistung.[379] Demgegenüber beziehen sich die typischen Klauseln von Compliance-Richtlinien vielmehr auf die Meinungsäußerung, die sowohl die Hauptpflicht als Nebenpflicht der Arbeitnehmer betreffen. Beispielsweise sind die Verschwiegenheitsklauseln zu erwähnen, die dem Arbeitnehmer die Kundgabe von Geschäftsgeheimnissen an Mitarbeiter oder Dritte untersagen. Zudem gilt dies auch im Falle von Whistleblowing-Klauseln, durch die der Meldevorgang der Arbeitnehmer über Fehlverhalten im Betrieb eingeschränkt wird, sodass die Meinung des Arbeitnehmers nicht frei geäußert werden kann.

---

376 BAG, vom 24. 6. 2004 – 2 AZR 63/03, NZA 2005, 158; BAG, vom 26. 5. 1977 – 2 AZR 632/76, NJW 1978, 239; BAG, vom 5. 12. 1975 – 1 AZR 94/74, AP zu § 87 BetrVG 1972 Betriebsbuße Nr. 1; BAG, vom 3. 12. 1954 – 1 AZR 150/54, AP zu § 13 KSchG Nr. 2.

377 Steffen/Stöhr, RdA 2017, 43, 46; ErfK/Schmidt, Art. 5 GG, Rn. 34.

378 Vgl. ErfK/Schmidt, Art. 5 GG, Rn. 31ff.

379 Dies bezieht sich lediglich auf die rein private Meinungsäußerung. Wenn der Mitarbeiter über „pirvate" soziale Netzwerke nicht wissentlich falsche oder geschäftsschädigende Behauptungen über betriebliche Verhältnisse aufstellt und diese über digitale Medien verbreitet, geht es nicht um eine rein private Meinungsäußerung. Die Grenzziehung erfolgt anhand des Inhalts und des Kontexts der Äußerungen. Vgl. BAG, vom. 31. 7. 2014 – 2 AZR 505/13, NZA 2015, 245; Auch Gilch, in Hauschka/Moosmayer/Lösler Corporate Compliance (2016), Rn. 14.

4. Berufsfreiheit gemäß Art. 12 Abs. 1 GG

Während der Einführung von Compliance-Richtlinien werden nicht nur die Grundrechte der Arbeitnehmer vor einem Eingriff geschützt, vielmehr wirken die Grundrechte auch auf den Arbeitgeber, wobei die Berufsfreiheit nach Art. 12 Abs. 1 GG zu beachten ist. Nach der Ansicht des BVerfG können sich sowohl der Arbeitgeber als auch die Arbeitnehmer auf die Berufsfreiheit berufen.[380] Geschützt wird zudem nicht nur die Berufsauswahl, sondern auch die Berufsausübung.[381] Auf der Arbeitgeberseite schützt die Berufsfreiheit nach Art. 12 Abs. 1 GG insbesondere die Unternehmerfreiheit, welche die Führungs- und Organisationsfreiheit eines Unternehmens impliziert[382] und die Dispositionsbefugnis des Unternehmens über die ihm und seinen Unternehmen zugeordneten Güter und Rechtspositionen bezeichnet.[383] Eingriffe in die Berufsfreiheit im Arbeitsrecht können sich aus den gesetzlichen Vorschriften über den Abschluss, den Inhalt des Vertrags sowie die Mitbestimmung des Betriebsrats ergeben, da der freie Entscheidungsspielraum des Arbeitgebers und des Arbeitnehmers eingeschränkt wird.[384]

Im Rahmen der Compliance-Richtlinien beziehen sich die Verhaltensregelungen vielmehr auf die Arbeitnehmer. Dementsprechend wird die Berufsfreiheit der Arbeitnehmer beeinträchtigt, z. B. wenn Klauseln über Nebentätigkeitsverbot oder über Wertpapierbesitz und Wertpapierhandel der Arbeitnehmer vorgesehen werden. Mittlerweile geht die Einführung von Compliance-Richtlinien mit einem erheblichen Eingriff in die Unternehmensführung des Arbeitgebers einher. Einerseits steht es allen Unternehmen freiwillig zu, Compliance-Richtlinien durchzuführen. Nach der Normierung der Organisationspflichten im WpHG hat die BaFin die rechtliche Vorschrift konkretisiert und regelmäßig die Mindestanforderungen an Compliance für Wertpapierdienstleistungsunternehmen veröffentlicht, verändert und ergänzt. Auch deutsche börsennotierte Gesellschaften haben die unternehmerischen Richtlinien nach Ziffer 4. 1. 3 DCGK einzuhalten. Statt der Freiwilligkeit sind Compliance-Richtlinien einzuführen sowie einzuhalten, und für die betroffenen Unternehmen damit also zwingend. Im Vergleich

380 BVerfG, vom 7. 2. 1990 – 1 BvR 26/84, NZA 1990, 389; ErfK/Schmidt, Art. 12 GG, Rn. 14.

381 BVerfG, vom 17. 12. 2002 – 1 BvL 28/95, NJW 2003, 1232; BVerfG, vom 10. 6. 2009 – 1 BvR 706/08, NJW 2009, 2033; ErfK/Schmidt, Art. 12 GG, Rn. 9.

382 BVerfG, vom 1. 3. 1979 – BvR 532/77, WM 1979, 389; BAG, vom 3. 4. 1990 – 1 AZR 123/89, NZA 1990, 886; ErfK/Schmidt, Art. 12 GG, Rn. 14; HWK/Hergenröder, Art. 12 GG, Rn. 14.

383 BVerfG, vom 3. 12. 1997 – BvR 882/97, NJW 1998, 1547; Willemsen, S. 107.

384 Vgl. ErfK/Schmidt, Art. 12 GG, Rn. 30ff.

zu den Compliance-Richtlinien, die freiwillig von den Unternehmen eingeführt werden, wird die Unternehmerfreiheit der Arbeitgeber in den genannten Bereich stärker eingeschränkt und, dadurch in die Berufsfreiheit sowohl des Arbeitsgebers als auch des Arbeitnehmers eingegriffen. Andererseits ist es im Rahmen der Compliance-Richtlinien selbst zu beachten, dass die Compliance-Richtlinien in der Form verschiedener arbeitsrechtlicher Instrumente implementiert werden, dabei die konkrete Klausel der jeweiligen Grenze unterliegen kann. In diesem Sinne wird die Unternehmensfreiheit des Arbeitgebers ebenfalls eingeschränkt. Dies ist dann der Fall, wenn es sich um betriebliche Fragen bei der Einführung von Compliance-Richtlinien handelt und der Betriebsrat diese mitzubestimmen hat.[385] Oder sollen die Compliance-Klauseln der AGB-Kontrolle unterliegen, wenn sie in den Geltungsbereich der §§ 305 ff. BGB fallen.

5. *Fazit*

Die Einführung von Compliance-Richtlinien kann die von Grundrechten geschützten Interessen oftmals berühren, sodass Interessenkonflikte zwischen dem Arbeitnehmer und dem Arbeitgeber die Folge sein können. Deswegen sollte Rücksicht auf die von Grundrechten geschützten Interessen genommen und bei der Einführung von Compliance-Richtlinien diese Kollision grundrechtskonform ausgeglichen werden. Aufgrund der Vielfalt von Compliance-Richtlinien können nicht nur die obengenannten Grundrechte betroffen sein, vielmehr können auch spezielle Grundrechte bei der Einführung von Richtlinien beeinträchtigt werden. Diese müssen dann im Einzelfall näher erörtert werden.

B. Implementierung von Compliance-Richtlinien durch Direktionsrecht

Im Falle der Implementierung von Compliance-Richtlinien ist zunächst das Direktionsrecht des Arbeitgebers zu berücksichtigen, soweit die Compliance-Richtlinien durch das Direktionsrecht abgedeckt sind. Hat sich der Arbeitgeber dazu entschieden, die Compliance-Richtlinien durch das Direktionsrecht einzuführen, kommt die Frage in Betracht, ob und inwieweit die Compliance-Richtlinien dadurch umzusetzen sind. Hierbei kommt es auch auf den Inhalt und die Reichweite des Direktionsrechts an, wonach die Grenzen des Direktionsrechts bei der Einführung beachtet werden müssen.

385 Vgl. BVerfG, vom 1. 3. 1979 – 1 BvR 532/77, NJW 1979, 699.

I. Inhalt und Reichweite des Direktionsrechts

1. Grundsatz des Direktionsrechts

Direktionsrecht oder Weisungsrecht ist das Recht des Arbeitgebers zur Konkretisierung der Arbeitspflicht, das der Arbeitgeber dem Arbeitnehmer im Arbeitsvertrag einräumt und dessen Umfang sich aus der vereinbarten Tätigkeit und dem vereinbarten Entgelt ergibt.[386] Es handelt sich um das Leistungsbestimmungsrecht des Arbeitgebers, das ohne die Zustimmung des Arbeitnehmers erfolgt.[387] Das Weisungsrecht beruht auf dem Arbeitsvertrag und wird als wesentlicher Inhalt eines jeden Arbeitsverhältnisses angesehen.[388] Dazu findet sich die rechtliche Grundlage des Weisungsrechts im jeweiligen Arbeitsvertrag. Seit dem 1. 1. 2003 wird das Weisungsrecht im Ausdruck gemäß § 106 GewO derart normiert, dass der Arbeitgeber Inhalt, Ort und Zeit der Arbeitsleistung nach billigem Ermessen näher bestimmen kann, soweit diese Arbeitsbedingungen nicht durch den Arbeitsvertrag, Bestimmungen einer Betriebsvereinbarung, eines anwendbaren Tarifvertrages oder gesetzliche Vorschriften festgelegt sind. Aus § 106 S. 2 GewO gilt das Weisungsrecht auch hinsichtlich der Ordnung und des Verhaltens der Arbeitnehmer im Betrieb. § 106 GewO stellt hingegen keine Rechtsgrundlage für das Weisungsrecht dar, sondern bietet eine ausdrückliche Regelung zum Inhalt und den Grenzen des Weisungsrechts im Interesse von Rechtsklarheit und Rechtssicherheit im Arbeitsverhältnis.[389]

2. Reichweite des Direktionsrechts

Da der Arbeitsvertrag die Rechtsgrundlage des Direktionsrechts repräsentiert, richtet sich die Reichweite des Direktionsrechts in erster Linie nach dem Arbeitsvertrag. Der Arbeitgeber ist befugt, die im Arbeitsvertrag rahmenmäßig umschriebene Leistungspflicht des Arbeitnehmers im Einzelnen nach Zeit, Art und Ort der Arbeitsleistung festzulegen.[390] Der Arbeitgeber kann ausschließlich im Rahmen des Arbeitsvertrags die vorhandenen Leistungspflichten konkretisieren, was auch mit der Formulierung „näher bestimmen" im Sinne von § 106 GewO

386 Hromadka, DB 1995, 2601.
387 Lakies, BB 2003, 364; HWK/Lembke, § 106 GewO, Rn. 7a.
388 BAG, vom 27. 3. 1980 – 2 AZR 506/78, AP zu § 611 BGB Direktionsrecht Nr. 26.
389 BT- Drs. 14/8796, S.24.
390 BAG, vom 27. 4. 1960 – 4 AZR 584/58, AP zu § 615 BGB Nr. 10; BAG, vom 29. 8. 1991 – 6 AZR 593/88, AP zu § 611 BGB Direktionsrecht Nr. 38= NZA 1992, 67.

korrespondiert. Die bestehenden Pflichten zu erweitern, oder neue Pflichten für den Arbeitnehmer zu schaffen, ist hingegen ungeeignet.[391]

Grundsätzlich steht dem Arbeitgeber ein weiterer Spielraum bei der Ausübung des Direktionsrechts zu.[392] Es erscheint allerdings unmöglich, den Umfang des Direktionsrechts einheitlich zu bestimmen.[393] Compliance-Richtlinien betreffen vielseitige Verhaltensweisen im Rahmen eines Arbeitsverhältnisses, die unter dem Umfang des Weisungsrechts fallen. Bei der Einführung von Compliance-Richtlinien lässt sich die Ausübung des Weisungsrechts vielmehr anhand einzelner Kategorien näher untersuchen.[394] Unproblematisch sind aber die Klauseln, die lediglich die gesetzlichen Pflichten wiederholen und verdeutlichen, denn dies ist der Sinn von § 106 GewO. Weiterhin kommen die Klauseln, die der Konkretisierung vertraglicher Pflichten dienen, in Betracht. Das Weisungsrecht ist ein Leistungsbestimmungsrecht des Arbeitgebers und erfolgt im Rahmen eines Arbeitsvertrags. Dabei erlaubt das Weisungsrecht die Klauseln, welche die Hauptpflichten der Arbeitnehmer konkretisieren. Damit sind also dienstliche Weisungen zulässig, die im Rahmen des Arbeitsvertrags die Arbeitsleistungen nach ihrer Art und Weise erbringen, soweit die vorhandenen Pflichten nicht erweitert und die Grenzen des Weisungsrechts nicht überschritten werden.[395]

In der Regel erfolgt eine Konkretisierung der Hauptpflichten in Bezug auf Inhalt, Art, Ort und Zeit im Rahmen von Compliance-Richtlinien nur in seltenen Fällen, da diese oftmals als untergeordneter Gegenstand kategorisiert werden.[396] Vielmehr betreffen die Compliance-Richtlinien zahlreiche Anordnungen, die sich auf sich aus § 241 Abs. 2 BGB ergebenden Nebenpflichten der Arbeitnehmer zur Rücksichtnahme auf die Interessen des Arbeitgebers beziehen,[397] denn die Compliance-Richtlinien dienen vor allem der Regelung des rechtlichen und ethischen Verhaltens seitens der Arbeitnehmer und damit der Verhinderung

---

391 Hromadka, DB 1995, 2601, 2605; Kock, MDR 2006, 673; Mengel/Hagenmeister, BB 2007, 1386, 1387; Schuster/Darsow, NZA 2005, 273.

392 BAG, vom 29. 8. 1991 – 6 AZR 593/88, AP zu § 611 BGB Direktionsrecht Nr. 38= NZA 1992, 67.

393 Schneider, S. 99.

394 Siehe unten Kap. 4 H.

395 BAG, vom 16. 10. 2007 – 9 AZR 239/07, NZA 2008, 289; HWK/Lembke, § 106 GewO, Rn. 12; Preis/Genenger, NZA 2008, 969, 970.

396 Eisenbeis/Nießen, FS Leinemann, 697, 705; Schuster/Darsow, NZA 2005, 273.

397 Für einzelne Kategorien von Nebenpflichten, siehe beispielsweise HWK/Thüsing, § 611 BGB, Rn. 350 ff.; und auch ErfK/Preis, § 611 BGB, Rn. 710 ff.

einer potenziellen Schädigung des Arbeitgebers.[398] Dabei gilt es zu hinterfragen, ob die Weisungen des Arbeitsgebers zur Konkretisierung der Nebenpflichten des Arbeitnehmers zulässig sind. Nach der Rechtsprechung kann das Weisungsrecht nur im Rahmen arbeitsvertraglicher Verpflichtungen ausgeübt werden.[399] Im Wortlaut enthalten die arbeitsvertraglichen Verpflichtungen sowohl die Pflicht zur Erbringung von Arbeitsleistungen (vertragliche Hauptpflicht) als auch die Pflicht zur Rücksichtnahme auf die Interessen des Arbeitgebers und den Schutz sowie die Förderung des Vertragszwecks (vertragliche Nebenpflicht).[400] In diesem Sinne kann der Arbeitgeber durch das Weisungsrecht sowohl die Hauptpflicht als auch die Nebenpflicht, die den Arbeitnehmer treffen, näher bestimmen, wobei anschließend der Arbeitnehmer die Anforderungen durch das Weisungsrecht schulden muss. Darüber hinaus kann der Arbeitgeber nach § 106 Abs. 2 GewO Ordnung und Verhalten im Betrieb näher bestimmen, welche auch zu den Nebenpflichten des Arbeitnehmers zählen, da der Arbeitnehmer dazu verpflichtet ist, die betriebliche Ordnung zu wahren.[401] Dabei befugt diese Vorschrift den Arbeitgeber dazu, die Nebenpflicht des Arbeitnehmers zu konkretisieren. Nach dem Sinn und Zweck des Weisungsrechts verpflichtet sich der Arbeitnehmer, Arbeitsleistung zu erbringen und auch auf das Interesse des Arbeitgebers Rücksicht zu nehmen, sodass Rechtsklarheit und Rechtssicherheit im Arbeitsverhältnis gewährleistet werden.[402] Aus diesen Gründen sind die Nebenpflichten folglich Teil des Umfangs des Weisungsrechts, d.h. der Arbeitgeber kann nur im Rahmen des Arbeitsvertrags die Nebenpflichten näher bestimmen und darf diese nicht erweitern oder neue Nebenpflichten schaffen. Nur im Sonderfall gilt die Ausnahme der Reichweite des Weisungsrechts in Tendenzunternehmen und Religionsgemeinschaften, wobei die Nebenpflichten des Arbeitnehmers erweitert werden könnten.[403]

Die arbeitsvertraglichen Nebenpflichten sind vielmehr abhängig von der ausgeübten und geschuldeten Tätigkeit.[404] Da Compliance-Richtlinien vielseitige

---

398 Eisenbeis/Nießen, FS Leinemann, 697, 705.

399 BAG, vom 23. 1. 1992 – 6 AZR 87/90, AP zu § 611 BGB Direktionsrecht Nr. 39= NZA 1992, 795.

400 HWK/Thüsing, § 611 BGB, Rn. 347; Boemke, AR-Blattei SD 1228, Rn. 2.

401 ErfK/Preis, § 611 BGB, Rn. 738; HWK/Thüsing, § 611 BGB, Rn. 386.

402 BT-Drs. 14/8796, S. 24.

403 Borgmann, NZA 2003, 352, 354; Schuster/Darsow, NZA 2005, 273 f; Rüthers/Beninca, AfP 1995, 638, 641.

404 Eisenbeis/Nießen, FS Leinemann, 697, 709; Borgmann, NZA 2003, 352, 354.

Verhaltensregelungen beinhalten, ist die jeweilige Nebenpflicht exakt zu umschreiben und die konkrete Bedingung im Einzelfall zu berücksichtigen.

3. *Außerdienstliches Verhalten*

Da Compliance-Richtlinien vielfältige Verhalten umfassen, nämlich sowohl das dienstliche Verhalten als auch sonstiges Verhalten, das der Rücksichtnahme des Interesses des Arbeitgebers dient, besteht die Möglichkeit, dass die Verhaltenskodizes sich auf den außerdienstlichen Bereich des Arbeitnehmers erstrecken könnten. Hiermit stellt sich die Frage, ob das außerdienstliche Verhalten[405] in den Umfang des Weisungsrechts einbezogen werden kann.

Unter dem außerdienstlichen Verhalten ist das Verhalten in zeitlicher und räumlicher Hinsicht außerhalb der Arbeitsleistung zu verstehen. Weiterhin bezieht es sich oft auf die Privatsphäre und Privatwirtschaft des Arbeitnehmers.[406] Gemäß § 106 GewO umfasst das Weisungsrecht den Inhalt, Ort und die Zeit einer Arbeitsleistung sowie die Ordnung und das Verhalten des Arbeitnehmers. Hinsichtlich des Gesetzes beschränkt sich das Weisungsrecht auf die Anwesenheit des Arbeitnehmers im Betrieb oder den Zeitraum der Arbeitsausführung an einem sonstigen Arbeitsplatz.[407] Das außerdienstliche Verhalten unterliegt keiner Befugnis des Arbeitgebers, damit ist also kein Weisungsrecht seitens des Arbeitgebers inkludiert.[408] Grundsätzlich hat der Arbeitgeber keine Regelungsbefugnis, das private Leben des Arbeitnehmers zu koordinieren, da die Gestaltung des privaten Lebens durch das Arbeitsverhältnis die allgemeine Handlungsfreiheit und Persönlichkeit des Arbeitnehmers einschränken würde.[409]

---

405 Der Begriff des außerdienstlichen Verhaltens und des außerbetrieblichen Verhaltens ist daher synonym zu verstehen, siehe Schneider, S. 114.

406 Wisskirchen, Außerdienstliches Verhalten, S. 12; Vgl. Boemke, „sämtliche Handlungen des Arbeitnehmers, die nicht mit der Erbringung der Arbeitsleistung in unmittelbarem Zusammenhang stehen.", AR-Blattei, SD 1228, Rn. 247.

407 Hromadka, DB 1995, 2601, 2606; Schaub-ArbRHdB/Linck, , § 45, Rn. 25.

408 BAG, vom 23. 8. 2012 – 8 AZR 804/11, NZA 2013, 268; BAG, vom 19. 4. 2007 – 2 AZR 78/06, AP zu § 611 BGB Direktionsrecht Nr. 77; Schaub-ArbRHdB/Linck, § 53, Rn. 7; HWK/Thüsing, § 611 BGB, Rn. 376; Hromadka, DB 1995, 2601, 2606; Mengel/Hagemeister, BB 2007, 1386, 1388; Wisskirchen/Jorden/Bissels, DB 2005, 2190.

409 ErfK/Preis, § 611 BGB Rn. 730; Erfk/Schmidt, Art. 2 GG, Rn. 80; Preis/Preis, Der Arbeitsvertrag, II A 160 Rn. 3; MünchArbR/Reichold, § 49, Rn. 45; HWK/Thüsing, § 611 BGB, Rn. 376.

Als Ausnahme gilt, wenn sich die Gestaltung des außerdienstlichen Verhaltens auf den betrieblichen Bereich auswirken, und dort eine Störung herbeiführen würde,[410] wie beispielsweise die Entstehung von mehr oder weniger Gefahren für Arbeitgeberinteressen,[411] negative Wirkungen auf das Unternehmensimage oder die Störung des Betriebsfriedens,[412] die gegen den Sinn und Zweck von Compliance-Richtlinien verstößt. In diesem Sinne kann das außerdienstliche Verhalten in die Regelungsbefugnis der Compliance-Richtlinien fallen. Da Compliance-Richtlinien vor allem eine Präventivfunktion statt der Erlassung einer konkreten Gefahr bieten,[413] sind die Vorschriften für die Gestaltung von außerdienstlichem Verhalten nur dann gerechtfertigt, wenn das außerdienstliche Verhalten den Nebenpflichten zugeordnet werden kann. Denn es ist schließlich anerkannt, dass der Arbeitnehmer im außerdienstlichen Bereich dazu verpflichtet ist, auf die berechtigten Interessen des Arbeitgebers Rücksicht zu nehmen.[414] Sofern Nebenpflichten im Sinne von §§ 242, 241 Abs. 2 BGB vorliegen, kann das außerdienstliche Verhalten durch Weisungsrecht gemäß § 106 GewO näher bestimmt werden. In diesem Zusammenhang kann die Ansicht vertreten werden, dass kein Unterscheid zwischen dienstlichem und außerdienstlichem Bereich besteht.[415]

Allerdings setzen die Nebenpflichten im außerdienstlichen Bereich voraus, dass ein hinreichender Bezug zur dienstlichen Tätigkeit aufgewiesen werden muss.[416] Ein außerdienstliches Verhalten kann die berechtigten Interessen des Arbeitgebers oder anderer Arbeitnehmer grundsätzlich beeinträchtigen, wenn es negative Auswirkungen auf den Betrieb oder einen Bezug zum Arbeitsverhältnis hat.[417] Ohne Betriebsbezug scheidet das außerdienstliche Verhalten im Rahmen des Weisungsrechts aus. Dies gilt beispielsweise für den Fall, dass man

---

410 ErfK/Preis, § 611 BGB, Rn. 730.

411 Wagner, S. 48.

412 Kock, MDR 2006, 673, 674.

413 Vgl. Wagner, S. 48.

414 BAG, vom 27. 1. 2011 – 2 AZR 825/09, NZA 2011, 798; BAG, vom 28. 10. 2010 – 2 AZR 293/09, NZA 2011, 112; ErfK/Preis, § 611 BGB, Rn. 730; BAG, vom 10. 9. 2009 – 2 AZR 257/08, AP zu § 1 KSchG 1969 Verhaltensbedingte Kündigung Nr. 60= NZA 2010, 220; BAG, vom 23. 10. 2008 – 2 AZR 483/07, NZA-RR 2009, 362.

415 Vgl. Schneider, S. 118.

416 Wisskirchen, S. 37 f; Wiese, ZfA 1996, 439, 460; v. Hoyningen-Huene, RdA 1990, 193, 201.

417 BAG, vom 27. 1. 2011 – 2 AZR 825/09, NZA 2011, 798; BAG, vom 28. 10. 2010 – 2 AZR 293/09, NZA 2011, 112; BAG, vom 10. 9. 2009 – 2 AZR 257/08, AP zu § 1 KSchG 1969 Verhaltensbedingte Kündigung Nr. 60= NZA 2010, 220; HWK/Thüsing, § 611 BGB, Rn. 376; Schaub-ArbRHdB/Linck, , § 53, Rn. 7.

das Wertpapierhandelsverbot gegen den Mitarbeiter, der als Wertpapierhändler im Wertpapierunternehmen tätig ist, in seiner Freizeit annehmen würde, wohingegen man dasselbe Verbot gegen die angestellte Reinigungskraft in demselben Unternehmen nicht annehmen würde, weil für den betreffenden Mitarbeiter das Aktiengeschäft in seiner Freizeit einen Bezug zu der von ihm ausgeübten und geschuldeten Tätigkeit habe.[418] Tatsächlich sind das dienstliche Verhalten und das außerdienstliche Verhalten kaum präzise voneinander zu trennen. Auch hat das BAG in der „Handelsblatt-Entscheidung" bestätigt, dass das außerdienstliche Verhalten ein Teil des betrieblichen Geschehens sein kann, wenn es einen äußeren Anknüpfungspunkt zu betrieblichen Abläufen impliziert. Obwohl sich die Anzeige von Nebentätigkeiten und privatem Wertpapierbesitz auf die private Lebensführung des Arbeitnehmers bezieht, dient diese dennoch der Gewährleistung von unabhängigen und persönlichen Interessen der Redakteure der freien Berichterstattung, die das betriebliche Geschehen stören kann.[419] Obwohl die „Handelsblatt-Entscheidung" vielmehr auf die Auslegung von § 87 Abs. 1 Nr. 1 BetrVG anstelle des Zusammenhangs mit dem Direktionsrecht eingeht, stellt diese dennoch fest, dass die Trennung von dienstlichem Verhalten und außerdienstlichem Verhalten auf das Ziel der Regelung zu richten ist,[420] nach welcher § 106 S. 2 GewO in gleicher Weise formuliert werde.[421]

Grundsätzlich unterliegt das außerdienstliche Verhalten nicht der Weisungsbefugnis des Arbeitgebers.[422] Das außerdienstliche Verhalten ist damit nur zu implementieren, wenn dieses den Nebenpflichten zuzuordnen ist. Dies setzt allerdings voraus, dass das außerdienstliche Verhalten einen hinreichenden Bezug zur dienstlichen Tätigkeit aufweist. Das ist regelmäßig dann der Fall, wenn das außerdienstliche Verhalten negative Auswirkungen auf den Betrieb oder einen Bezug zum Arbeitsverhältnis hat, indem die berechtigten Interessen des Arbeitgebers oder anderer Arbeitnehmer grundsätzlich beeinträchtigt werden.[423] Es ist

---

418 Eisenbeis/Nießen, FS Leinemann 2006, 697, 706.

419 BAG, vom 28. 5. 2002 – 1 ABR 32/01, NZA 2003, 166.

420 Schulz, S. 83.

421 Wagner, S. 48; Mahnhold, Compliance und Arbeitsrecht, S. 158.

422 Borgmann, NZA 2003, 352, 354; Eisenbeis/Nießen, FS Leinemann 2006, 697, 706; Schuster/Darsow, NZA 2005, 273; Mengel, Compliance und Arbeitsrecht, Kap. 1, Rn. 18.

423 BAG, vom 27. 1. 2011 – 2 AZR 825/09, NZA 2011, 798; BAG, vom 28. 10. 2010 – 2 AZR 293/09, NZA 2011, 112; BAG, vom 10. 9. 2009 – 2 AZR 257/08, AP zu § 1 KSchG 1969 Verhaltensbedingte Kündigung Nr. 60= NZA 2010, 220; HWK/Thüsing, § 611 BGB, Rn. 376; Schaub-ArbRHdB/Linck, § 53, Rn. 7.

zudem stets zu berücksichtigen, unter welchen Umständen und inwieweit das außerdienstliche Verhalten durch das Weisungsrecht eingeführt wird. Dies lässt sich jedoch nicht eindeutig beantworten. Vielmehr muss das einzelne Arbeitsverhältnis näher beleuchtet werden,[424] insbesondere ist hierbei auch das Ziel einer Regelung zu überlegen.

II. Grenzen des Weisungsrechts

Sofern die Compliance-Richtlinien durch das Weisungsrecht eingeführt werden, stoßen sie doch an ihre Grenzen. Im Folgenden sollen die Grenzen des Weisungsrechts verdeutlicht werden.

1. Grenzen aus dem Arbeitsvertrag, Kollektivvertrag und Gesetz

Zunächst geht das Weisungsrecht gemäß § 106 S. 1 GewO davon aus, dass der Arbeitgeber Inhalt, Ort und Zeit der Arbeitsleistung nach billigem Ermessen näher bestimmen kann, soweit diese Arbeitsbedingungen nicht durch den Arbeitsvertrag, Bestimmungen einer Betriebsvereinbarung, eines anwendbaren Tarifvertrages oder gesetzliche Vorschriften festgelegt sind. Damit bildet der Arbeitsvertrag eine definitive Begrenzung des Weisungsrechts. Das Weisungsrecht gilt also ausschließlich im Rahmen des Arbeitsvertrags. Es ist außerdem unzulässig, die vertraglichen Vereinbarungen durch das Weisungsrecht zu ändern oder zu erweitern.[425] Je enger eine Verhaltensweise im Arbeitsvertrag verankert ist, desto weniger Spielraum hat der Arbeitgeber bei der Ausübung des Weisungsrechts.[426] Sind die Compliance-Richtlinien durch Direktionsrecht einführbar, dürfen sie nur die Anforderungen im Rahmen des Arbeitsvertrags detaillieren.[427]

Weitere Grenzen ergeben sich durch den Tarifvertrag und die betriebliche Vereinbarung. Das Weisungsrecht wird unmittelbar eingeschränkt, wenn die betroffenen Bestimmungen durch den Tarifvertrag, die Betriebsvereinbarung oder das Gesetz festgelegt werden.[428]

---

424 Eisenbeis/Nießen, FS Leinemann 2006, 697, 706; Mahnhold, Compliance und Arbeitsrecht, S. 171.

425 Kock, MDR 2006, 673; Lakies, BB 2003, 364, 368; Hromadka, DB 1995, 2601, 2605; Mengel/Hagenmeister, BB 2007, 1386, 1387; Schuster/ Darsow, NZA 2005, 273.

426 Lakies, BB 2003, 364, 368; Kühn, NZA 2015, 10, 11; MünchArbR/Reichold, § 36, Rn. 14; HWK/Lembke, § 106 GewO, Rn. 12; ErfK/Preis, § 106 GewO, Rn. 5.

427 Mengel/Hagemeister, BB 2007, 1386, 1388; Schuster/Darsow, NZA 2005, 273.

428 Hromadka, DB 1995, 2601, 2606.

2. *Grenze des billigen Ermessens*

Gemäß § 106 S. 1 GewO hat der Arbeitgeber das Weisungsrecht nach dem Grundsatz des billigen Ermessens auszuüben. Hierbei sind die weiteren Grenzen des Weisungsrechts zu berücksichtigen. Die Beschränkung von billigem Ermessen ergibt sich nicht nur aus § 106 S. 1 GewO, sondern auch aus § 315 BGB.[429] Beim billigen Ermessen handelt es sich um Ausübungskontrolle,[430] die auch im Rahmen von § 106 GewO gilt.[431] Unter billigem Ermessen ist weiterhin zu verstehen, dass die wesentlichen Umstände des Falls abgewogen und die beiderseitigen Interessen angemessen berücksichtigt werden müssen.[432] Eine Weisung, die lediglich einseitig die Interessen des Arbeitgebers durchsetzt, ohne ausreichend auf die Interessen des Arbeitnehmers Rücksicht zu nehmen, entspricht hingegen nicht dem billigen Ermessen.[433]

Im Rahmen des billigen Ermessens ist die Interessenabwägung also von beiden Seiten zu vollziehen.[434] Dabei werden die beiderseitigen Interessen nach verfassungsrechtlichen und gesetzlichen Wertentscheidungen, allgemeinen Wertungsgrundsätzen der Verhältnismäßigkeit und Angemessenheit sowie der Verkehrssitte und Zumutbarkeit unter allen Umständen des Einzelfalls abgewogen.[435] Die Interessen des Arbeitgebers bestehen darin, einen ordnungsgemäßen Arbeitsablauf, Betriebsfrieden sowie Unternehmensinteressen zu gewährleisten.[436] Demgegenüber liegen die Interessen des Arbeitnehmers darin, eine mögliche

429 Über das Verhältnis von § 106 S. 1 BGB und § 315 BGB äußert das BAG, dass § 106 GewO die generellen Grenzen des Direktionsrechts des Arbeitgebers regelt und § 315 BGB die Wirksamkeit der einzelnen Weisung reguliert. (BAG, vom 11. 4. 2006 – 9 AZR 557/0, AP BGB § 307 Nr. 17, NZA 2006, 1149.) Dennoch gilt die Beschränkung aus § 315 BGB auch für das Weisungsrecht. (dazu Benecke, RdA 2005, 47, 48)

430 BAG, vom 11. 4. 2006 – 9 AZR 557/05, AP zu § 307 BGB Nr. 17= NZA 2006, 1149.

431 Oelkers/Schmidt, NJW-Spezial 2006, 465, 466.

432 BAG, vom 23. 9. 2004 – 6 AZR 567/03, AP zu § 611 BGB Direktionsrecht Nr. 64= NZA 2005, 359; BAG, vom 13. 3. 2003 – 6 AZR 557/01, AP zu § 611 BGB Nr. 47= NZA 2004, 735,737.

433 Lakies, BB 2003, 364, 366; BAG, vom 19.05.1992 – 1 AZR 418/91, NZA 1992, 978; ErfK/Preis, § 611 BGB, Rn. 385.

434 BAG, vom 23. 6. 1993 – 5 AZR 337/92, NZA 1993, 1127; BAG, vom 27. 3. 1980 – 2 AZR 506/78, BAGE 33,71= AP zu § 611 BGB Direktionsrecht Nr. 26.

435 BAG, vom 17. 8. 2011 – 10 AZR 202/10, NZA 2012, 265; BAG, vom 13. 4. 2010 – 9 AZR 36/09, NJOZ 2010, 2625= AP zu § 307 BGB Nr. 45; ErfK/Preis, § 106 GewO, Rn. 6.

436 Hromadka, DB 1995, 2601, 2604; BAG, vom 23. 9. 2004 – 6 AZR 567/04, NZA 2005, 359; HWK/Lembke, § 106 GewO, Rn. 120.

Beeinträchtigung von dem Arbeitgeber zu vermeiden.[437] Bei der Durchsetzung von Compliance-Richtlinien kommt es insbesondere in Betracht, dass durch die Einführung konkretisierender Compliance-Richtlinien die Interessen der Arbeitnehmer den Interessen der Arbeitgeber entgegenstehen.[438] Während der Einführung von Compliance-Richtlinien durch den Arbeitgeber können die Interessen der Arbeitnehmer beeinträchtigt werden. In diesem Zusammenhang sind bei der Erarbeitung von Compliance-Richtlinien konkrete Überlegungen hinsichtlich der Interessengewichtung anzustellen. Die Einhaltung von Compliance-Richtlinien und die dadurch entstehende Beeinträchtigung müssen ausführlich gegeneinander abgewogen werden. Eine pauschale Interessenabwägung für die Verhaltensregelungen oder für einen einzelnen Regelungsbereich besteht nicht,[439] dies wurde von der Rechtsprechung bestätigt.[440] Im Übrigen kann auch eine „Blankoermächtigung" nicht legitimiert werden.[441] Eine Weisung ist nur erforderlich, soweit ein überwiegendes Interesse des Arbeitgebers vorliegt.[442] Bestehen Interessen des Arbeitgebers zur Einführung von Compliance-Richtlinien, kommt billiges Ermessen in Betracht.[443]

Die Interessenabwägung bezieht sich vielmehr auf die Grundrechte von Arbeitnehmer und Arbeitgeber. Die Grundrechte entfalten sich im bürgerlichen Recht mittelbar durch die privatrechtlichen Vorschriften und sind für den Richter vor allem durch die Generalklauseln beanspruchbar.[444] Durch die mittelbare Drittwirkung der Grundrechte sind die durch Art. 2 GG geschützten Interessen des Arbeitnehmers bezüglich der freien Entfaltung der Persönlichkeit und

---

437 HWK/Lembke, § 106 GewO, Rn. 121; Triskatis, S. 82.

438 Schuster/Darsow, NZA 2005, 273, 274.

439 Unterschiedlichen Ansätze in der Literatur, siehe Schuster/Darsow, (NZA 2005, 273, 274) und Borgmann (NZA 2003, 352, 354), wobei Eisenbeis/Nießen (FS Leinemann, 697, 707) ausführlich formulieren, auch Schulz, S. 73.

440 BAG, vom 23. 9. 2004 – 6 AZR 567/03, AP zu § 611 BGB Direktionsrecht Nr. 64= NZA 2005, 359.

441 ErfK/Schmidt, Art. 2 GG, Rn. 51; auch Eisenbeis/Nießen, FS Leinemann, 697, 707.

442 BAG, vom 23. 9. 2004 – 6 AZR 567/03, AP zu § 611 BGB Direktionsrecht Nr. 64= NZA 2005, 359.

443 Mengel, CCZ 2008, 85, 86; Mengel, Compliance und Arbeitsrecht, Kap. 1, Rn. 12.

444 BVerfG, vom 15. 1. 1958 – 1 BvR 400/57, NJW 1958, 257, sog. Ausstrahlungs- oder mittelbare Drittwirkung der Grundrechte, siehe auch BVerfG, vom 26. 2. 1969 – 1 BvR 619/63, NJW 1969, 1161; BVerfG, vom 11. 5. 1976 – 1 BvR 671/70, NJW 1976, 1677; BVerfG, vom 23. 04. 1986 – 2 BvR 487/80, NJW 1987, 827; Siehe, Grundrechte als Grenze, Kap. 4, A II.

dazu die nach Art. 12 GG geschützte Gestaltungsfreiheit des Unternehmens zu beachten. Bei der Interessenabwägung sollen die betroffenen Grundrechte des Arbeitgebers und des Arbeitnehmers im Einzelfall berücksichtigt werden, damit die beiderseitigen Interessen einen Ausgleich erfahren und die geschützten Rechtspositionen möglichst weitgehend wirksam sein können.[445]

Im Ergebnis ist eine Interessenabwägung unter umfassenden Umständen und beiderseitigen Interessen zu überlegen. Eine Pauschalität für sämtliche Fälle oder den einzelnen Bereich besteht nicht. Eine Abwägung bedarf immer einer Gewichtung zwischen den betrieblichen Interessen sowie den Grundrechten des Arbeitnehmers. Nicht zu ignorieren sind auch die Drittinteressen anderer Arbeitnehmer, wenn die Verhaltensvorgabe zum Schutz der anderen eingeführt wird.[446]

III. Fazit

Die Einführung von Compliance-Richtlinien durch das Direktionsrecht des Arbeitgebers ist aus dem gesetzlichen Umfang möglich. Im Vergleich zu anderen Implementierungsmitteln ist die Einführung durch die Weisung seitens Arbeitgebers vorteilhaft. Das Weisungsrecht ist ein einseitiges Leistungsbestimmungsrecht des Arbeitgebers, dabei bedarf es bei der Durchsetzung keinerlei Zustimmung des Arbeitnehmers. Zudem ist anzumerken, dass die Einführung von Compliance-Richtlinien durch die Anweisung aus psychologischer Perspektive eine höhere Akzeptanz beim Arbeitnehmer findet. Gleichwohl beschränkt sich die Reichweite des Weisungsrechts auf den Umfang des Arbeitsvertrags, wobei eine Änderung oder Erweiterung der Klausel unzulässig ist. Eine umfassende Implementierung von Compliance-Richtlinien durch das Weisungsrecht erscheint unmöglich, da manche typische Verhaltensvorgabe nicht einseitig durchsetzbar ist. Das Weisungsrecht orientiert sich daher stark an einem bestimmten Regelungsbereich, wie z.B. die Verhaltensvorgaben bei außerdienstlichem Verhalten, wobei ein zusätzliches Mittel zur Implementierung von Compliance-Richtlinien erforderlich ist. Dabei würde dies eine Gefahr des Zerfalls des Kodexes in einen verbindlichen Teil und einen unverbindlichen Teil herbeiführen.[447] Obwohl Vor- und Nachteile bestehen, ist

---

445 BAG, vom 10. 10. 2002 – 2 AZR 472/01, NZA 2003, 483; BAG, vom 24. 2. 2011 – 2 AZR 636/09, NZA 2011, 1087; HWK/Lembke, § 106 GewO, Rn. 125; ErfK/Preis, § 106 GewO, Rn. 6.

446 Wagner, S. 50; Mahnhold, Compliance und Arbeitsrecht, S. 169 f.

447 Eisenbeis/Nießen, FS Leinemann, 697, 709.

das Weisungsrecht für die Einführung von Compliance-Richtlinien dennoch von Bedeutung. Entscheidet der Arbeitgeber, Compliance-Richtlinien durch das Weisungsrecht einzuführen, bedarf es der Bekanntgabe der aktuellen Fassung an den Arbeitnehmer. Eine Bekanntmachung kann durch eine schriftliche Empfangsbestätigung von den Mitarbeitern, den Aushang am schwarzen Brett oder auch elektronisch im Intranet erfolgen.[448]

C. Implementierung von Compliance-Richtlinien durch den Arbeitsvertrag

Neben dem Direktionsrecht kommt die arbeitsvertragliche Vereinbarung als eine weitere Möglichkeit zur Implementierung von Compliance-Richtlinien in Betracht. Hierbei handelt es sich um den Inhalt, die Grenzen und die Besonderheiten bei der Einführung von Compliance-Richtlinien. Nachfolgend soll die Einführung von Compliance-Richtlinien im Bereich des Arbeitsvertrags geprüft werden.

I. Grundsatz der vertraglichen Vereinbarung

Hinsichtlich des § 105 GewO können der Arbeitgeber und der Arbeitnehmer den Abschluss, Inhalt und die Form des Arbeitsvertrags frei vereinbaren, nämlich die Abschluss- und Inhaltsfreiheit, die als wesentlicher Bestandteil der Vertragsfreiheit und Privatautonomie verstanden wird.[449] Anders als beim Direktionsrecht, das sich nur an den bestehenden Pflichten des Vertrags orientiert, können die Parteien vielmehr den Pflichtenkreis nach Vereinbarung erweitern.[450] Dabei ist der Umfang der Pflichten nicht einfach festzulegen, dementsprechend sehr einzelfallabhängig und beinahe nicht zu prognostizieren. Daher soll der Arbeitgeber dem Arbeitnehmer auf die Problematik der jeweiligen Regelung aufmerksam machen.[451] Schließen die Parteien eine vertragliche Vereinbarung, haben sie die Grenzen von den zwingenden gesetzlichen Vorschriften, Bestimmungen eines anwendbaren Tarifvertrags oder einer Betriebsvereinbarung zu beachten.

448 Mengel/Hagemeister, BB 2007, 1386, 1387; Dölling/Maschmann, Kap. 3, Rn. 59 f.; Mengel, Compliance und Arbeitsrecht, Kap. 1, Rn. 30.

449 ErK/Preis, § 105 BGB, Rn. 2.

450 Preis/Preis, Der Arbeitsvertrag, II D 30, Rn. 3.

451 Preis/Preis, Der Arbeitsvertrag, II D 30, Rn. 10.

Der Vertrag kann zudem regelmäßig durch eine individuelle Vereinbarung von beiden Parteien ausgehandelt werden, dabei können die beide Parteien den Inhalt, Abschluss und die Form frei vereinbaren. Dennoch stehen Arbeitgeber und Arbeitnehmer in der Struktur des Arbeitsverhältnisses nicht auf gleicher Höhe.[452] Dabei kann sich die Beschränkung der vertraglichen Vereinbarung aus dem Recht der Allgemeinen Geschäftsbedingungen nach §§ 305 ff. BGB ergeben. Seit dem Inkrafttreten des Gesetzes zur Modernisierung des Schuldrechts zum 1. 1. 2002 finden die Regelungen der Allgemeinen Geschäftsbedingungen in Arbeitsverträgen (§ 310 Abs. 4 BGB) Anwendung, sodass das im Zivilrecht erreichte Schutzniveau auch im Arbeitsrecht gewährleistet wird.[453] Heutzutage ist der Formulararbeitsvertrag der Regelfall im Arbeitsleben,[454] wobei solche Arbeitsverträge in den Umfang der Allgemeinen Geschäftsbedingungen fallen.

Gemäß § 305 Abs. 1 BGB beziehen sich Allgemeine Geschäftsbedingungen auf eine Vielzahl von in Verträgen vorformulierten Vertragsbedingungen, die eine Vertragspartei (Verwender) der anderen Vertragspartei bei Vertragsschluss stellt. Da der Arbeitsvertrag der AGB-Kontrolle unterliegt, muss der Arbeitgeber die Grenzen nach §§ 305 ff. BGB beachten. Zudem hat das BAG in einem Urteil bereits festgelegt, dass der Arbeitnehmer als Verbraucher gemäß § 13 BGB anzusehen ist.[455] Vor diesem Hintergrund handelt es sich beim Arbeitsvertrag als um einen Verbrauchervertrag, wobei die Regelung nach § 310 Abs. 3 BGB im Arbeitsvertrag Anwendung findet, soweit die Allgemeinen Geschäftsbedingungen vom Unternehmer und nicht vom Verbraucher gestellt werden. Ferner finden §§ 305c, 306 ff. BGB ebenfalls Anwendung, wenn die vorformulierten Vertragsbedingungen nur zur einmaligen Verwendung bestimmt sind. Wenn es sich um geltende Besonderheiten im Arbeitsrecht handelt, ist § 305 Abs. 2 und 3 nicht anwendbar. Wenn die arbeitsvertraglichen Bedingungen gegen die Grenzen der AGB-Kontrolle verstoßen, bleibt der Vertrag nach § 306 Abs. 1 BGB im Übrigen wirksam. Zudem ordnet § 306 Abs. 2 BGB das Verbot der geltungserhaltenen Reduktion an, dies gilt auch im Bereich des Arbeitsrechts. Weiterhin kann sich § 310 Abs. 4 S. 2 BGB im Arbeitsrecht entfalten.[456]

---

452 BVerfG, vom 23. 11. 2006– 1 BvR 1909/06, AP zu § 307 BGB Nr. 2=NZA 2007, 85.

453 BT-Drucks. 14/6857, 54.

454 Meyer, NJW 2006, 3605, 3607.

455 BAG, vom 25. 5. 2005 – 5 AZR 572/04, AP zu § 310 BGB Nr. 1 = NZA 2005, 1111; BAG, vom 13. 7. 2006 – 8 AZR 303/05, NZA 2006, 1273; BAG, vom 18. 3. 2008 – 9 AZR 186/07, NZA 2008, 1004; BAG, vom 19. 5. 2010 – 5 AZR 253/09, NZA 2010, 939; BAG, vom 19. 1. 2011 – 3 AZR 621/08, NZA 2012, 85.

456 BAG, vom 4. 3. 2004 – 8 AZR 196/03, AP zu § 309 BGB Nr. 3= NZA 2004, 727.

II. Inhaltskontrolle von Compliance-Richtlinien

1. Compliance-Richtlinien und Arbeitsvertrag

Anders als beim Direktionsrecht, das lediglich der Konkretisierung der bestehenden arbeitsvertraglichen Pflichten dient, können die Pflichten durch vertragliche Vereinbarungen geändert oder erweitert werden. Dies gilt auch für die Verhaltenspflichten des Arbeitnehmers, welche ebenfalls zum Inhalt von Compliance-Richtlinien gehören. Dabei können die Parteien die Richtlinien im Vertrag gestalten.[457]

Compliance-Richtlinien beziehen sich weiterhin auf die Besonderheit der Verhaltensvorgaben im Unternehmen, wobei diese jedoch nichtig sein können, sofern die Compliance-Richtlinien gegen die Inhaltskontrolle des Vertrags verstoßen. Ein individuelles Aushandeln von Compliance-Bedingungen ist nur selten der Fall, vielmehr werden die vertraglichen Bedingungen von dem Arbeitgeber vorformuliert, die dann für die gesamte Belegschaft des Unternehmens gelten.[458]

Hierbei stellt sich allerdings die Frage, ob die Compliance-Richtlinien als Allgemeine Geschäftsbedingungen aufgefasst werden und der Inhaltskontrolle der Allgemeinen Geschäftsbedingungen unterliegen können. Wie zuvor bereits dargelegt, stellen die Allgemeinen Geschäftsbedingungen alle für eine Vielzahl von Verträgen vorformulierten Vertragsbedingungen dar, die eine Vertragspartei der anderen Vertragspartei bei Abschluss eines Vertrags vorlegt. Compliance-Richtlinien betreffen den Verhaltenskodex im Unternehmen und zielen auf eine Vereinheitlichung der Arbeitsbedingungen für alle Arbeitnehmer ab. Im überwiegenden Fall werden Compliance-Richtlinien vom Arbeitgeber vorformuliert, die jedoch nicht dem Willen des Arbeitnehmers unterliegen.[459] Nur ausnahmsweise könnten die Vertragsparteien die Vorgaben von Compliance-Richtlinien individuell aushandeln. Der Arbeitgeber verfolgt allerdings eher eine einheitliche Geltung der Arbeitsbedingungen, durch eine individuelle Vereinbarung wäre das

---

457 Borgmann, NZA 2003, 352, 354; Meyer, NJW 2006, 3605, 3608; Kock, MDR 2006, 673; Eisenbeis/Nießen, FS Leinemann, 697, 709; Mengel, CCZ 2008, 85.

458 Meyer, NJW 2006, 3605, 3607; Preis, Vertragsgestaltung, S. 58; HWK/Gotthardt/Roloff, § 305 BGB, Rn. 2; Borgmann, NZA 2003, 352, 354; Meyer, NJW 2006, 3605, 3608; Kock, MDR 2006, 673; Eisenbeis/Nießen, FS Leinemann, 697, 709; Mengel, CCZ 2008, 85; Köstner, S. 99; Deyhle, S. 83; Mahnhold, Compliance und Arbeitsrecht, S. 231; Schulz, S. 86; Schneider, S. 146.

459 HWK/Gotthardt/Roloff, § 305 BGB, Rn. 2; Köstner, S. 99; Schulz, S. 86.

Ziel nicht gesichert.[460] Weiterhin wird der Arbeitnehmer nach der Entscheidung des BAG als Verbraucher im Sinne von § 13 BGB angesehen,[461] sodass § 310 Abs. 3 BGB hierbei Anwendung findet, wenn Compliance-Richtlinien lediglich einmalig verwendet werden. Deshalb gelten Compliance-Richtlinien als allgemeine Geschäftsbedingungen, wobei erstere grundsätzlich der AGB-Kontrolle unterliegen.

2. *Inhaltskontrolle von Compliance-Richtlinien*

a. *Grundsatz der Inhaltskontrolle*

Sofern die Annahme besteht, dass Compliance-Richtlinien als Allgemeine Geschäftsbedingungen aufgefasst werden, dann müssen sie unter Inhaltskontrolle gemäß §§ 305 ff. BGB überprüft werden. Hierbei kommt es nicht darauf an, ob die Compliance-Richtlinien bei Abschluss des Vertrags oder durch spätere Änderung ausgehandelt werden. Spätere Änderungen unterliegen ebenfalls der Inhaltskontrolle der §§ 305 ff. BGB.[462] Da Compliance-Richtlinien in der Regel Bestimmungen, welche unter den besonderen Verboten der Klauseln aus §§ 308, 309 BGB fallen, nicht enthalten,[463] erfolgt die Überprüfung hauptsächlich nach der Kontrolle gemäß § 307 BGB.

Da § 307 BGB als Kernstück der Inhaltskontrolle nach § 305 ff. BGB angesehen wird[464] und hierbei als ein genereller Prüfungsmaßstab gilt,[465] sind die Compliance-Richtlinien der Inhaltskontrolle gemäß § 307 BGB zu unterziehen. Eine Inhaltskontrolle nach § 307 BGB findet dann statt, wenn es sich bei den Richtlinien um Bestimmungen, durch die von Rechtsschriften abweichende oder diese ergänzende Regelungen vereinbart werden, handelt. Unter dem Begriff „Rechtsvorschriften“ ist laut Rechtsprechung zu verstehen, dass diese nicht nur Gesetzesvorschriften im materiellen Sinne, sondern auch allgemein anerkannte Rechtsgrundsätze und das Abweichen von wesentlichen Rechten und Pflichten, die sich aus der Natur des jeweiligen Vertragsverhältnisses ergeben, umfassen.[466] Dazu sind deklaratorische Klauseln, wie etwa bloße

---

460 Rolfs, RdA 2006, 349, 350; Preis, NZA 2010, 361.

461 BAG, vom 25.5.2005 – 5 AZR 572/04, AP zu § 310 BGB Nr. 1 = NZA 2005, 1111.

462 Borgmann, NZA 2003, 352, 354..

463 Eisenbeis/Nießen, FS Leinemann, 697, 709.

464 HWK/Gotthardt/Roloff, § 307 BGB, Rn. 2; Köstner, S. 98.

465 Thüsing, AGB-Kontrolle im Arbeitsrecht, Rn. 94.

466 BGH, vom 15.7.1997 – XI ZR 269/96, NJW 1997, 2752= BB 1997, 1862; BAG, vom. 21.6.2011 – 9 AZR 203/10, NZA 2011, 1338.

Gesetzeswiederholungen, Leistungsbeschreibungen und Entgeltregelungen der Inhaltskontrolle nach § 307 BGB entzogen.[467] Demnach sind die Regelungen zu den Rücksichtnahmepflichten des Arbeitnehmers, die sich aus §§ 241 Abs. 2, 242 BGB zur Wiederholung oder Konkretisierung der Rücksichtnahmepflichten ergeben, auch von der Inhaltskontrolle ausgenommen. Demgegenüber sind die Regelungen, welche von den arbeitsvertraglichen Rücksichtnahmepflichten abweichen oder diese ergänzen, kontrollfähig und müssen nach dem folgenden Maßstab geprüft werden.[468]

b. Allgemeine Angemessenheitskontrolle

Eine zentrale Bedeutung im Rahmen der Inhaltskontrolle kommt der Generalregelung nach § 307 Abs. 1 BGB zu. Nach § 307 I S. 1 BGB sind Bestimmungen in Allgemeinen Geschäftsbedingungen unwirksam, wenn sie den Vertragspartner entgegen den Geboten von Treu und Glauben unangemessen benachteiligen. Unangemessen ist dabei jede Beeinträchtigung eines rechtlich anerkannten Interesses des Arbeitnehmers, die nicht durch begründete und billigenswerte Interessen des Arbeitgebers gerechtfertigt ist oder durch gleichwertige Vorteile ausgeglichen wird.[469] Für die Angemessenheitskontrolle gilt ein genereller, typisierender und vom Einzelfall losgelöster Maßstab.[470] Eine unangemessene Benachteiligung ist anzunehmen, wenn sie die Kriterien nach § 307 Abs. 2 BGB erfüllt oder wenn sie gegen § 307 Abs. 1 S. 2 BGB, welcher der Konkretisierung des Kontrollmaßstabs dient, verstößt. § 307 Abs. 1 S. 1 BGB kommt hingegen nur dann in Betracht, wenn die beiden Vorschriften keine Wirksamkeit der Klauseln herbeiführen.[471] In diesem Zusammenhang ist zunächst § 307 Abs. 2 BGB zu prüfen.[472]

---

467 BGH, vom 19. 11. 1991 – X ZR 63/90, BGHZ 116, 117; BGH, vom 24. 9. 1998 – III ZR 219–97, NJW 1999, 864; ErfK/Preis, BGB §§ 305 – 310, Rn. 34; HWK/Gotthardt/Roloff, § 307 BGB, Rn. 4.

468 Vgl. Klumpp, in Clemenz/Kreft/Krause, AGB-Arbeitsrecht, § 307 BGB, Rn. 16 ff.; Bonin, in Däubler/Bonin/Deinert, AGB-Kontrolle, § 307 BGB, Rn. 217 ff.

469 BAG, vom 27. 7. 2005 – 7 AZR 486/04, NZA 2006, 40; BAG, vom 4. 3. 2004 – 8 AZR 196/03, NZA 2004, 727= BGHZ 143, 104 = NJW 2000, 1110.

470 BAG, vom 27. 7. 2005 – 7 AZR 486/04, NZA 2006, 40; BAG, vom 4. 3. 2004 – 8 AZR 196/03, NZA 2004, 727= BGHZ 143, 104 = NJW 2000, 1110.

471 Thüsing, AGB Kontrolle im Arbeitsrecht, Rn. 93.

472 Bonin, in Däubler/Bonin/Deinert, AGB-Kontrolle, § 307 BGB, Rn. 215; Klumpp, in Clemenz/Kreft/Krause, AGB-Arbeitsrecht, § 307 BGB, Rn. 56.

1) Angemessenheitskontrolle nach § 307 Abs. 2 Nr. 1 BGB

§ 307 Abs. 2 BGB kodifiziert die typischen Erscheinungen einer unangemessenen Benachteiligung des Vertragspartners.[473] Eine unangemessene Benachteiligung ist im Zweifel dann anzunehmen, wenn eine Bestimmung mit wesentlichen Grundgedanken der gesetzlichen Regelungen, von denen abgewichen wird, nicht zu vereinbaren ist. Bedeutsam ist hierbei die Klärung des Begriffs „gesetzliche Regelung" im Sinne des § 307 Abs. 2 Nr. 1 BGB.[474] In erster Linie ist die gesetzliche Regelung im Rahmen der materiellen Gesetze zu verstehen. Dazu gehören die formellen Gesetze und die Rechtsverordnungen oder Satzungen, wobei die europäischen Rechte hierbei ebenfalls eingeschlossen sind.[475] Hinter den Grundgedanken steht die Idee des Leitbildes des dispositiven Rechts, dies eine Anwendung im Arbeitsrecht schwierig macht, weil das dispositive Recht zum großen Teil zwingend ausgestaltet wird, dazu viele Lücken bestehen, und anschließend dies in die Praxis durch Richterrecht ausgefüllt und geprägt wird.[476] Daher zählt das Richterrecht zur „gesetzlichen Regelung". Weitergehend sind die von der Zivilrechtsprechung und Rechtslehre entwickelten umgeschriebenen Rechtsgrundsätze und Prinzipien, die auch unter der „gesetzlichen Regelung" zu subsumieren sind.[477] Es ist zudem anerkannt, wenn sie vom BAG auf das Arbeitsrecht zu übertragen sind.[478] Dagegen gelten Bestimmungen im Tarifvertrag, in der Betriebsvereinbarung und Dienstvereinbarung wegen des Verweises auf § 310 Abs. 4 S. 3 BGB nicht als „gesetzliche Regelung".[479]

Eine unangemessene Benachteiligung kommt in Betracht, wenn eine Bestimmung mit der Abweichung von wesentlichen Grundgedanken der gesetzlichen Regelung nicht vereinbar ist. Von maßgeblicher Bedeutung sei insoweit, ob die dispositive gesetzliche Regelung nicht nur auf Zweckmäßigkeitserwägungen

---

473 Erfk/Preis, §§ 305 – 310 BGB, Rn. 43.

474 Thüsing, AGB-Kontrolle im Arbeitsrecht, Rn. 97.

475 Pfeifer, in Wolf/Lindacher/Pfeifer, § 307 BGB, Rn. 65, in Bonin, in Däubler/Bonin/Deinert, AGB- Kontrolle, § 307 BGB, Rn. 217.

476 ErfK/Preis, §§ 305–310 BGB, Rn. 43; Thüsing, AGB-Kontrolle im Arbeitsrecht, Rn. 97; Bonin, in Däubler/Bonin/Deinert, AGB-Kontrolle, § 307 BGB, Rn. 219; Klumpp, in Clemenz/Kreft/Krause, AGB-Arbeitsrecht, § 307 BGB, Rn. 62.

477 BGH, vom 24. 4. 1991- VIII ZR 180/90, BB 1991, 2252; BGH, vom 8. 7. 1993 – VII ZR 79/92, NJW 1993, 2738; BGH, vom 15. 7. 1997 – XI ZR 269/96, NJW 1997, 2752.

478 Wolf, RdA 1988, 270, 274, in ErfK/Preis, §§ 305 – 310 BGB, Rn. 43; dazu BAG, vom 18.1.2012 – 10 AZR 612/10, NZA 2012, 561; BAG, vom 18. 3. 2009 – 10 AZR 289/08, NZA 2009, 535.

479 Umstritten in der Literatur, ausführlich in Bonin, in Däubler/Bonin/Deinert, AGB-Kontrolle, § 307 BGB, Rn. 272 ff.

beruhe, sondern eine Ausprägung des Gerechtigkeitsgebots darstelle.[480] Ob die Bestimmung mit den wesentlichen Grundgedanken der gesetzlichen Regelung unvereinbar ist, ist im Rahmen einer Interessenabwägung festzulegen.[481] An dem Merkmal der „Unvereinbarkeit" fehlt es, wenn die Abweichung der AGB vom dispositiven Recht durch ein überwiegendes oder gleichwertiges Interesse des Verwenders gedeckt ist,[482] die Abweichung vom Gesetz nur unwesentlich ist[483] oder die Abweichung gleichwertig kompensiert wird.[484] Im Rahmen der Compliance-Richtlinien ist eine Kompensation fast unmöglich, dann muss nur der Grad der Abweichung von Grundgedanken beachtet werden.[485] Bei der Implementierung von Compliance-Richtlinien können beispielsweise die Klauseln über das Verbot homosexueller Beziehungen oder das Eheverbot eine Abweichung der rechtlichen Regelungen auf die sexuelle Bestimmung und Eheschließungsfreiheit hin implizieren.[486] Daher werden sie wegen unangemessener Benachteiligung im Sinne des § 307 Abs. 2 Nr. 1 BGB als unwirksam angesehen.

2) Angemessenheitskontrolle nach § 307 Abs. 1 S. 1 BGB

Bei der weiteren Prüfung der Wirksamkeit von Bestimmungen kommt § 307 Abs. 1 S. 1 BGB in Betracht. Nach § 307 Abs. 1 S. 1 BGB sind Bestimmungen in den Allgemeinen Geschäftsbedingungen unwirksam, wenn sie den Vertragspartner des Verwenders entgegen dem Gebot von Treu und Glauben unangemessen benachteiligen. Hiermit liegt also der Fall vor, dass der Verwender seine Interessen einseitig auf Kosten des Vertragspartners durchzusetzen versucht, ohne dessen Interessen ausreichend zu berücksichtigen und ohne die Umstände angemessen auszugleichen.[487] Dabei setzt eine unangemessene Benachteiligung

480 BAG, vom 7. 12. 2005 – 5 AZR 535/04, NZA 2006, 423; BGH, vom 9. 5. 1996 – III ZR 209/95, BB 1996, 1524= NJW-RR 1996, 1009.

481 Klumpp, in Clemenz/Kreft/Krause, AGB-Arbeitsrecht, § 307 BGB, Rn. 71; Bonin, in Däubler/Bonin/Deinert, AGB-Kontrolle, § 307 BGB, Rn. 227.

482 BGH, vom 25. 6. 1991 – XI ZR 257/90, NJW 1991, 2414; BGH, vom 23. 4. 1991 – XI ZR 128/90, NJW 1991, 1886.

483 BGH, vom 5. 10. 2005 – VIII ZR 16/05, NJW 2005, 47; Hromadka, FS Dieterich 1999, 251, 259.

484 Bonin, in Däubler/Bonin/Deinert, AGB-Kontrolle, § 307 BGB, Rn. 226, 227; Klumpp, in Clemenz/Kreft/Krause, AGB-Arbeitsrecht, § 307 BGB, Rn. 71..

485 Köstner, S. 101.

486 Kolle/Deinert, AuR 2006, 177, 181; Schneider, S. 151.

487 BGH, vom 3. 11. 1999 – VIII ZR 269/98, NJW 2000, 1110; BGH, vom 4. 3. 2010 – III ZR 79/09, NJW 2010, 1449; Klumpp, in Clemenz/Kreft/Krause, AGB-Arbeitsrecht, § 307 BGB, Rn. 36.

die Feststellung der Interessenabwägung voraus.[488] Hierbei sind die Berücksichtigung und Bewertung rechtlich anzuerkennender Interessen der Vertragspartner wechselseitig abzuwägen. Es bedarf also einer umfassenden Würdigung der beiderseitigen Positionen unter Berücksichtigung des Grundsatzes von Treu und Glauben.[489] Unter dem Interessenspektrum kommen viele Faktoren in Betracht. Beispielsweise sind Art und Gegenstand, Zweck und besondere Eigenart des jeweiligen Geschäfts zu berücksichtigen.[490] Im Rahmen der Interessenabwägung muss zudem berücksichtigt werden, dass es sich nicht nur um die einzelnen Klauseln, sondern auch um deren Stellung im Gesamtvertrag handelt.[491] Neben der Stellung der Klauseln im Gesamtvertrag sind weiterhin auch die kompensierenden oder summierenden Effekte zu berücksichtigen.[492] Zugleich sollen bei der Interessenabwägung die Grundrechte als die allgemeine Grenze nicht unberücksichtigt bleiben.[493] Die relevanten grundrechtlichen Regelungen spielen bei der Abwägung unterschiedlicher Interessen eine entscheidende Rolle.

Da Compliance-Richtlinien die Allgemeinen Geschäftsbedingungen tangieren, sollen die Vorgaben unter dem Aspekt der Angemessenheitskontrolle nach § 307 Abs. 1 S. 1 BGB geprüft werden. Eine unangemessene Benachteiligung könnte vorliegen, wenn eine Klausel über Liebesverbot[494] im Betrieb oder ein absolutes Verbot von Nebentätigkeiten[495] vereinbart wird oder undifferenzierte Verschwiegenheitsklauseln oder Wertpapierhandelsbeschränkungen bestehen.[496]

---

488 BAG, vom 27. 7. 2005 – 7 AZR 486/04, NZA 2006, 40, 46; BAG, vom 4. 3. 2004 – 8 AZR 196/03, NZA 2004, 727, 732; BGH, vom 3. 11. 1999 – VIII ZR 269/98, NJW 2000, 1110; Thüsing, AGB-Kontrolle, Rn. 98.

489 BAG, vom 27. 7. 2005 – 7 AZR 486/04, NZA 2006, 40, 46; BAG, vom 4. 3. 2004 – 8 AZR 196/03, NZA 2004, 727, 732; BGH, vom 3. 11. 1999 – VIII ZR 269/98, NJW 2000, 1110.

490 BAG, vom 10. 12. 2014 – 7 AZR 1009/12, NZA, 2015, 811; BAG, vom 27. 7. 2005 – 7 AZR 486/04, NZA 2006, 40; BAG, vom 4. 3. 2004 – 8 AZR 196/03, NZA 2004, 727; BGH, vom 3. 11. 1999 – VIII ZR 269/98, NJW 2000, 1110.

491 Thüsing, AGB-Kontrolle, Rn. 100.

492 BAG, vom 11. 4. 2006 – 9 AZR 557/05, NZA 2006, 1149; BAG, vom 4. 3. 2004 – 8 AZR 196/03, NZA 2004, 727; BGH, vom 2. 12. 1992 – VIII ARZ 5/92, NJW, 1993, 532.

493 ErfK/Preis, §§ 305–310 BGB Rn. 48; Klumpp, in Clemenz/Kreft/Krause, AGB-Arbeitsrecht, § 307 BGB, Rn. 49.

494 Schneider, S. 149; Mengel, Compliance und Arbeitsrecht, Kap. 1, Rn. 41.

495 Mengel/Hagemeister, BB 2007 1386, 1390; Schuster/Darsow, NZA 2005, 273, 275; Mengel, Compliance und Arbeitsrecht, Kap. 1, Rn. 39.

496 Wisskirchen/Jordan/Bissels, DB 2005, 2190; Mengel, Compliance und Arbeitsrecht, Kap. 1, Rn. 39.

Nennenswert sind die Vorgaben über das außerdienstliche Verhalten des Arbeitnehmers, denn die Richtlinien können sich auf den außerdienstlichen Bereich erstrecken. Auf Basis der Vertragsfreiheit können die Vertragsparteien Regelungen über das außerdienstliche Verhalten vereinbaren. Wie im Zusammenhang mit dem Weisungsrecht bereits dargestellt, findet die Bestimmung über das außerdienstliche Verhalten eine Grenze in der Beurteilung von Betriebsbezug und der Überlegung der Grundrechte.[497] Eine Bestimmung über das außerdienstliche Verhalten ist unangemessen benachteiligend, wenn sie den Eingriff in das Privatleben des Arbeitnehmers nicht rechtfertigt.[498] Je weiter die Compliance-Richtlinien von der eigentlichen Arbeitspflicht entfernt sind und auf das allgemeine Verhalten des Arbeitnehmers einwirken, desto mehr Anforderungen bestehen an die Rechtmäßigkeit.[499] Vielmehr spielen die Art des Arbeitsvertrags und die Stellung des Arbeitnehmers eine wichtige Rolle.[500]

3) Angemessenheitskontrolle nach § 307 Abs. 1 S. 2 BGB (Transparenzgebot)

Eine unangemessene Benachteiligung kann sich auch daraus ergeben, dass die Bestimmung nicht klar und verständlich formuliert ist (sog. Transparenzgebot). Das Transparenzgebot dient der Vorbeugung der Gefahr, dem Verwender von der Durchsetzung bestehender Rechte abzuhalten.[501] Auch das Bestimmtheitsgebot fällt unter den Aspekt der Transparenz.[502] Die Bestimmungen über die tatbestandlichen Voraussetzungen und Rechtsfolgen im Rahmen des rechtlich und tatsächlich Zumutbaren müssen also eine eindeutige und präzise Umschreibung der Rechte und Pflichten des Vertragspartners des Klauselverwenders enthalten, sodass für letzteren keine ungerechtfertigten Beurteilungsspielräume entstehen.[503] Pauschale Klauseln zur Wahrung der Interessen des Arbeitgebers sind

---

497 Siehe im Teil von Weisungsrecht, Kap. 4 B.

498 Oetker, RdA 2004, 8, 15; Borgmann, NZA 2003, 352, 354; Kock, MDR 2006, 673, 674; Mengel/Hagemeister, BB 2007, 1386, 1390; Meyer, NJW 2006, 3605, 3608; Wisskirchen/Jordan/Bissels, DB 2005, 2190 ff.; Mengel, Compliance und Arbeitsrecht, Kap. 1, Rn. 39.

499 Meyer, NJW 2006, 3605, 3608.

500 Köstner, S. 101.

501 BAG, vom 21. 1. 2015 – 10 AZR 84/14, NZA 2015, 871; BAG, vom 1. 9. 2010 – 5 AZR 517/09, NZA 2011, 575; BAG, vom 3. 4. 2007 – 9 AZR 867/06, NZA 2007, 1045.

502 BAG, vom 31. 8. 2005 – 5 AZR 545/04, NZA 2006, 324; Thüsing, AGB-Kontrolle, Rn. 103; Bonin, in Däubler/Bonin/Deinert, AGB-Kontrolle, § 307 BGB, Rn. 156a.

503 BGH, vom 22. 1. 2004 – VII ZR 419/02 – NJW 2004, 1597; BGH, vom 3. 3. 2004 – VIII ZR 153/03, NZM 2004, 379; BAG, vom 31. 8. 2005 – 5 AZR 545/04, NZA 2006, 324, 328; Thüsing, AGB-Kontrolle, Rn. 103.

nicht gerecht, denn die Klausel muss für den Arbeitnehmer klar erkennbar sein, dabei muss diese darlegen, welche Pflichten für ihn bestehen und welche Bereiche seines Privatlebens betroffen sein sollen.[504]

Bei der Implementierung von Compliance-Richtlinien ist das Transparenzgebot von großer Bedeutung, denn die ausführlichen Compliance-Kataloge und die relevanten Themen sind für Laien nur schwer nachvollzuziehen, daher sollen sie klar und bestimmt formuliert werden.[505] Obwohl wegen des Grundsatzes der Privatautonomie eine freie Sprachwahl dem Arbeitnehmer zusteht, und nach der Rechtsprechung die Verwendung englischer Begriffe oder einer deutsch-englischen Kunstsprache in einem internationalen IT-Unternehmen der Transparenz der Regelung nicht entgegensteht,[506] kann eine Bestimmung in Compliance-Richtlinien gegen das Transparenzgebot verstoßen, wenn sie in einer fremden Sprache verfasst ist, denn das Gegenstück in fremder Sprache aufgrund einer uneinheitlichen Übersetzung in der deutschen Sprache wäre weder eindeutig noch schwer zu verstehen.[507] Gleichfalls ist ein Verstoß gegen das Transparenzgebot dann der Fall, wenn eine Bestimmung innerhalb der Compliance-Richtlinien wegen des Verstoßes gegen die deutsche Rechts- und Gesetzeslage nicht anwendbar ist.[508] Der Arbeitgeber muss die Compliance-Richtlinien daher so klar und präzise wie möglich ausgestalten.

III. Praktische Implementierung von Compliance-Richtlinien durch Arbeitsvertrag

Die Implementierung von Compliance-Richtlinien anhand einer vertraglichen Vereinbarung kann im Falle einer Änderung im bestehenden Arbeitsverhältnis oder bei einer Neueinstellung eines Arbeitnehmers erfolgen. Durch eine Einbeziehung der Klauseln können die Compliance-Richtlinien zu einem arbeitsvertraglichen Bestandteil werden, damit ist die Einbeziehung der Richtlinien für die betroffenen Arbeitnehmer verbindlich.[509] Ein Problem könnte jedoch durch

---

504 Preis/Preis, Der Arbeitsvertrag, II D 30, Rn. 4; Wagner, S. 59; Köstner, S. 102.

505 Mengel/Hagemeister, BB 2007, 1386, 1390 m.w.N; zutreffend Borgmann, NZA 2003, 352, 354; ErfK/Preis, § 611 BGB Rn. 383; Wisskirchen/Jordan/Bissels, DB 2005, 2190, 2190; Mengel, Compliance und Arbeitsrecht, Kap. 1, Rn. 38.

506 BAG, vom 20. 8. 2014 - 10 AZR 453/13, NZA 2014, 1333; ErfK/Preis, §§ 305–310 BGB, Rn. 44.

507 Wisskirchen/Jordan/Bissels, DB 2005, 2190, 2194; Triskatis, S. 164; Schneider, S. 150; Vgl. auch ArbG Offenbach, vom 24. 11. 2005 - 3 BV 44/04, juris.

508 Dzida, NZA 2008, 1265, 1268; Schneider, S. 151.

509 Vgl. Eisenbeis/Nießen, FS Leinemann, 697, 709; Bormann, NZA 2003, 352, 354; Meyer, NJW 2006, 3605, 3607f.; Mengel/Hagemeister, BB 2007, 1386, 1390 f..

die unterschiedliche Umsetzungsmethode aufkommen, denn jede verfügt über ihre eigene Einbeziehungs- und Inhaltskontrolle, wobei beide Sachlagen zu differenzieren und näher zu untersuchen sind.

1. Im bestehenden Vertrag

Sind die Compliance-Richtlinien im bestehenden Arbeitsvertrag eingeführt, bedarf es einer Änderungsvereinbarung zwischen dem Arbeitgeber und dem Arbeitnehmer. Typischerweise entsteht das Problem bei der erstmaligen Durchsetzung von Compliance-Richtlinien im Unternehmen, wobei der Arbeitgeber Zweifel hegt, ob die aufgestellten Richtlinien nicht ohne Weiteres zu 100% von den Arbeitnehmern akzeptiert werden.[510] Compliance-Richtlinien können im bestehenden Arbeitsvertrag miteinbezogen werden, wenn deren Inhalt zulässig ist und die betroffenen Arbeitnehmer diesem zustimmen.[511] Eine Änderungsvereinbarung ist vom Bedeutungsgehalt her identisch mit den Ergänzungsvereinbarungen im bestehenden Arbeitsvertrag, obwohl sich diese beiden Bezeichnungen begrifflich unterscheiden.[512] In diesem Sinne enthält eine Änderungsvereinbarung sowohl die Ergänzungsvereinbarung als auch die inhaltliche Abänderung des bestehenden Arbeitsvertrags.[513]

In diesem Fall ist es allerdings fraglich, ob die Änderungsvereinbarung zu Compliance-Richtlinien durch eine stillschweigende Annahmeerklärung zustande kommen könnte. Grundsätzlich stellt das Schweigen allein keine Willenserklärung dar, auch keine Annahme des Angebots zur Änderung eines bestehenden Vertrags. Das Schweigen als Annahme ist dann anzunehmen, wenn zusätzliche Umstände hinzukommen, sodass das Schweigen des Erklärungsempfängers in Verbindung mit den Umständen insgesamt als Zustimmung zu verstehen sein muss. Die Vertragspartei muss nach Treu und Glauben annehmen, dass die andere Partei einen abweichenden Willen äußern und der Vertragsänderung widersprechen würde, wenn sie der Änderung nicht zustimmen wollte.[514] Eine Zustimmung wäre im Zweifel anzunehmen, wenn sich die Vertragsänderung unmittelbar auf das Arbeitsverhältnis auswirkt und der Arbeitnehmer deshalb

510 Mengel/Hagemeister, BB 2007, 1386, 1390.

511 Meyer, NJW 2006, 3605, 3608.

512 Bachner/Lerch, AiB 2005, 229, 230; in anderen Literaturen weisen die beiden Bezeichnungen die gleiche Bedeutung auf, siehe Borgmann, NZA 2003, 352, 354; Wagner, S. 63; Köstner, S. 96.

513 Schneider, S. 126.

514 BAG, vom 1. 8. 2001 – 4 AZR 129/00, NZA 2003, 924; BAG, vom 30. 7. 1985 – 3 AZR 405/83, NZA, 1986, 474.

umgehend feststellen kann, welchen Einfluss die Änderung auf seine Rechte und Pflichten hat. Kommt diese Folge nicht in Betracht, scheidet die stillschweigende Annahmeerklärung aus.[515] Der Arbeitnehmer hat keine Pflicht, der Änderung von Compliance-Richtlinien zuzustimmen.[516] Die Compliance-Richtlinien betreffen vielmehr die Konkretisierungen und Erweiterungen von Nebenpflichten, welche oft Gegenstand eines Streitfalls sind.[517] Dabei wirkt sich die Änderung nicht unmittelbar auf das Arbeitsverhältnis aus und der Arbeitnehmer kann den Einfluss der Änderung nicht ohne Weiteres feststellen.[518] In diesem Sinne kann eine stillschweigende Annahmeerklärung nicht als konkludente Zustimmung angenommen werden. Weiterhin kann die Einführung von Compliance-Richtlinien nicht als eine betriebliche Übung,[519] die durch die stillschweigende Annahmeerklärung des Arbeitnehmers erfolgen kann,[520] angesehen werden, denn durch Compliance-Richtlinien werden dem Arbeitnehmer belastende Verhaltensregelungen unterstellt. Schließlich ist eine ausdrückliche Zustimmung bei der Veränderung von Compliance-Richtlinien unabdingbar.

2. *Bei Neueinstellungen*

Bei der Neueinstellung von Arbeitnehmern können die Compliance-Richtlinien durch den Richtlinientext im Vertrag als ein Vertragsbestandteil aufgenommen werden oder den Arbeitnehmer auf geltende Richtlinien hinweisen.[521] Es ist zudem unproblematisch im Falle einer Neueinstellung von Arbeitnehmern den Richtlinientext im Arbeitsvertrag aufzunehmen,[522] dann gilt dies regelmäßig wie ein normaler Vertrag.

---

515 BAG, vom 30. 7. 1985 – 3 AZR 405/83, NZA, 1986, 474; BAG, vom 20. 5. 1976 – 2 AZR 202/75, AP zu § 305 BGB Nr. 4; BAG, vom 17. 7. 1965 – 3 AZR 302/64, AP zu § 242 BGB Ruhegehalt Nr. 101.

516 Borgmann, NZA 2003, 352, 354.

517 Siehe Inhalt der Compliance-Richtlinien, Kap. 3 C.

518 Borgmann, NZA 2003, 352, 354; Kock, MDR 2006, 673; Einsenbeis/Nießen, FS Leinemann, 697, 710; Mengel, Compliance und Arbeitsrecht, Kap. 1 Rn. 35; Schreiber, NZA-RR 2010, 617, 618; Deyhle, S. 89.

519 Über die betriebliche Übung, siehe unten E.

520 Gaul, NZA 1990, 873, 878; ErfK/Preis, § 611 BGB, Rn. 220a; Schaub-ArbRHdB/Koch, § 110, Rn. 1.

521 Borgmann, NZA 2003, 352, 354; Einsenbeis/Nießen, FS Leinemann, 697, 709; Kock, MDR 2006, 673; Meyer, NJW 2006, 3605, 3608; Wagner, S. 64.

522 Mengel/Hagermeister, BB 2007, 1386, 1390; Mengel, Compliance und Arbeitsrecht, Kap. 1, Rn. 33.

Als eine anderweitige Variante verwenden die Arbeitgeber häufig eine Verweisungsklausel auf die jeweiligen Richtlinien, wodurch der Arbeitgeber die Stärke des Vertragswerks vermeiden kann und die Möglichkeit hat, eine flexible Version sowie umfassende Vorgaben zu gestalten.[523] Beim Verweisungsobjekt handelt es sich nicht nur um unternehmensinterne Richtlinien, sondern auch um externe Verhaltenskodizes von Organisationen, Verbänden oder Geschäftspartnern.[524] Die Verweisung lehnt sich vor allem an der Terminologie des Tarifvertrags an,[525] hierbei ist jedoch zwischen der statischen Verweisung und der dynamischen Verweisung zu unterscheiden. Während die statische Verweisung auf die Compliance-Richtlinien einer geltenden Fassung zu einem bestimmten Zeitpunkt abzielt, verweisen die dynamischen Verweisungsklauseln auf die Richtlinien der jeweiligen Fassung. Da solche Richtlinien den Charakter von Allgemeinen Geschäftsbedingungen aufweisen, unterliegen sie der Inhaltskontrolle nach Maßgabe der §§ 305 ff. BGB.

Anschließend stellt sich die Frage, unter welchen Umständen die Verweisungsklausel zulässig ist. Das entscheidende Kriterium für die Zulässigkeit einer Klausel ist stets die Überraschungsschutzform des § 305c Abs. 1 BGB.[526] Gemäß § 305c Abs. 1 BGB sind die Bestimmungen in Allgemeinen Geschäftsbedingungen, die nach den Umständen, insbesondere nach dem äußeren Erscheinungsbild des Vertrags, so ungewöhnlich sind, dass der Vertragspartner des Verwenders mit ihnen nicht zu rechnen braucht, nicht Vertragsbestandteil. Als negative gesetzliche Einbeziehungsvoraussetzung werden die Arbeitnehmer vor dem „Überrumpelungseffekt“[527] geschützt. Eine Klausel im Sinne des § 305c Abs. 1 BGB ist dann überraschend, wenn sie objektiv ungewöhnlich ist und der Arbeitnehmer subjektiv dessen Verwendung nicht erwartet.[528] Die objektive Ungewöhnlichkeit wird maßgeblich durch die Abweichung normaler

---

523 Borgmann, NZA 2003, 352, 354; Eisenbeis/Nießen, FS Leinemann, 697, 709.

524 Diehn, NZA 2004, 129, 132; Triskatis, S. 77. Demgegenüber besteht die Meinung, dass externe Verhaltensvorschriften wenig praktikabel sind und häufig nicht dem Arbeitsvertrag beigefügt werden. Schröder/Schreier, BB 2010, 2565, 2566.

525 Schreiber, NZA-RR 2010, 617, 619; Köstner, S. 103; Vgl. ErK/Preis, §§ 305 – 310 BGB, Rn. 12ff.

526 Triskatis, S. 77.

527 BAG, vom 27. 4. 2000 – 8 AZR 301/99, BeckRS 2009, 56447; BAG, vom 13. 7. 2005 – 10 AZR 532/04, AP zu § 305c BGB Nr. 3; BAG, vom 27. 7. 2005 – 7 AZR 443/04, NZA 2006, 37; BAG, vom 17. 10. 2012 – 10 AZR 620/11, BeckRS 2013, 65577; BAG, vom 20. 8. 2014 – 10 AZR 453/13, NZA 2014, 1333.

528 Thüsing, AGB-Kontrolle, Rn. 86.

Anschauungen der Verkehrskreise bestimmt.[529] Entsprechend fehlt es an der subjektiven Voraussetzung, wenn der Arbeitnehmer vernünftigerweise mit der Verwendung der Klausel nicht rechnet.[530] Das Überraschungsmoment ist außerdem von Bedeutung, denn je belastender die Bestimmung ist, desto eher bejaht die Rechtsprechung den Überraschungsmoment.[531] Hierbei sind alle Umstände zu berücksichtigen.[532] Ob die Klausel gegen das Überraschungsverbot im Sinne des § 305c BGB verstößt, muss im Einzelfall geprüft werden. Der Verwender müsse auf eine solche Klausel gesondert hinweisen oder die Klausel drucktechnisch hervorheben.[533]

a. *Statische Verweisung*

Grundsätzlich ist eine statische Verweisungsklausel auf andere Compliance-Richtlinien unproblematisch. Es ist allerdings davon auszugehen, dass keine Überraschung von dem Verweisungsinhalt oder der Erwartung des Arbeitnehmers vorliegt, da ca. 75% aller Arbeitsverträge auf Arbeitsordnungen, die Betriebsordnung oder Allgemeine Arbeitsbedingungen verweisen.[534] Soweit der Arbeitgeber den Klauseln auf die Richtlinien ausdrücklich und verständlich verweist, scheidet das Überraschungsverbot im Sinne des § 305c Abs. 1 BGB aus. Möglicherweise kann der Arbeitgeber die Verweisungsklauseln zugänglich machen, indem dieser etwa das Regelwerk im Betrieb aushändigt.[535] Hierbei muss der Arbeitnehmer also die Möglichkeit zur Kenntnisnahme haben.[536] Ist das Überraschungsverbot ausgeschlossen, eröffnet sich der Weg zur Inhaltskontrolle nach § 307 ff. BGB.[537] Eine statische Verweisungsklausel beschränkt sich auf die

---

529 BAG, vom 13.6.2017 – 6 AZR 564/06, NZA 2007, 974; BAG, vom 15.2.2007 – 6 AZR 286/06, NZA 2007, 614; Däubler, in Däubler/Bonin/Deinert, AGB-Kontrolle, § 305c BGB, Rn. 29.

530 BGH, vom 21. 6. 2001 – IX ZR 69/00, NJW-RR 2002, 485; Thüsing, AGB-Kontrolle, Rn. 87; ErfK/Preis, §§ 305 – 310 BGB, Rn. 29.

531 BAG, vom 28. 5. 2009 – 8 AZR 896/07, NZA 2009, 1337; BAG, vom 27. 7. 2005 – 7 AZR 443/04, NZA 2006, 37; BAG, vom 6. 8. 2003 – 7 AZR 9/03, NZA 2004, 96.

532 ErfK/Preis, §§ 305 – 310 BGB, Rn. 29.

533 BAG, vom 28. 5. 2009 – 8 AZR 896/07, NZA 2009, 133; BAG, vom 27. 7. 2005 – 7 AZR 443/04, NZA 2006, 37; BAG, vom 6. 8. 2003 – 7 AZR 9/03, NZA 2004, 96; ErfK/Preis, §§ 305 – 310 BGB, Rn. 29.

534 Preis, Der Arbeitsvertrag, II V 40, Rn. 1; Köstner, S. 104; Schreiber, NZA-RR 2010, 617, 619.

535 Schulz, S. 89; Köstner, S. 105.

536 Köstner, S. 105; Triskatis, S. 78.

537 Triskatis, S. 78; ErK/Preis, §§ 305 – 310 BGB, Rn. 33.

geltende Fassung eines bestimmten Datums, sodass eine mögliche Verwirrung bei der Auswahl des entsprechenden Vertragstextes verhindert wird. Jedoch verliert dies an Flexibilität in der Praxis.[538] Bei jeder Veränderung der Compliance-Richtlinien muss die Verweisungsklausel neu vereinbart werden.

b. Dynamische Verweisung

Demgegenüber kommen die dynamischen Verweisungsklauseln in Betracht, die auf die Compliance-Richtlinien in der jeweiligen Fassung verweisen. Anhand dynamischer Verweisungsklauseln wird eine flexible und praktische Anpassung geänderter rechtlicher oder unternehmerischer Arbeitsbedingungen innerhalb der Compliance-Richtlinien ermöglicht.[539] Die Verweisungsklauseln unterliegen auch ihren AGB-Grenzen oder Kontrollen und könnten demnach unwirksam sein. Daher ist zu prüfen, unter welchen Umständen sie zulässig sind und welchen Beschränkungen sie unterliegen.

1) Einbeziehungskontrolle nach § 305 Abs. 2 und 3 BGB

§ 305 Abs. 2 und 3 BGB regelt das Bedürfnis der Einbeziehung der AGB. Jedoch findet § 305 Abs. 2 und 3 BGB nach § 310 Abs. 4 S. 2 BGB im Arbeitsvertrag keine Anwendung. Der Gesetzgeber geht nämlich davon aus, dass die Abschlusstransparenz im Sinne von § 305 Abs. 2 und 3 BGB nicht erforderlich ist, zumal § 2 Abs. 1 S. 1 NachwG diese Funktion erfülle.[540] Trotz umfassender Kritik in der Literatur[541] hat sich diese Regelung noch nicht geändert. Die Verweisungsklauseln sind nicht an § 305 Abs. 2 und 3 BGB gebunden und unterliegen keiner Kontrolle im Sinne des § 305 Abs. 2 und 3 BGB.

2) Überraschungsverbot nach § 305c Abs. 1 BGB

Eine Problematik kann in den Verweisungsklauseln auf die Compliance-Richtlinien bestehen, die dem Überraschungsverbot nach § 305c Abs. 1 BGB unterliegen würde. Sofern die Verweisungsklausel als überraschend nach § 305c Abs. 1 BGB anzusehen ist, wird die Einbeziehung von Compliance-Richtlinien im Vertrag unwirksam sein. Dynamische Verweisungsklauseln werden regelmäßig vom

538 Oetker, JZ 2002, 337; Schulz, S. 90; Triskatis, S. 78; Köstner, S. 105.

539 Schreiber, NZA-RR 2010, 617, 619.

540 BT-Dr 14/6857, S. 54.

541 Annuß, BB 2002, 458, 460; Diehn, NZA 2004, 129, 132; Richardi, NZA 2002, 1058; Deinert, in Däubler/Bonin/Deinert, AGB-Kontrolle, § 305 BGB, Rn. 39; Clemenz, in Clemenz/Kreft/Krause, AGB-Arbeitsrecht, § 305 BGB, Rn. 57.

Arbeitgeber gestaltet und danach mit dem Arbeitnehmer vereinbart. Sie werden zudem als faktische Leistungsbestimmungsrechte angesehen.[542] In diesem Sinne können die Klauseln überraschend sein, sofern sie dem Arbeitnehmer nicht deutlich präsentiert werden. Eine Klausel im Sinne des § 305c Abs. 1 BGB ist auch dann überraschend, wenn sie objektiv ungewöhnlich ist und der Arbeitnehmer subjektiv deren Verwendung nicht erwartet.[543] Eine Verweisungsklausel gilt weiterhin als nicht überraschend, wenn der Inhalt und das Bezugsobjekt verständlich gestaltet und klar erkennbar sind. Eine Verweisung auf andere Regelwerke stellt nicht zwangsläufig eine überraschende Klausel dar, wenn sie der üblichen und gewöhnlichen Regelungstechnik entsprechen.[544] Demgegenüber wird eine nicht erkennbare oder nicht vorhersehbare Klausel an der Wirksamkeit aufgrund des Überraschungsverbots scheitern. Eine überraschende Änderung zählt zudem ebenfalls nicht als Vertragsbestandteil.[545] Vielmehr ist entscheidend, ob der Arbeitnehmer mit den verwiesenen Inhalten der Regelungen rechnen kann.[546] Die dynamischen Verweisungsklauseln sind nicht generell überraschend, sie hängen maßgeblich von den Regelungsinhalten ab und müssen im Einzelfall geprüft werden.[547]

3) Inhaltskontrolle nach § 307 Abs. 1 S. 2 BGB

Darüber hinaus ist fraglich, ob die dynamische Verweisungsklausel in Konflikt mit dem Transparenzgebot nach § 307 Abs. 1 S. 2 BGB steht. Da § 307 Abs. 1 S. 2 BGB eine übergreifende Klauselkontrolle darstellt, ist die Ausprägung von § 307 Abs. 1 S. 2 BGB auch in § 305c Abs. 1 BGB verankert.[548] Hiermit sind die beiden Klauseln voneinander zu trennen. Während § 305c Abs. 1 BGB auf den Schutz vor dem „Überrumpelungseffekt“ einer Klausel und vor allem jedoch auf

---

542 Oetker, JZ 2002, 337, 339; Wank, in Hromadka, Arbeitsbedingungen, S. 35, 43; Schneider, S. 152.

543 Thüsing, AGB-Kontrolle, Rn. 86; Hoefs, in Clemenz/Kreft/Krause, AGB-Arbeitsrecht, § 305c BGB, Rn. 6.

544 BAG, vom 10. 12. 2008 – 4 AZR 801/07, NZA-RR 2010, 7; Schröder/Schreier, BB 2010, 2565, 2567; Schreiber, NZA-RR 2010, 617, 619.

545 Thüsing/Lambrich, NZA 2002, 1361, 1365; Thüsing, AGB-Kontrolle, Rn. 225; Däubler, in Däubler/Bonin/Deinert, AGB-Kontrolle, § 305c BGB, Rn. 22, analog mit Tarifvertrag.

546 Schröder/Schreier, BB 2010, 2565, 2567; Diehn, NZA 2004, 129, 132; ErfK/Preis, §§ 305–310 BGB, Rn. 30.

547 Schröder/Schreier, BB 2010, 2565, 2567; ErfK/Preis, §§ 305–310 BGB, Rn. 30; Schreiber, NZA-RR 2010, 617, 619.

548 Bonin, in Däubler/Bonin/Deinert, AGB-Kontrolle, § 307 BGB, Rn. 142.

die Gewährleistung der Einbeziehungstransparenz abzielt, liegt der Fokus von § 307 Abs. 1 S. 2 BGB auf der Sicherstellung von Transparenz im Falle einer vertraglichen Abwicklung.[549] Beide Normen unterscheiden sich hinsichtlich der Schutzrichtung. Während sich § 305c Abs. 1 BGB eher auf eine vorvertragliche Ausprägung bezieht, verfolgt § 307 Abs. 1 S. 2 BGB einen weiteren Schutz vor Unklarheit.[550]

Das Transparenzgebot im Sinne von § 307 Abs. 1 S. 2 BGB umfasst das Bestimmtheitsgebot. Dies erfordert, dass die Bestimmungen über die tatbestandlichen Voraussetzungen und Rechtsfolgen im Rahmen des rechtlich und tatsächlich Zumutbaren die Rechte und Pflichten des Vertragspartners des Klauselverwenders so klar und präzise wie möglich umschrieben werden, dass für den Verwender keine ungerechtfertigten Beurteilungsspielräume entstehen.[551] Eine Verweisungsklausel wäre gegen § 307 Abs. 1 S. 2 BGB unwirksam, wenn es der Verweisung auf die jeweilige Compliance-Richtlinie an Bestimmtheit fehlen würde und der Adressat den Umfang der künftigen Bindung nicht vorhersehen könnte.[552] Die dynamische Verweisungsklausel könnte eingeschränkt werden, allerdings würde sie den wesentlichen Vorteil der Flexibilität verlieren.[553] Die dynamische Verweisungsklausel ist zudem nicht pauschal intransparent, weshalb es des Ausgleichs zwischen der Flexibilität der Klausel und dem Interesse des Arbeitnehmers bedarf.[554] Dabei muss die Verweisungsklausel klar und verständlich formuliert sein, zugleich muss der Adressat das Verweisungsobjekt ohne Zweifel erkennen können.[555] Es ist empfehlenswert, die neue Fassung dem Arbeitnehmer zugänglich zu offenbaren und die Kenntnisnahme von diesem bestätigen zu lassen.[556] Der Arbeitgeber soll eine Änderung der Klausel rechtzeitig dem Arbeitnehmer kommunizieren.[557]

---

549 Diehn, NZA 2004, 129, 134; Stoffels, AGB-Recht, Rn. 332.

550 Köstner, S. 104.

551 BGH, vom 22. 1. 2004 – VII ZR 419/02, NJW 2004, 1597; BGH, vom 3. 3. 2004 – VIII ZR 153/03, NZM 2004, 379; BAG, vom 31. 8. 2005 – 5 AZR 545/04, NZA 2006, 324, 328; Thüsing, AGB-Kontrolle, Rn. 103.

552 Mengel/Hagemeister, BB 2007, 1386, 1391.

553 Thüsing/Lambrich, NZA 2002, 1361, 1364; Schröder/Schreier, BB 2010, 2565, 2567; Mengel/Hagemeister, BB 2007, 1386, 1391; Schulz, S. 93.

554 Stoffels, AGB-Recht, Rn.573; Wagner, S. 65; Köstner, S. 104.

555 Schreiber, NZA-RR 2010, 617, 619; Preis, Der Arbeitsvertrag, II V 40 Rn. 90.

556 Vgl. die statische Verweisung, Schulz, S. 89; Köstner, S. 105.

557 Köstner, S. 107.

4) Inhaltskontrolle nach § 307 Abs. 1 S. 1 BGB

Da die dynamischen Verweisungsklauseln häufig von dem Arbeitgeber einseitig formuliert werden, könnten sie eine unangemessene Benachteiligung im Sinne des § 307 Abs. 1 S. 1 BGB hervorrufen. Im Rahmen der Compliance-Richtlinien beziehen sich die dynamischen Verweisungsklauseln vielmehr auf die Änderung der Verhaltenspflichten.[558] Dabei ist zu hinterfragen, ob die einseitigen formulierten Änderungen der Kontrolle von § 307 Abs. 1 S. 1 BGB unterliegen. Daher ist es erforderlich zu prüfen, ob ein berechtigtes Interesse an schwerwiegenden Änderungsgründen vorliegt.[559] Das Arbeitsverhältnis ist ein Dauerschuldverhältnis, es bedarf einer Reaktion auf die Veränderung während des Vertrags. Es wäre schließlich unmöglich, in der Praxis die Änderung einer Vielzahl von Verträgen durch individuelle Vereinbarungen anzupassen.[560] Insbesondere resultieren Compliance-Richtlinien zum Teil aus geänderten Gesetzen oder Rechtsprechungen, daher besteht die Notwendigkeit, den Arbeitnehmer darüber zu informieren, dass eine Anpassung der Compliance-Richtlinien aufgrund der Rechtsabwicklung und der zunehmenden Compliance-Erwartung erfolgt.[561] Ob die dynamische Verweisungsklausel eine unangemessene Benachteiligung darstellt, bedarf es einer Interessenabwägung. Dabei sind die Interessen von Arbeitnehmer und Arbeitgeber zu beachten. Im Hinblick auf die Arbeitnehmerseite müssen die Rechte und Pflichten so genau wie möglich beschrieben und die Pflichtenverhältnisse ausgewogen gewahrt werden. Auf der Arbeitgeberseite hingegen müssen die Compliance-Richtlinien flexibel und einfach einbezogen und modifiziert werden.[562] Weiterhin sind Anlass, Richtlinien und Grenzen der Ausübung bei der Gestaltung der jeweiligen Verweisungsklausel dem Arbeitnehmer anzuzeigen, sodass der Vertragspartner diese besser erkennen und prüfen kann.[563] Zusätzlich ist zu beachten, dass die dynamische Verweisungsklausel nicht nur erkennbar und vorhersehbar sein muss, sondern auch die Gründe für die Änderung dargelegt werden müssen.[564]

---

558 Gaul/Ludwig, BB 2010, 55, 56; Schreiber, NZA-RR 2010, 617, 619.

559 BGH, vom 21. 12. 1983 – VIII ZR 195/82, NJW 1984, 1182; Schreiber, NZA-RR 2010, 617, 619.

560 Oetker, JZ 2002, 337, 341; auch Diehn, NZA 2004, 129, 134; Thüsing/Lambrich, NZA 2002, 1361, 1364.

561 Schreiber, NZA-RR 2010, 617, 620.

562 Oetker, JZ 2002, 337, 340; Schreiber, NZA-RR 2010, 617, 619.

563 Oetker, JZ 2002, 337, 341; Köstner, S. 107.

564 Vgl. BAG, vom 11. 2. 2009 – 10 AZR 222/08, NZA 2009 428; die Rechtsprechung befasst sich mit der Benachteiligung durch Bezugnahme auf ein einseitiges Regelungswerk des Arbeitgebers, wobei eine Bezugnahmeklausel auf jeweils geltende

IV. Fazit

Aufgrund der Vertragsfreiheit können Compliance-Richtlinien durch vertragliche Vereinbarungen implementiert werden. Im Vergleich zum Direktionsrecht bietet die vertragliche Vereinbarung umfassendere Regelungsbereiche und eine höhere Akzeptanz für beide Vertragspartner an. Compliance-Regelungen, die nicht durch das Direktionsrecht geregelt werden dürfen, können anhand eines Arbeitsvertrags eingeführt werden. Da Compliance-Richtlinien für eine Vielzahl von Verträgen vorformuliert werden, unterliegen sie der AGB-Kontrolle gemäß §§ 305 ff. BGB. Die Anwendung von Compliance-Richtlinien im Vertrag kann sowohl im bestehenden Arbeitsvertrag als auch bei der Neueinstellung von Arbeitnehmern einbezogen werden. Bei jeder Vereinbarung und Änderung bedarf es jedoch einer ausdrücklichen Zustimmung vonseiten des Arbeitnehmers. Somit ist die Implementierung von Compliance-Richtlinien durch einen Arbeitsvertrag im Vergleich zum Direktionsrecht weniger flexibel und stattdessen aufwändiger. Obwohl eine vertragliche Vereinbarung nach § 105 GewO formfrei erfolgt, wird die Schriftform in der Praxis präferiert, damit so die Verpflichtung des Arbeitnehmers nach § 2 Abs. 1 S. 1 nachgewiesen und die Geltung der Richtlinien dokumentiert werden kann.[565]

D. Implementierung von Compliance-Richtlinien durch Änderungskündigung

Als anderweitige Möglichkeit zur Implementierung von Compliance-Richtlinien könnte die Änderungskündigung in Betracht kommen, wenn der Arbeitnehmer sich weigert, arbeitsvertraglichen Regelungen im Rahmen der Compliance-Richtlinien zuzustimmen oder die Änderungsvereinbarung zu unterzeichnen.[566]

Nach § 2 S. 1 KSchG kündigt der Arbeitgeber das Arbeitsverhältnis und bietet dem Arbeitnehmer im Zusammenhang mit der Kündigung die Fortsetzung des

---

Arbeits- und Sozialordnung unter Anwendung des § 308 Nr. 4 BGB die Gründe für die Änderung beschrieben werden müssen. Obwohl Compliance-Richtlinien im Rahmen des § 308 Nr. 4 BGB nicht einschlägig sind und die Gestaltungswirkung auf Compliance-Richtlinien gering ist, besteht die Vermutung, dass das BAG die einseitig dynamische Verweisung auf Compliance-Richtlinien mit Vorbehalt akzeptiert, ausführlich Preis, NZA 2010, 361.

565 Borgmann, NZA 2003, 352, 355.

566 Vgl. Borgmann, NZA 2003, 352, 354; Eisenbeis/Nießen, FS Leinemann 2006, 697, 710; Meyer, NJW 2006, 3605, 3608; Kort, FS Buchner 2009, 477, 481; Mengel/Hagemeister, BB 2007, 1386, 1390; Hohmuth, BB 2014, 3061, 3063.

Arbeitsverhältnisses zu geänderten Arbeitsbedingungen an. Hierbei setzt sich die Änderungskündigung aus zwei Willenserklärungen zusammen,[567] es handelt sich um eine echte Beendigungskündigung mit dem Angebot auf Fortsetzung des Arbeitsvertrags mit geänderten Bedingungen.[568] Mit der Reaktion auf die Änderungskündigung kann der Arbeitnehmer das Änderungsangebot ablehnen oder ohne oder unter dem Vorbehalt annehmen und anschließend mit den Rechtsfolgen, den Vertrag zu beendigen, den Änderungsvertrag abzuschließen, oder den Vorbehalt innerhalb von zwei Wochen zu erklären (§ 2 S. 2 KSchG). Im Falle einer Änderungskündigung gelten die gleichen Wirksamkeitsvoraussetzungen wie bei der normalen Beendigungskündigung.[569] Dabei unterliegt sie formellen Erfordernissen, wie etwa der Schriftform (§ 623 BGB), Anhörung vom Betriebsrat (§ 102 BetrVG), und Zustimmung von speziellen Gesetzen (wie z.B. § 9 MuSchG, § 85 SGB IX). Zusätzlich muss die Änderungskündigung sozial gerechtfertigt sein.[570]

Bei der Einführung von Compliance-Richtlinien ist vor allem die Frage zu klären, ob die Implementierung der Richtlinien durch eine Änderungskündigung sozial gerechtfertigt im Sinne der §§ 2 S. 1, 1 Abs. 1. S. 1 KSchG ist. Zuerst ist abzugrenzen, ob es sich um eine personen-, verhaltens- oder betriebsbedingte Änderungskündigung handelt.[571] Denn bei der Einführung von Compliance-Richtlinien scheiden häufig die personen- und verhaltensbedingte Änderungskündigung aus,[572] stattdessen kommt die betriebsbedingte

567 BAG, vom 17. 5. 2001 – 2 AZR 460/00, NJOZ 2002, 105; BAG, vom 21. 4. 2005 – 2 AZR 132/04, NZA 2005, 1289, 1290.

568 Weber/Ehrich, BB 1996, 2246, 2251; Fischermeier, NZA 2000, 737.

569 Weber/Ehrich, BB 1996, 2246, 2251; Wallner, S.58 ff.; HWK/Molkenbur, § 2 KSchG, Rn. 3; ErfK/Oetker, § 2 KSchG, Rn. 6.

570 Ob die Änderung der Vertragsbedingungen sozial gerechtfertigt sein muss, ist umstritten. Der Ausgangspunkt ist der Schutzgedanke der Änderungskündigung, die nicht dem Beendigungsschutz, sondern der Fortsetzung des geänderten Arbeitsverhältnisses dient. Es herrscht jedoch überwiegend die Ansicht, dass die Änderung sozial gerechtfertigt sein muss. Zum einen ergibt sich der Grund aus dem Wortlaut des § 2 S. 1 KSchG „...dass die Änderung der Arbeitsbedingungen nicht sozial ungerechtfertigt ist." Zum anderen steht die Besonderheit der Änderungskündigung mit geänderten Bedingungen im Vordergrund. Gründe hierfür nennt Hromadka, DB 2002, 1322; Auch Betz, betriebsbedingte Änderungskündigung, S. 30 ff.

571 Sieh die Einzelheit vom Wallner, S. 154 ff.

572 Der Hauptanwendungsbereich des § 2 KSchG ist in der Praxis die betriebsbedingte Änderungskündigung, ErfK/Oetker, § 2 KSchG, Rn. 47; In Compliance-Richtlinien, siehe ausführlich in Wagner, S. 67, 68; Mahnhold, Compliance und Arbeitsrecht,

Änderungskündigung in Betracht, die der Prüfung der Rechtmäßigkeit unterliegt. Hinsichtlich der Wirksamkeit der Änderungskündigung sieht das BAG eine zweistufige Prüfung vor.[573] Auf der ersten Stufe ist zu untersuchen, ob ein Grund für die Vertragsänderung vorliegt. Im Rahmen der betriebsbedingten Änderungskündigung ist der Grund dazu konkreter zu prüfen, ob das Beschäftigungsbedürfnis für den gekündigten Arbeitnehmer zu den bisherigen Vertragsbedingungen entfallen ist.[574] Liegt ein Grund vor, ist auf der zweiten Stufe zu untersuchen, ob der Arbeitgeber sich darauf beschränkt hat, lediglich solche Änderungen vorzuschlagen, die der Arbeitnehmer billigerweise hinnehmen muss.[575] Das BAG hat die zweite Stufe derart konkretisiert, dass nicht nur die allgemeine Billigkeitsprüfung, sondern auch die Verhältnismäßigkeitsprüfung im Vordergrund stehen soll.[576] Hierbei müssen die Änderungen geeignet und erforderlich sein, sodass diese nicht vom bisherigen Inhalt des Arbeitsverhältnisses abweichen.[577]

I. Dringende betriebliche Erfordernisse

Compliance-Richtlinien können durch Änderungskündigung implementiert werden, wenn dies durch dringende betriebliche Erfordernisse bedingt ist, welche einer Weiterbeschäftigung des Arbeitnehmers entgegenstehen.

Da für die betriebsbedingte Änderungskündigung grundsätzlich die gleichen Voraussetzungen wie im Falle der betriebsbedingten Beendigungskündigung

---

S. 219 ff., 225f., denn es fehlt an Fehlverhalten des Arbeitnehmers; zutreffend, Schreiber, NZA-RR 2010, 617, 620; Borgmann, NZA 2003, 352, 354; Mengel, Compliance und Arbeitsrecht, Kap. 1, Rn. 36.

573 BAG, vom 23. 6. 2005 – 2 AZR 642/04, NZA 2006, 92= AP zu § 2 KSchG 1969 Nr. 81; BAG, vom 12. 8. 2010– 2 AZR 945/08, NZA 2011, 460= AP zu § 2 KSchG 1969Nr. 147.

574 BAG, vom 12. 8. 2010 – 2 AZR 945/08, NZA 2010, 460 = AP zu § 2 KSchG 1969 Nr. 147; BAG, vom 29. 9. 2011 – 2 AZR 451/10, NZA- RR 2012, 158 = AP zu § 2 KSchG 1969 Nr. 151.

575 BAG, vom 23. 6. 2005 – 2 AZR 642/04, NZA 2006, 92.

576 BAG, vom 28. 10. 2010 – 2 AZR 688/09, NZA-RR 2011, 155= AP zu § 2 KSchG 1969 Nr. 148; BAG, vom 29. 9. 2011 – 2 AZR 451/10, NZA-RR 2012, 158= AP zu § 2 KSchG 1969 Nr. 151; BAG, vom 5. 6. 2014 – 2 AZR 615/13, NZA 2015, 40 = AP zu § 2 KSchG 1969 Nr. 161.

577 BAG, vom 12. 8. 2010 – 2 AZR 945/08, NZA 2010, 460= AP zu § 2 KSchG 1969 Nr. 147; BAG, vom 29. 9. 2011 – 2 AZR 451/10, NZA-RR 2012,158= AP zu § 2 KSchG 1969 Nr. 151.

gelten,[578] ist hinsichtlich der Wirksamkeit der betriebsbedingten Änderungskündigung zunächst zu prüfen, ob dringende betriebliche Erfordernisse bestehen. Dringende betriebliche Erfordernisse liegen dann vor, wenn ein anerkennenswerter Anlass für die Änderungskündigung besteht. Dies ist dann der Fall, wenn das Weiterbeschäftigungsbedürfnis für den gekündigten Arbeitnehmer zu den bisherigen Vertragsbedingungen entfallen ist.[579] Erforderlich ist hierbei also eine konzeptionelle unternehmerische Entscheidung. Der Anlass zur Änderungskündigung kann auf einer unternehmerischen Entscheidung zur Umstrukturierung des gesamten oder von Teilen eines Betriebs oder einzelner Arbeitsplätze beruhen, von der auch das Anforderungsprofil der im Betrieb nach der Umstrukturierung verbleibenden Arbeitsplätze betroffen sein kann.[580] Der Unternehmer hat die Freiheit, die Unternehmenspolitik zu entscheiden.[581] Die von Art. 12 Abs. 1 GG geschützte Unternehmensentscheidung ist grundsätzlich kontrollfrei und unterliegt keiner Prüfung durch das Arbeitsgericht.[582] Dennoch entsteht ein betriebliches Erfordernis nicht allein und unmittelbar durch bestimmte wirtschaftliche Entwicklungen, sondern aufgrund einer hierdurch veranlassten Organisationsentscheidung des Arbeitgebers (unternehmerische Entscheidung).[583] Eine betriebsbedingte Änderungskündigung setzt keine wirtschaftlichen Nachteile voraus, wobei nicht vom Gericht aus überprüft wird, ob dies wirtschaftlich sinnvoll ist.[584] Stattdessen besteht die Vermutung, dass eine beschlossene und tatsächlich durchgeführte unternehmerische Organisationsentscheidung aus sachlichen Gründen erfolgt. Eine solche Organisationsentscheidung unterliegt im Rahmen eines Kündigungsschutzprozesses der Missbrauchskontrolle.[585] Der Arbeitnehmer trägt zudem die Darlegungs- und Beweislast, wenn die unternehmerische Entscheidung offenbar unsachlich, unvernünftig und willkürlich sei.[586]

---

578 Weber/Ehrich, BB 1996, 2246, 2251; Wallner, S.58 ff.; HWK/Molkenbur, § 2 KSchG, Rn. 3; ErfK/Oetker, § 2 KSchG, Rn. 6.

579 BAG, vom 23. 6. 2005 – 2 AZR 642/04, NZA 2006, 92= AP zu § 2 KSchG 1969 Nr. 81.

580 BAG, vom 23. 6. 2005 – 2 AZR 642/04, NZA 2006, 92= AP zu § 2 KSchG 1969 Nr. 81.

581 ErfK/Oetker, § 1 KSchG, Rn. 239.

582 V. Hoyningen-Huene/Linck, KSchG, § 1, Rn. 717.

583 BAG, vom 7. 7. 2011 – 2 AZR 12/10, NZA 2012, 148; BAG, vom 24. 6. 2004 – 2 AZR 326/03, NZA 2004, 1268; Reuther, RdA 2004, 161, 164.

584 V. Hoyningen-Huene/Linck, KSchG, § 1, Rn. 733; ErfK/Oetker, § 1 KSchG, Rn. 217.

585 BAG, vom 9. 9. 2010 – 2 AZR 493/09, AP zu § 1 KSchG 1969 Betriebsbedingte Kündigung Nr. 185.

586 BAG, vom 17. 6. 1999 – 2 AZR 522/98, NZA 1999, 1095= AP zu § 1 KSchG 1969 Betriebsbedingte Kündigung Nr. 102; BAG, vom 17. 6. 1999 – 2 AZR 141/99, NZA 1999, 1098= AP zu § 1 KSchG 1969 Betriebsbedingte Kündigung Nr. 101; BAG, vom 13.

Die Formulierung der unternehmerischen Entscheidung kann die Einführung von Compliance-Richtlinien miteinschließen. Sofern das Unternehmen die Entscheidung trifft, umfassende Compliance-Richtlinien durchzusetzen, würde sich das Anforderungsprofil der Arbeitsplätze ändern und das Weiterbeschäftigungsbedürfnis zu den bisherigen Arbeitsbedingungen entfallen.[587] Im Zusammenhang mit den Compliance-Richtlinien ist das Motiv hinsichtlich der Änderung der Arbeitsbedingungen zu untersuchen. Eine wirksame Änderungskündigung setzt zudem voraus, dass die neuen Bedingungen zumutbar sind.[588]

Unproblematisch ist, dass der Wunsch nach weltweit einheitlichen Arbeitsbedingungen nicht ausreichend für die Begründung der dringenden betrieblichen Erfordernisse im Sinne des § 1 Abs. 2 KSchG ist.[589] Ein dringend betriebliches Erfordernis ist sofern anzunehmen, wenn sich der Arbeitgeber gesetzlich verpflichtet, Compliance-Richtlinien im Unternehmen einzuführen.[590] Nach Sec. 406 SOX besteht die Verpflichtung für deutsche Unternehmen, die in den USA börsennotiert sind, Ethikrichtlinien zu erlassen.[591] Auch § 33 Abs. 1 Nr. 1 WpHG verpflichtet den Arbeitgeber dazu, entsprechende Maßnahmen für die Compliance-Funktion wahrzunehmen.[592] Im Rahmen von Compliance-Richtlinien genügen die konkreten Auslegungen zu den dringend betrieblichen Erfordernissen nicht, zumal eine Vereinheitlichung der Begründung grundsätzlich nicht möglich erscheint.[593] Denn aus praktikabler Sicht ist die Hinderung an „dringenden betrieblichen Erfordernissen" zu hoch, eine Änderungskündigung kann nur ausgesprochen werden, wenn diese im Interesse des Betriebs tatsächlich erforderlich

---

3. 2008 – 2 AZR 1037/06, NZA 2008, 878= AP zu § 1 KSchG 1969 Betriebsbedingte Kündigung Nr. 176; BAG, vom 23. 6. 2005 – 2 AZR 642/04, NZA 2006, 92; BAG, vom 31. 7. 2014 – 2 AZR 422/13, NZA 2015, 101= AP zu § 1 KSchG 1969 Betriebsbedingte Kündigung Nr. 206; BAG, vom 18. 6. 2015 – 2 AZR 480/14, NZA 2015, 1315.

587 Mahnhold, Compliance und Arbeitsrecht, S. 223; Köstner, S. 111.

588 Borgmann, NZA 2003, 352, 355; Meyer, NJW 2006, 3605, 3608; Mengel, Compliance und Arbeitsrecht, Kap. 1, Rn. 33.

589 Borgmann, NZA 2003, 352, 355; Meyer, NJW 2006, 3605, 3608; Triskatis, S. 87; Schulz, S. 96; Schneider, S. 160.

590 Vgl. Borgmann, NZA 2003, 352, 355.

591 Borgmann, NZA 2003, 352, 355; Meyer, NJW 2006, 3605, 3608; Mengel, Compliance und Arbeitsrecht, Kap. 1. Rn. 36; zutreffend, Schulz, S. 96; Deyhle, S. 67.

592 Kock, MDR 2006, 673; Mengel/Hagemeister, BB 2007, 1386, 1390; Mengel, CCZ 2008, 85, 86; Mengel, Compliance und Arbeitsrecht, Kap. 1. Rn. 36; zutreffend, Schulz, S. 96; Deyhle, S. 67.

593 BAG, vom 1. 7. 1999 – 2 AZR 826/98, NZA 1999, 1336; Borgmann, NZA 2003, 352, 355; Schreiber, NZA-RR 2010, 617, 621.

ist.[594] Hiermit sind andere Faktoren bezüglich betrieblicher Erfordernisse ebenfalls denkbar, sofern es sich um ein dringendes Erfordernis handelt. Ein Verlust der Wettbewerbsfähigkeit auf dem globalen Markt wegen Nichteinhaltung der SOA bei Unternehmen oder bei der amerikanischen Muttergesellschaft könnte etwa ein dringendes betriebliches Erfordernis sein.[595] Ebenfalls besteht ein dringendes betriebliches Erfordernis aus außerbetrieblichen Forderungen, wie z.B. im Falle von Geschäftspartnern, die mit dem Verlust von Aufträgen oder Marktanteilen oder Boykottaktionen drohen würden.[596] Ob der potenzielle Druck vonseiten von Kunden oder Aktionären ein dringendes betriebliches Erfordernis darstellt, muss Dringlichkeit begründet werden. Eine Dringlichkeit ist nicht auf die bloße Vermutung oder Befürchtung, sondern auf ernsthafte Umsatzeinbußen zurückzuführen.[597] Allerdings trägt der Arbeitgeber die Beweislast für die Tatsachen, welche die Wirksamkeit der Änderungskündigung bedingen und auch für die Kausalität zwischen dem Fehlen an Dringlichkeit und den dadurch entstehenden Nachteilen.[598]

II. Ultima-ratio-Grundsatz

Auf der zweiten Stufe gilt es zu überprüfen, ob die Änderung verhältnismäßig und damit nicht vom Inhalt des bisherigen Arbeitsverhältnisses entfernt ist.[599] Im Rahmen der Verhältnismäßigkeitsüberprüfung müssen die Vertragsänderungen geeignet und erforderlich sein, um den Inhalt des Arbeitsvertrags an die geänderten Beschäftigungsmöglichkeiten anzupassen. Diese Voraussetzungen müssen für sämtliche Vertragsänderungen vorliegen.[600]

Die Änderungen sind weiterhin dann geeignet, wenn sie das vom Arbeitgeber vorgegebene Ziel erreichen können. In der Praxis ist die Überprüfung der Geeignetheit selten von Bedeutung, denn aufgrund einer auf der unternehmerischen Entscheidung basierende Änderung wird eine Absprache hinsichtlich der

594 Vgl. Schneider, S. 160.
595 Vgl. Eisenbeis/Nießen, FS Leinemann, 697, 710; Schulz, S, 97.
596 Schulz, S, 97; Schreiber, NZA-RR 2010, 617, 621.
597 Triskatis, S. 87, analog mit der Begründung der „Kopftuch-Entscheidung“, BAG, vom 10. 10. 2002 – 2 AZR 472/01, NZA 2003, 483 = AP zu KSchG 1969 § 1 Verhaltensbedingte Kündigung Nr. 44.
598 ErfK/Oetker, § 2 KSchG, Rn. 75; v. Hoyningen-Huene/Linck, KSchG, § 1, Rn. 1125ff.; Eisenbeis/Nießen, FS Leinemann, 697, 710; Schneider, S. 161.
599 Weber/Ehrich, BB 1996, 2246, 2251; Wallner, S. 58 ff.; HWK/Molkenbur, § 2 KSchG, Rn. 3; ErfK/Oetker, § 2 KSchG, Rn. 6.
600 BAG, vom 29. 3. 2007 – 2 AZR 31/06, NZA 2007, 855= AP zu § 2 KSchG 1969 Nr. 131.

Eignung der Zielerreichung nicht vorgenommen.[601] Im Wesentlichen reduziert sich die Verhältnismäßigkeitsprüfung auf die Überprüfung der Erforderlichkeit der Änderung.[602] Die Änderungskündigung ist dann erforderlich, wenn das vom Arbeitgeber angestrebte Ziel nicht auch mit einer den Arbeitnehmer weniger belastenden Maßnahme zu erreichen sei.[603] Die Kündigung kann also stets nur ultima-ratio sein.[604] Bei der Änderungskündigung muss zudem der Arbeitgeber prüfen, ob ein milderes Mittel zur Umsetzung der neuen Arbeitsbedingungen vorliegt, um das unternehmerische Ziel zu erreichen. Demgegenüber gilt eine Änderungskündigung als „überflüssig", sofern die Änderung der Arbeitsbedingungen auf einfacherem Weg realisiert werden kann.[605] Da sich das Direktionsrecht des Arbeitgebers auch auf die Änderung der Arbeitsbedingungen beziehen kann, stellt sich damit die Frage, ob das Direktionsrecht als milderes Mittel gegenüber der Änderungskündigung angesehen werden kann, oder ob die Änderungskündigung „überflüssig" ist, soweit die Änderung der Arbeitsbedingungen durch das Direktionsrecht herbeigeführt werden kann.

Zuerst sind das Direktionsrecht und die Änderungskündigung voneinander abzugrenzen. Theoretisch geht es beim Direktionsrecht um die Konkretisierung der Pflichten des Arbeitsvertrags. Im Rahmen des Arbeitsvertrags kann der Arbeitgeber einseitig sowohl die bestehenden Pflichten näher bestimmen als auch die umschriebenen Pflichten ändern.[606] Die Erweiterung oder Änderung der Pflichten kann sich nur aus Arbeitsvertrag, Tarifvertrag sowie Betriebsvereinbarung ergeben. Gegenüber dem Direktionsrecht zielt die Änderungskündigung auf die Fortsetzung des Arbeitsverhältnisses mit geänderten Bedingungen ab, dann können die bestehenden Pflichten durch Änderungskündigung erweitert den geändert werden. Jedoch ist diese Abgrenzung in der Praxis sehr schwierig, insbesondere im Fall der einseitigen Änderung einer einzelnen Arbeitsbedingung,

---

601 Herbert/Oberrath, NJW 2008, 3177, 3181.

602 V. Hoyningen-Huene/Linck, KSchG, § 1, Rn. 759.

603 Herbert/Oberrath, NJW 2008, 3177, 3181.

604 BAG, vom 27. 9. 1984 – 2 AZR 62/83, NZA 1985, 455= AP zu § 2 KSchG 1969 Nr. 8; BAG, vom 15. 12. 1994 – 2 AZR 320/94, NZA 1995, 413 = AP zu § 1 KSchG 1969 Betriebsbedingte Kündigung Nr. 66; BAG, vom 3. 4. 2008 – 2 AZR 500/06, NZA 2008, 812 = AP zu § 2 KSchG 1969 Nr. 137; v.Hoyningen-Huene/Linck, KSchG, § 1, Rn. 201; ErfK/Oetker, § 1 KSchG, Rn. 74.

605 In der Literatur ist von einer „überflüssigen Änderungskündigung" die Rede. Benecke, NZA 2005, 1092; Hunold, NZA 2008, 860; Hromadka, DB 2002, 1322; Hromadka, NZA 2008, 1338; Hromadka, NZA 2012, 896; Berkowsky, NZA 1999, 293; Berkowsky, NZA-Beil. 2010, 50; Sagan/Witchen/Reuter, NZA 2013, 935; Preis, NZA 2015, 1.

606 Hromadka, DB 1995, 1609.

wie z.B. durch die Versetzungsklausel.[607] Bei der Einführung von Compliance Richtlinien geht es vielmehr um die Nebenpflichten der Arbeitnehmer, dabei sind die Regelungen aus der generellen Klausel im Sinne des § 241 Abs. 2 BGB anstelle der gesetzlichen Regelung hergeleitet. In diesem Fall wird besonders erörtert, ob die Änderungskündigung durch das einseitige Leistungsbestimmungsrecht ausscheidet.

Nach der ständigen Rechtsprechung legt das BAG den Schwerpunkt auf die Reaktion des Arbeitnehmers. Nimmt der Arbeitnehmer das Ändergungsangebot ohne Vorbehalt nicht an, ist eine „überflüssige" Änderungskündigung unwirksam, weil durch den Ausspruch der Änderungskündigung das bestehende Arbeitsverhältnis gefährdet wird. Vor diesem Hintergrund ist die Änderungskündigung wegen Unverhältnismäßigkeit nicht erforderlich und damit „überflüssig". Demgegenüber ist das Direktionsrecht das mildere Mittel, soweit keine Bestandsgefährdung davon ausgegangen ist.[608] Demgegenüber führt eine „überflüssige" Änderungskündigung nicht zur Unwirksamkeit, wenn der Arbeitnehmer das Änderungsangebot unter Vorbehalt angenommen hat, denn die Änderungskündigung nicht gegen den Grundsatz der Verhältnismäßigkeit verstößt. Bei der Änderungsschutzklage nach § 2 KSchG handelt sich es nicht um den Bestand des Arbeitsverhältnisses, sondern um den Inhaltsschutz. Die unter Vorbehalt angenommene Änderungskündigung stellt die gleichen Arbeitsbedingungen wie eine entsprechende Weisung aufgrund des Direktionsrechts des Arbeitgebers. Aus dem Gesichtspunkt der Verhältnismäßigkeit führt eine Änderung von Arbeitsbedingungen durch Direktionsrecht nicht zur Unwirksamkeit der Änderung der Arbeitsbedingungen per Änderungskündigung mit der Annahme des verbundenen Angebots unter Vorbehalt. Denn aus diesem ergibt sich keine Bestandsgefährdung.[609] In der jüngeren Entscheidung hat der BAG seine Ansicht noch nicht aufgegeben, dass eine überflüssige Änderungskündigung nicht verhältnismäßig und somit unwirksam sei, wenn die Änderung der Arbeitsbedingung durch das Direktionsrecht umgesetzt wird.[610]

---

607 Junker, Arbeitsrecht, Rn. 208; HWK/Molkenbur, § 2 KSchG, Rn. 22; Hromadka, DB 2002, 1322, 1323.

608 BAG, vom 24. 6. 2004 – 8 AZR 22/03, NZA 2005, 656; BAG, vom 9. 2. 1989 – 6 AZR 16/87, BeckRS 1989, 30729841; BAG, vom 21. 1. 1988 – 2 AZR 533/87, BeckRS 1988, 30724671; BAG, vom 28. 4. 1982 – 7 AZR 1139/79, NJW 1982, 2687.

609 BAG, vom 26. 1. 1995 – 2 AZR 371/94, NZA 1995, 626; BAG, vom 9. 7. 1997 – 4 AZR 635/95, NZA 1998, 494; BAG, vom 28. 8. 2004 – 1 AZR 419/03, NZA 2005, 51.

610 BAG, vom 6. 9. 2007 – 2 AZR 368/06, NZA-RR 2008, 291, 292 = AP zu § 2 KSchG 1969 Nr. 135.

Darüber hinaus haben die oben genannten Rechtsprechungen die Problematik im Bezug auf die Änderungskündigung ausschließlich auf die Prüfung der Erforderlichkeit eingeschränkt, wonach die Abgrenzung von Direktionsrecht und Änderungskündigung in diesem Rahmen so erörtert wird, dass das Direktionsrecht als milderes Mittel anzusehen ist. In den jüngsten Rechtsprechungen hat das BAG das Verhältnis zwischen Direktionsrecht und Änderungskündigung nicht im Rahmen der Erforderlichkeit, sondern im Rahmen der allgemeinen sozialen Rechtfertigung bestätigt. Vom Arbeitgeber erstrebte Änderungen, die sich bereits durch die Ausübung des Weisungsrechts nach § 106 S. 1 GewO durchsetzen lassen, halten sich im Rahmen der vertraglichen Vereinbarungen und sind keine „Änderung der Arbeitsbedingungen" im Sinne von § 2 S. 1, § 4 S. 2 KSchG.[611] In diesem Sinne gilt das Verhältnis zwischen Direktionsrecht und Änderungskündigung als exklusiv.[612] In diesem Zusammenhang ist davon auszugehen, dass die Implementierung von Compliance-Richtlinien durch Änderungskündigung nicht in Betracht kommt, soweit sie vom Direktionsrecht umfasst ist. Die Änderungskündigung ist somit überflüssig. Nach umstrittener Ansicht kann eine unwirksame Änderungskündigung kann auch in die Ausübung des Direktionsrechts umgedeutet werden.[613]

III. Fazit

Eine Änderungskündigung repräsentiert ein anderes Instrument zur Einführung von Compliance-Richtlinien. Es steht dem Arbeitgeber die Möglichkeit zu, eine Änderung der Arbeitsbedingung ohne die Zustimmung des Arbeitnehmers zu gestalten. Im Vergleich zum Direktionsrecht kann der Arbeitgeber die Änderungen der Arbeitsbedingungen erweitern oder einschränken. Zudem handelt es sich bei Änderungskündigung vielmehr um ein Druckmittel, denn mit der Änderungskündigung wird viel psychologischer Druck auf den Arbeitnehmer ausgeübt, wodurch wiederum das Betriebsklima eine Beeinträchtigung erfahren kann.[614]. Damit sind die Anforderungen für die Prüfungsmaßstäbe derart hoch, dass eine

611 BAG, vom 17. 12. 2015 – 2 AZR 304/15, NZA 2016, 568; BAG, vom 28. 8. 2013 – 10 AZR 569/12, NZA-RR 2014, 181; BAG, vom 19.7.2012 – 2 AZR 25/11, NZA 2012, 1038; BAG, vom 26. 1. 2012 – 2 AZR 102/11, NZA 2012, 856.

612 Hromadka, NZA 2008, 1338, 1339.

613 LAG Berlin, vom 29. 11. 1999 – 9 Sa 1277/99, NZA-RR 2000, 131; Hromadka, NZA 2008, 1338, 1340; HWK/Molkenbur, § 2 KSchG, Rn. 27; Hunold, NZA 2008, 860, 862; Deyhle, S. 241 f.; a. A. Berkowsky, NZA-Beil. 2 2010, 50. 58; Reuter/Sagan/Witsche, NZA 2013, 935, 940; ErfK/Oetker, § 2 KSchG, Rn.14a.

614 Triskatis, S. 90; Schulz, S. 309.

Änderungskündigung sozial gerechtfertigt sein muss. Sofern eine Klausel den Anforderungen nicht gerecht wird, ist die gesamte Änderungskündigung als unwirksam aufzufassen.[615] In diesem Sinne wird die Erforderlichkeit geprüft, ob das Direktionsrecht als milderes Mittel gegenüber der Änderungskündigung angesehen werden kann. Nach der Abgrenzung von Direktionsrecht und Änderungskündigung sowie der Rechtsprechung ist eine Änderungskündigung wegen der Umsetzbarkeit des Direktionsrechts „überflüssig" und somit unwirksam. Dabei sind die Compliance-Richtlinien jedoch nicht einfach durch eine Änderungskündigung durchzusetzen. Die Compliance-Richtlinien sind nur per Änderungskündigung einzuführen, wenn sie nicht vom Direktionsrecht umfasst ist. Deshalb ist die Einführung von Compliance-Richtlinien anhand einer Änderungskündigung zwar möglich, allerdings nicht gangbar.[616] Stattdessen ist die Durchführung von Compliance-Richtlinien durch das flexible Direktionsrecht eher ratsam.[617]

E. Implementierung von Compliance-Richtlinien durch betriebliche Übung

Des Weiteren ist es auch denkbar, Compliance-Richtlinien als betriebliche Übung im Arbeitsverhältnis einzuführen, damit der Arbeitnehmer einen Anspruch auf die Fortsetzung der bisherigen Compliance-Richtlinien haben könnte. Unter der betrieblichen Übung ist die regelmäßige Wiederholung bestimmter Verhaltensweisen des Arbeitgebers zu verstehen, wobei ein konkreter Verpflichtungswille abgeleitet und dem Arbeitnehmer eine Leistung oder Vergünstigung auf Dauer gewährt werden kann.[618] Im Ergebnis sei betriebliche Übung ein Anwendungsfall konkludenter Vertragsbindung,[619] entscheidend ist hierbei die Gewährung für die Bindung in der Zukunft.[620] Fraglich ist allerdings, unter welchen Voraussetzungen eine solche Rechtsbindung entsteht. Trotz unterschiedlicher rechtlicher Begründungen[621] ist es anerkannt, dass eine

615 Mengel, Compliance und Arbeitsrecht, Kap. 1, Rn. 36.

616 Kort, FS Buchner, 477, 481.

617 Müller-Bonnani/Sagan, BB-Special 5 2008, 28, 30.

618 BAG, vom 16. 4. 1997 - 10 AZR 705/96, NZA 1998, 423; BAG, vom 26. 9. 2008- 5 AZR 808/06, NZA 2008, 179; ErfK/Preis, § 611 BGB, Rn. 220.

619 Preis, NZA 2009, 281, 288.

620 Waltermann, Arbeitsrecht, Rn. 97.

621 Zur Begründung sind viele Theorien entwickelt worden, gegenwärtig liegt die Vertragstheorie mit der Vertrauenshaftungstheorie im Streit, ausführlich Hromadka/Maschmann, Arbeitsrecht Band 1, § 5, Rn. 183ff.

dreimalig vorbehaltlose Gewährung zu einer Verbindlichkeit führt.[622] Die betriebliche Übung sei eher ein Mittel der nachträglich richterlichen Bewertung, um die als ungerecht empfundenen Ergebnisse, nach langjährig einstudierten Übungen, im Nachhinein vorzubeugen.[623] Nach der Ansicht des BAG kann eine betriebliche Übung als Vertragsangebot angesehen werden und schriftformlos sowie stillschweigend erfolgen.[624] Dabei muss der Inhalt jedoch bestimmt und wiederholbar sein.

Vor diesem Hintergrund stellt sich die Frage, ob Compliance-Richtlinien als eine betriebliche Übung eingeführt werden können. Compliance-Richtlinien betreffen die Verhaltensweisen der Mitarbeiter im Unternehmen, die sich nicht nur auf die Vergünstigung, sondern auch auf die Verpflichtung des Arbeitnehmers beziehen. Demgegenüber soll die betriebliche Übung dem Arbeitnehmer eine Vergünstigung auf Dauer gewähren, dabei entsprechen Compliance-Richtlinien nicht dem Wesen der betrieblichen Übung. Zudem fehlt es im Bereich der Compliance-Richtlinien an hinreichender Bestimmtheit, denn die Art, das Ausmaß und die Dauer des Verhaltens sind nicht bestimmt und regelmäßig gegeben.[625] Außerdem können die Arbeitnehmer sich in ihrer Verhaltensweise unterscheiden und zum Teil, ganz oder gar nicht nach den jeweiligen Compliance-Richtlinien verhalten.[626] Darüber hinaus ist ein bloßes Schweigen zum Erlass von Compliance-Richtlinien nicht begründbar, weil das Erfordernis zur Annahmeerklärung[627] oder die Schutzwürdigkeit des Vertrauens[628] auf der Arbeitnehmerseite fehlt. Demnach ist die Implementierung von Compliance-Richtlinien durch betriebliche Übung wegen der Verpflichtung sowie der Unbestimmtheit und Zufälligkeit also ungeeignet.

F. Implementierung von Compliance-Richtlinien durch Tarifvertrag

Eine andere Möglichkeit zur Einführung von Compliance-Richtlinien kann anhand eines Tarifvertrags, welcher der Wahrung und Förderung der Arbeits- und

622 BAG, vom 5. 8. 2009 – 10 AZR 483/08, NZA 2009, 1105; BAG, vom 1. 4. 2009 – 10 AZR 393/08, AP zu § 242 BGB betriebliche Übung Nr. 84.

623 Waltermann, Arbeitsrecht, Rn. 97.

624 BAG, vom 24. 6. 2003 – 9 AZR 302/02, NZA 2003, 1145.

625 Bloesinger, BB 2007, 2177, 2179; Wagner, S. 52.

626 Wagner, S. 52.

627 Nach Vertragstheorie, ErfK/Preis, § 611 BGB, Rn. 225a.

628 Nach Vertrauenshaftungstheorie, ErfK/Preis, § 611 BGB, Rn. 220a, 225a.

Wirtschaftsbedingungen dient, erfolgen. Auf diese Weise können Compliance-Richtlinien ohne die Beteiligung des einzelnen Arbeitnehmers im Unternehmen verankert werden. Um darzulegen, ob Compliance-Richtlinien per Tarifvertrag einführbar sind, sollen im Folgenden zunächst der Inhalt und die Grenzen des Tarifvertrags aufgezeigt werden.

I. Inhalt und Geltung des Tarifvertrags

Nach § 1 Abs. 1 TVG regelt der Tarifvertrag die Rechte und Pflichten der Tarifparteien und enthält Rechtsnormen, die den Inhalt, den Abschluss und die Beendigung von Arbeitsverhältnissen sowie betriebliche und betriebsverfassungsrechtliche Fragen ordnen können. Nach § 1 Abs. 1 TVG weist der Tarifvertrag eine Doppelnatur auf, nämlich einerseits den schuldrechtlichen Teil, in dem die Rechtsbeziehungen der Tarifvertragsparteien zueinander geregelt sind und andererseits den normativen Teil, der Rechtsnormen für die Arbeitsverhältnisse zwischen dem Arbeitnehmer und dem Arbeitgeber enthält, die an den Tarifvertrag gebunden sind.[629] Aus der Formulierung des normativen Teils des § 1 Abs. 1 TVG kann der Tarifvertrag sowohl Inhaltsnormen als auch Betriebsnormen umfassen. Zu den Inhaltsnormen gehören sämtliche Rechte sowie Pflichten des Arbeitsverhältnisses inklusive der Nebenpflichten.[630] Bei den Betriebsnormen hingegen geht es um das betriebliche Rechtsverhältnis zwischen dem Arbeitgeber und allen Arbeitnehmern in ihrer Gesamtheit.[631] Daher kann der Gegenstand des Tarifvertrags alles sein. Mit Blick auf den umfassenden Inhalt haben die Tarifnormen eine unterschiedliche Geltung. So gelten die Inhaltsnormen nur zwischen den beiderseits Tarifgebundenen im Sinne des § 1 Abs. 1 mit § 4 Abs. 1 S. 1 TVG normativ, für Außenseiter wird eine Geltung hingegen nicht herbeigeführt.[632] Demgegenüber finden die Betriebsnormen eine einheitliche Geltung nach § 3 Abs. 2 TVG, solange der Arbeitgeber tarifgebunden ist.

Compliance-Richtlinien enthalten umfassende Regelungen, welche auch Inhaltsnormen und Betriebsnormen betreffen. Dabei sind die Inhalte der tariflichen Regelung zugänglich, sodass eine Einführung von Compliance-Richtlinien

---

629 ErfK/Franzen, § 1 TVG, Rn. 19; Hromadka/Maschmann, Arbeitsrecht Band 2, § 13 Rn. 2.

630 Löwisch/Rieble, TVG § 1 Rn. 277.

631 Löwisch/Rieble, TVG § 1 Rn. 163; ErfK/Franzen, § 1 TVG, Rn. 45.

632 Schaub-ArbRHbB/Treber, § 201, Rn. 1; Hromadka/Maschmann, Arbeitsrecht Band 2, § 13, Rn. 2.

per Tarifvertrag denkbar ist. Zur Einführung von Compliance-Richtlinien ist der schuldrechtliche Teil des Tarifvertrags aus der Formulierung von § 1 Abs. 1 TVG nicht geeignet, stattdessen kommt dann der normative Teil des Tarifvertrags in Betracht. Grundsätzlich setzen Compliance-Richtlinien eine einheitliche Geltung für alle Beschäftigten im Unternehmen voraus.[633] Daher wird eine Geltung auch für Außenseiter im Unternehmen, die nicht tarifgebunden sind, gefordert. Während Inhaltsnormen nur zwischen den Tarifparteien normativ wirken, können die Betriebsnormen sich nach § 3 Abs. 2 TVG unmittelbar auf alle Arbeitnehmer im Unternehmen erstrecken. In diesem Zusammenhang soll überprüft werden, ob die Regelungen innerhalb der Compliance-Richtlinien in die Betriebsnormen eingeordnet werden können.

In den Betriebsnormen sind sowohl betriebliche als auch betriebsverfassungsrechtliche Fragen enthalten. Sie betreffen Arbeitsbedingungen, die aus dem Betrieb als organisatorische Einheit resultieren.[634] Die Betriebsnormen orientieren sich dabei an Fragestellungen, die unmittelbar die Organisation und Gestaltung des Betriebs, also die Betriebsmittel und die Belegschaft betreffen.[635] Hiermit können die Compliance-Richtlinien die Regelungen über betriebliche Ordnung sowie den Umgang mit Betriebsmitteln vorsehen. Denn unter den Regelungen können etwa das Rauchverbot, der Arbeitsschutz sowie der Umgang mit Unternehmenseigentum fallen, die sich auf die Arbeitnehmer untereinander und damit den betrieblichen Bereich beziehen.[636] Durch die Inhalte der Compliance-Richtlinien wird ein einheitliches ethisch-moralisches Erscheinungsbild hervorgehoben.[637] Wenn die Compliance-Richtlinien nur für die tarifgebundenen Arbeitnehmer gelten, würde dieses Bild nicht gewährleitet.[638] In diesem Sinne sollten Compliance-Richtlinien den Betriebsnormen zurechnet werden. Demgegenüber wäre es auch möglich, dass unabhängig von der Einordnung als Betriebsnormen die Compliance-Richtlinien durch Bezugnahmeklauseln auf Tarifverträge verwiesen werden. Hierdurch haben die Compliance-Richtlinien auch für nicht organisierten Arbeitnehmer Geltung.[639]

---

633 Triskatis, S. 92; Schneider, S. 174.

634 BAG, vom 27. 6. 1995 – 1 ABR 62/94, NZA 1996, 164; Löwisch/Rieble, § 1 TVG, Rn. 401.

635 BAG, vom 26. 1. 2011 – 4 AZR 159/09, NZA 2011, 808.

636 Vgl. Schneider, S. 176; Triskatis, S. 94; sowie Deyhle, S. 117.

637 BAG, vom 22. 7. 2008 – 1 ABR 40/07, NZA 2008, 1248.

638 Schreiber, NZA-RR 2010, 617, 622.

639 Schreiber, NZA-RR 2010, 617, 623.

II. Grenzen der tariflichen Regelungsbefugnis

Als Grundlage der Koalitionsfreiheit gewährleistet Art. 9 Abs. 3 GG die Tarifautonomie. Zur Wahrung sowie Förderung von Arbeits- und Wirtschaftsbedingungen verfügen die Tarifvertragsparteien über eine umfassende Gestaltungsmacht. In diesem Rahmen können die Tarifvertragsparteien sämtliche Sachverhalte gestalten, wobei die Normengestaltung durch die normative Wirkung der Tarifregelung nach § 4 Abs. 1 TVG und der Vorrang des Tarifvertrags vor der Betriebsvereinbarung nach § 77 Abs. 3 BetrVG sichergestellt werden.[640] Des Weiteren müssen die Tarifvertragsparteien bei der Normensetzung zwingende höherrangige Rechte beachten.[641] Nach heutiger Auffassung wird die Tarifautonomie eher als kollektive Privatautonomie verstanden,[642] dabei sind die Tarifvertragsparteien wie die Arbeitsvertragsparteien nicht unmittelbar an die Grundrechte gebunden.[643] Sie haben stattdessen die mittelbare Drittwirkung der Grundrechte zu berücksichtigen. Gleichwohl müssen sie auch Europäische Rechte, das Richterrecht sowie die geltenden Gesetze berücksichtigen.[644] Aufgrund des § 310 Abs. 4 BGB sind die Tarifverträge von der AGB-Kontrolle im Sinne der §§ 305 ff. BGB ausgeschlossen, da zwischen den Tarifvertragsparteien die umfassende Möglichkeit vorliegt, die Vertragsbedingungen gleichberechtigt auszuhandeln und damit der Sachgrund für die Kontrolle fehlt.[645]

---

640 ErfK/Franzen, § 1 TVG, Rn. 5.

641 Löwisch/Rieble, TVG Grundlagen, Rn. 171ff. und § 1 Rn. 587ff.

642 Die Grundrechtsbindung des Tarifvertrags ist umstritten. Ausführlich, siehe Bayreuther, Tarifautonomie, S. 169 ff.; auch vgl. mit Burkiczak, RdA 2007, 17; Gornik NZA 2012, 1399. Bei früheren Rechtsprechungen wurden die Tarifvertragsparteien als Grundrechtsadressaten angesehen, die unmittelbar an die Grundrechte gebunden seien, dazu BAG, vom 15. 1. 1955 – 1 AZR 305/54, AP zu Art. 3 GG Nr. 4. Dagegen ist die Auffassung zu vertreten, dass die Tarifvertragsparteien Grundrechtsträger sind und die Tarifautonomie als die Privatautonomie verstanden wird. Dabei kommt eine mittelbare Grundrechtsbindung für die Tarifparteien in Betracht, so etwa BAG, vom 25. 2. 1998 – 7 AZR 641/96, AP zu § 1 TVG: Luftfahrt Nr. 11= NZA 1998, 715; BAG, vom 11. 3. 1998 – 7 AZR 700/96, AP zu § 1 TVG: Luftfahrt Nr. 12= NZA 1998, 716; BAG, vom 27. 5. 2004 – 6 AZR 129/03, NZA 2004, 1399; BAG, vom 12. 10. 2004 – 3 AZR 571/03, NZA 2005, 1127; BAG, vom 22. 12. 2009 – 3 AZR 895/07, NZA 2010, 521; auch ErfK/Schmidt, GG Einleitung, Rn. 20, 46 ff.; ErfK/Linsenmaier, GG Art. 9 Rn. 77ff.; Löwisch/Rieble, TVG § 1, Rn. 663.

643 Löwisch/Rieble, § 1 TVG, Rn. 663; ErfK/Franzen, § 1 TVG, Rn. 11; Kempen/Zachert, TVG Einleitung, Rn. 270.

644 Löwisch/Rieble, TVG Grundlagen, Rn. 171ff.

645 Löwisch/Rieble, TVG Grundlagen, Rn. 177.

III. Bewertung und Fazit

Die bislang dargestellten Inhalte zeigen, dass eine Einführung von Compliance-Richtlinien möglich ist. Anhand umfangreicher Regelungsinhalte sowie der unmittelbaren Geltung weist der Tarifvertrag einen Vorteil auf. Im Vergleich zu anderen Implementierungsmöglichkeiten von Compliance-Richtlinien unterliegen die durch den Tarifvertrag eingeführten Compliance-Regelungen einer geringeren Kontrolle. Die AGB-Kontrolle nach §§ 305 ff. BGB sowie die Abgrenzungsschwierigkeit bei der Mitbestimmung des Betriebsrats finden sich nicht im Tarifvertrag. Weiterhin können die Compliance-Richtlinien eine einheitliche Geltung finden, wenn sie in Betriebsnormen eingeordnet werden. Jedoch kommen auch die Nachteile bei der Implementierung von Compliance-Richtlinien durch den Tarifvertrag in Betracht. Zwar ist eine einheitliche Geltung für Außenseiter anhand von Bezugnahmeklauseln im Arbeitsverhältnis möglich, dies könnte jedoch dem Willen der Außenseiter entgegenstehen, wodurch eine negative Koalitionsfreiheit die Folge sein könnte,[646] und dabei eine einheitliche Geltung am Widerstand der Außenseiter zu scheitern drohen würde.[647] Darüber hinaus bedarf es einer Beteiligung der Gewerkschaft bei der Ausgestaltung tarifvertraglicher Compliance-Richtlinien, wobei die Tarifvereinbarung weniger flexibel als andere Implementierungsmöglichkeiten ist.[648] Für große Unternehmen, die mehrere Tarifverträge abzuschließen haben, ist es schwieriger, eine einheitliche Geltung für Compliance-Richtlinien zu realisieren.

Im Ergebnis scheint es, dass die Einführung von Compliance-Richtlinien durch den Tarifvertrag theoretisch zwar möglich wäre, aber aufgrund der zuvor genannten Aspekte dieses Instrument in der Praxis von geringerer Bedeutung ist.[649]

G. Implementierung von Compliance-Richtlinien durch Betriebsvereinbarung

Sofern im Unternehmen ein Betriebsrat existiert, könnte der Arbeitgeber die Compliance-Richtlinien durch eine Betriebsvereinbarung einführen.

646 Löwisch/Rieble, § 1 TVG, Rn. 686.

647 Köstner, S. 117; Wagner, S. 78.

648 Triskatis, S. 95.

649 Schreiber, NZA-RR 2010, 617, 621; Vgl. Einsenbeis/Nießen, FS Leinemann, S. 697, 711; Köstner, S. 116; Wagner, S. 78; auch Deyhle, S. 118.

Die Betriebsvereinbarung ist ein privatrechtlicher Normvertrag zwischen Betriebsrat sowie Arbeitgeber[650] und gilt unmittelbar und zwingend für die Arbeitsvertragsparteien. Im Vergleich zu den einzelnen vertraglichen Regelungen befassen sich die Betriebsvereinbarungen mit einheitlichen Arbeitsbedingungen für die Arbeitnehmer im Unternehmen. Würden Compliance-Richtlinien anhand einer Betriebsvereinbarung gestaltet, können sie betriebsweit eingeführt werden, sodass eine höhere Akzeptanz innerhalb der Belegschaft möglich wäre.[651] Die Betriebsvereinbarung richtet sich nur an den Arbeitnehmer im Sinne des § 5 Abs. 1 BetrVG und findet keine Anwendung bei den Arbeitnehmern gemäß § 5 Abs. 2 BetrVG sowie den leitenden Angestellten nach § 5 Abs. 3 BetrVG. Für die leitenden Angestellten kann der Arbeitgeber mit dem Sprecherausschuss eine zwingende Richtlinie über Inhalt, Abschluss oder Beendigung des Arbeitsverhältnisses nach § 28 Abs. 1 SprAuG abschließen.[652] Im Rahmen einer Betriebsvereinbarung sind zudem die inhaltlichen sowie rechtlichen Grenzen zu berücksichtigen. Hinzu kommen vor allem der Umfang und die Reichweite der Regelungsbefugnis in Betracht.

Sofern die Betriebsparteien eine Betriebsvereinbarung, insbesondere jedoch Compliance-Regelungen, abschließen, ist zu überprüfen, welche Klauseln von der Kompetenz der Betriebsparteien umfasst sind und welchen Grenzen die Klauseln bei der Einführung von Compliance-Richtlinien gegenüberstehen.

I. Regelungsbefugnis der Betriebsparteien

Das BetrVG enthält keine ausdrückliche Regelung über den Inhalt von Betriebsvereinbarungen. Grundsätzlich kommt eine umfassende Regelungskompetenz der Betriebsparteien unter Beachtung der Grenzen des § 77 Abs. 3 BetrVG und § 87 Abs. 1 BetrVG hinzu, sodass alle betrieblichen und betriebsverfassungsrechtlichen Regelungen sowie auch normative Regelungen über Inhalt, Abschluss und Beendigung von Arbeitsverhältnissen Gegenstand der Betriebsvereinbarung sein können.[653] Dabei kann der Gegenstand einer Betriebsvereinbarung wie im

650 Richardi/Bayreuther, Kollektives Arbeitsrecht, S. 285.

651 Borgmann, NZA 2003, 352, 355; Eisenbeis/Nießen, FS Leinemann, 697, 712; Mengel, CCZ 2008, 85, 87; Mengel, Compliance und Arbeitsrecht, Kap. 1, Rn. 50; Mengel/Hagemeister, BB 2007, 1386, 1391; Meyer, NJW 2006, 3605,3609.

652 Kock, MDR 2006, 673.

653 BAG, vom 7. 11. 1989 – GS 3/85, NZA 1990, 816; BAG, vom 19. 10. 2005 – 7 AZR 32/05, NZA 2006, 393; ErfK/Kania, § 77 BetrVG, Rn. 36; Fitting, § 77 BetrVG, Rn. 45; GK-BetrVG/Kreutz, Rn. 89 ff.; Richardi/Richardi, § 77 BetrVG, Rn. 67.

Falle des Tarifvertrags alles sein.[654] Die Betriebsvereinbarung behandelt zudem sowohl materielle als auch formelle Arbeitsbedingungen.[655] Es ist unabhängig davon, ob die Regelung mitbestimmungspflichtig ist.[656]

In dieser Folge kann eine Betriebsvereinbarung die Compliance-Richtlinien zum Gegenstand machen. Im Hinblick auf die Compliance-Richtlinien ist die Frage von zentraler Bedeutung, ob das außerbetriebliche Verhalten des Arbeitnehmers von der Regelungsbefugnis der Betriebsparteien umfasst sein kann. Die Regelungsbefugnis erstreckt sich ausschließlich auf das Verhalten und die Ordnung im Betrieb. Dabei sind die Betriebsparteien nicht berechtigt, in das außerbetriebliche Verhalten oder Privatleben der Arbeitnehmer einzugreifen. Nur im Ausnahmefall können die Betriebsparteien das außerbetriebliche Verhalten oder Privatleben des Arbeitnehmers reglementieren, soweit jedoch ein hinreichender Betriebsbezug besteht.[657] Zur Unterscheidung von rein außerbetrieblichem Verhalten und solchem mit Betriebsbezug wird ein Maßstab beim Weisungsrecht vorgenommen.[658] Das außerbetriebliche Verhalten ist betriebsbetroffen, soweit dies zu einer Beeinträchtigung der berechtigten Interessen des Arbeitgebers bzw. zu einer negativen Auswirkung auf den Betrieb führen kann.[659]

II. Grenzen der Regelungsmacht der Betriebsparteien

Die Regelungsbefugnis der Betriebsparteien ist nicht unbeschränkt. Die Betriebsparteien haben dafür jedoch die Grenzen der rechtlichen und inhaltlichen Ausgestaltung zu beachten.

1. Vorrang der tariflichen Regelungen

Eine Grenze der Regelungskompetenz der Betriebsparteien kann sich auch aufgrund des Tarifvorbehalts nach §77 Abs. 3 BetrVG und § 87 Abs. 1 BetrVG ergeben. Nach der Sperrwirkung gemäß § 77 Abs. 3 BetrVG dürfen die Inhalte einer Betriebsvereinbarung nicht Arbeitsentgelt und sonstige Arbeitsbedingungen, die durch Tarifvertrag geregelt sind oder üblicherweise geregelt werden, enthalten. In Sonderfällen mitbestimmungspflichtiger sozialer Angelegenheiten des § 87

654 Franzen, NZA-Beil. 3 2006, 107, 109; ErfK/Kania, § 77 BetrVG, Rn. 36.
655 Fitting, § 77 BetrVG, Rn. 46; ErfK/Kania, § 77 BetrVG, Rn. 36.
656 BAG, vom 12. 12. 2006 – 1 AZR 96/ 06, NZA 2007, 453.
657 Vgl. BAG, vom 28. 5. 2002 – 1 ABR 32/01, NZA 2003, 166.
658 Fitting, § 77 BetrVG, Rn. 56; Köstner, S. 106; Dehyle, S. 126; Schneider, S. 167.
659 Siehe die Ausführung in Direktionsrecht.

Abs. 1 BetrVG findet der spezielle Tarifvorrang Anwendung, sofern eine tarifliche Regelung tatsächlich besteht.[660] Verstößt die Betriebsvereinbarung gegen § 77 Abs. 3 BetrVG, gilt sie als unwirksam.[661]

Im Rahmen von Compliance-Richtlinien spielt der Tarifvertrag in der Praxis kaum eine Rolle,[662] daher bildet der Vorrang der tariflichen Regelungen keine Schranke für die betriebliche Regelungsbefugnis bei der Einführung von Compliance-Richtlinien.

2. *Inhalts- und Rechtskontrolle der Betriebsvereinbarung*

Wie der Tarifvertrag sind die Betriebsvereinbarungen grundsätzlich von der Anwendung der AGB-Kontrolle gemäß § 310 Abs. 4 S. 1 BGB ausgenommen.[663] Eine Angemessenheitskontrolle nach dem Maßstab der §§ 307 ff. BGB findet keine Anwendung. Gleichwohl bedeutet dies nicht, dass die Betriebsvereinbarung völlig kontrollfrei ist. Jedenfalls müssen die Betriebsparteien die zwingenden höherrangigen Rechte berücksichtigen. Hierzu zählen die gesetzlichen Regelungen sowie das Richterrecht.[664] Insbesondere wird § 75 BetrVG als entscheidende Grenze für die Betriebsvereinbarung dargestellt.[665]

Als eines der allgemeinen Rechtsprinzipien enthält § 75 BetrVG Grundsätze, insbesondere jedoch den Gleichbehandlungsgrundsatz (§ 75 Abs. 1 BetrVG) und den Persönlichkeitsschutz (§ 75 Abs. 2 BetrVG) sowie die Wertentscheidungen des Grundgesetzes, die über diese Regelung umgewandelten werden.[666] Im Rahmen der Rechtsprechung wird die Betriebsvereinbarung als ein privatrechtlicher

---

660 Es ist umstritten, ob die Sperrwirkung des § 77 Abs. 3 BetrVG auch im Anwendungsbereich des § 87 Abs. 1 BetrVG gilt. Dazu gibt es zwei Theorien, die Vorrangtheorie (BAG, vom 3. 12. 1991 – GS 2/90, NZA 1992, 749; Ehmann/Schmidt, NZA 1995, 197; MünchArbR/Matthes, §238, Rn. 67f.; v. Hoyningen-Huene/Meier-Krenz, NZA 1987, 793) und die Zwei-Schranken-Theorie (GK- BetrVG/Kreuz, § 77, Rn. 151; Hromadka, DB 1987, 1991, 1994; Heinz, NZA 1995, 5, 6; Hanau, BB 1977, 350; auch Fitting (vor 22. Aufl.), § 77, Rn. 109). Zurzeit vertritt das BAG die Vorrangtheorie als die herrschende Theorie. Siehe ausführlich, Fitting, § 77 BetrVG, Rn. 109 ff.

661 BAG, vom 29. 10. 2002 – 1 AZR 573/01, NZA 2003, 393; ErfK/Kania, § 77 BetrVG, Rn. 43.

662 Siehe G Tarifvertrag.

663 BAG, vom 1. 2. 2006 – 5 AZR 187/05, AP zu § 77 BetrVG 1972 Betriebsvereinbarung Nr. 28= NZA 2006, 563; ErfK/Preis, §§ 305 – 310 BGB, Rn. 9.

664 BAG, vom 12. 11. 2002 – 1 AZR 58/02, NZA 2003, 1287.

665 Vgl. Wagner, S. 72; Schulz, S. 108.

666 ErfK/Kania, § 77 BetrVG, Rn. 38; Fitting, § 77 BetrVG, Rn. 53; GK-BetrVG/Kreutz, § 77, Rn. 315.

Vertrag verstanden, wobei die Betriebsparteien mittelbar an Grundrechte gebunden sind.[667] Durch die über § 75 BetrVG transformierten Wertentscheidungen werden die sich an den Grundrechten orientierenden Grundsatznormen ausdrücklich auf den Betrieb übertragen und konkretisiert.[668] Die Betriebsparteien haben die Grundrechte zudem zu gewährleisten. Unter § 75 BetrVG sind die Einschränkungen der Grundrechte zu beachten und die Eingriffe in die Grundrechte verhältnismäßig zu rechtfertigen.[669] Unter Berücksichtigung der Verhältnismäßigkeit müssen die Interessen der Betriebsparteien im Einzelfall abgewogen werden. Compliance-Richtlinien können oftmals die geschützten Grundrechte der Arbeitnehmer betreffen, doch bei der Einführung von Compliance-Richtlinien durch eine Betriebsvereinbarung muss § 75 BetrVG Berücksichtigung finden. Verstoßen die Regelungen gegen § 75 BetrVG, können sie im Sinne von § 134 BGB nichtig sein.

3. *Arbeitsvertrag als Grenze*

Eine weitere Grenze der Betriebsvereinbarung kann sich aus dem individuellen Arbeitsvertrag ergeben. Da Betriebsvereinbarungen umfassende Regelungen betreffen, welche auch durch den individuellen Arbeitsvertrag geregelt werden können, stellt sich die Frage, in welchem Verhältnis die Betriebsvereinbarung und der Arbeitsvertrag stehen. Hierbei kommt das Günstigkeitsprinzip in Betracht.

Im Verhältnis zwischen der Betriebsvereinbarung und dem Arbeitsvertrag gilt, trotz fehlender ausdrücklicher Regelung im Gesetz, das Günstigkeitsprinzip.[670] Nach dem Wortlaut des § 77 Abs. 4 S. 1 BetrVG gilt die normative Wirkung der Betriebsvereinbarung nur einseitig zugunsten des Arbeitnehmers, danach kann der Arbeitsvertrag nicht durch eine verschlechternde Betriebsvereinbarung verdrängt werden. Hat der Arbeitsvertrag ausdrücklich eine günstigere Bedingung geregelt, findet die Betriebsvereinbarung keine Anwendung.[671] Alternativ kann

667 BVerfG, vom 23. 4. 1986 – 2 BvR 487/80, NJW 1987, 827.

668 Vgl. BAG, vom 12. 11. 2002 – 1 AZR 58/02, NZA 2003, 1287; BAG, vom 26. 8. 2008 – 1 ABR 16/07, AP zu § 75 BetrVG 1972 Nr. 54 = NZA 2008, 1187; auch vgl. Schulz, S. 109; Schneider, S. 169.

669 BAG, vom 19. 1. 1999 – 1 AZR 499/98, NZA 1999, 546.

670 BAG, vom 16. 9. 1986 – GS 1/82, NZA 1987, 168; BAG, vom 7. 11. 1989 – GS 3/85, NZA 1990, 816; GK-BetrVG/Kreutz, §77, Rn. 251 ff.; Richardi/Richardi, §77 BetrVG, Rn. 141 ff.; Franzen, NZA-Beil. 3 2006, 107, 113.

671 Vgl. BAG, vom 16. 9. 1986 – GS 1/82, NZA 1987, 168.

die Betriebsvereinbarung die Pflicht der Arbeitnehmer begründen, wenn keine ausdrückliche Regelung im Arbeitsvertrag gegeben ist. In diesem Fall kommt das Günstigkeitsprinzip nicht in Betracht, denn das Günstigkeitsprinzip setzt zunächst voraus, dass die betroffenen Regelungen gleichzeitig im Arbeitsvertrag und in der Betriebsvereinbarung bestehen.[672] Nur in diesem Zusammenhang spielt das Günstigkeitsprinzip beim Verhältnis zwischen der Betriebsvereinbarung und dem Arbeitsvertrag eine Rolle. Ob eine Regelung günstiger erscheint, ist unter Beachtung des objektivierten Sachgruppenvergleichs zu ermitteln.[673] Wären die nachträglichen Regelungen in der Betriebsvereinbarung günstiger, würden die vertraglichen Regelungen nicht abgelöst, sondern nur durch die Geltung von der Betriebsvereinbarung verdrängt.[674] Ausnahmsweise ist eine ungünstigere Betriebsvereinbarung zulässig, soweit der Arbeitsvertrag betriebsvereinbarungsoffen ist.[675]

Bei der Einführung von Compliance-Richtlinien stellen sich umfassende Regelungen über die Konkretisierung und Erweiterung der arbeitsvertraglichen Pflichten der Arbeitnehmer.[676] Während die Konkretisierung der Nebenpflichten als Gegenstand der Betriebsvereinbarung möglich ist, scheitert die Erweiterung der Nebenpflichten im Rahmen der Betriebsvereinbarung am Günstigkeitsprinzip, denn die Erweiterung der Pflichten ist zulasten der Arbeitnehmer ungünstig.

III. Richtlinien gemäß SprAuG

Werden Compliance-Richtlinien durch eine Betriebsvereinbarung eingeführt, befassen sie sich nach § 5 BetrVG ausschließlich mit den Arbeitnehmern im Sinne des § 5 Abs. 1 BetrVG, wobei leitende Angestellte nicht von der Anwendung der Betriebsvereinbarung betroffen sind. Tatsächlich sind die typischen Compliance-Klauseln, wie z.B. Verbot von Wertpapierhandel, Verschwiegenheit

---

672 GK-BetrVG/Kreutz, §77, Rn. 251 ff.; Richardi/Richardi, §77 BetrVG, Rn. 145; Schneider, S. 168.

673 BAG, vom 27. 1. 2004 – 1 AZR 148/03, NZA 2004, 667; Fitting, § 77 BetrVG, Rn. 199; GK-BetrVG/Kreutz, § 77, Rn. 262 f.; Deyhle, S. 104.

674 BAG, vom 19. 7. 2016 – 3 AZR 134/15, NZA 2016, 1475; BAG, vom 5. 3. 2013 – 1 AZR 417/12, NZA 2013, 916; BAG, vom 15. 2. 2011 – 3 AZR 35/09, NZA 2012, 415; BAG, vom 28. 3. 2000 – 1 AZR 366/99, NZA 2001, 49; BAG, vom 21. 9. 1989 – 1 AZR 454/88, NZA 1990, 351.

675 BAG, vom 16. 11. 2011 – 10 AZR 60/11, NZA 2012, 349; ErfK/Kania, § 77 BetrVG, Rn.79.

676 Siehe oben, Arbeitsvertrag.

sowie Verbot der Geschenkannahme, für leitende Angestellte von besonderer Bedeutung, denn aufgrund der Zugehörigkeit zum Arbeitgeberlager müssen die leitenden Angestellten mit hoher Sorgfalt die typischen Unternehmerfunktionen mit einem eigenen, erheblichen Entscheidungsspielraum wahrnehmen,[677] und stehen sie sehr nahe den obersten Führungsorganen.[678] Aufgrund ihrer Sonderstellung haben leitende Angestellte größeren Einfluss auf die betrieblichen Interessen. Vielmehr werden die Compliance-Richtlinien von den leitenden Angestellten eingeleitet und eingeführt. In diesem Sinne soll der Geltungsbereich von Compliance-Richtlinien die leitenden Angestellten miteinschließen. Dabei ist die besondere Regelung von § 28 SprAuG zu beachten.

§ 28 SprAuG bietet die Möglichkeit, dass der Arbeitgeber und der Sprecherausschuss eine Richtlinie über die Angelegenheiten von leitenden Angestellten vereinbaren können.[679] Nach § 28 Abs. 1 SprAuG kann der Arbeitgeber mit dem Sprecherausschuss Richtlinien über Inhalt, Abschluss oder Beendigung des Arbeitsverhältnisses abschließen. Damit sind also sämtliche Inhalte des Arbeitsverhältnisses betroffen. Die Richtlinien umfassen außerdem nicht nur die grundlegenden Elemente des Arbeitsvertrags, sondern auch besondere Verhaltensregelungen wie Wettbewerbsverbote, Verschwiegenheit oder Haftung für leitende Angestellte.[680] Hiermit können Compliance-Richtlinien der Gegenstand der Richtlinien selbst sein, und durch die Richtlinien für leitende Angestellte nach § 28 SprAuG eingeführt werden.

Aus § 28 Abs. 2 S. 1 SprAuG ergibt sich die normative Wirkung der Richtlinien. Soweit dies zwischen Arbeitgeber und Sprecherausschuss vereinbart ist, gilt der Inhalt der Richtlinie für die Arbeitsverhältnisse unmittelbar und zwingend, sodass eine umfassende Geltung der Richtlinie für leitende Angestellte gewährleistet wird. Gleichwohl unterliegen die Richtlinien auch Schranken. Zunächst bilden die allgemein anzuwendenden höherrangigen zwingenden Rechte eine Grenze für die Richtlinie, wobei insbesondere die personenbezogenen Grundrechte nach § 27 SprAuG beachtet werden müssen. Des Weiteren sollen die allgemeinen Schranken für die Betriebsvereinbarung auch für die Richtlinien gelten.[681] Darüber hinaus wird die Geltung des Günstigkeitsprinzips in

677 Dörsam, BC 2000, 90.
678 Wollenberg, S. 46.
679 Bauer, SprAuG, § 28, S. 83.
680 ErfK/Oetker, § 28 SpruAuG, Rn. 3.
681 ErfK/Oetker, § 28 SpruAuG, Rn. 6.

§ 28 Abs. 2 S. 2 SprAuG verankert, wobei die aus dem Verhältnis zwischen dem Arbeitsvertrag und der Betriebsvereinbarung entwickelten Grundsätze entsprechende Anwendung finden.[682]

Für eine umfassende Geltung können Compliance-Richtlinien weiterhin durch die Richtlinien für leitende Angestellte eingeführt werden. Im Hinblick auf den beschränkten Geltungsbereich des SprAuG können die Richtlinien nicht als ein selbstständiges Implementierungsinstrument bei der Implementierung von Ethikrichtlinien angewendet werden, vielmehr sind sie für die Ergänzung der Ermangelung einer Betriebsvereinbarung erforderlich.[683]

IV. Fazit

Unstreitig lässt sich die Betriebsvereinbarung als Instrument für die Einführung von Compliance-Richtlinien verstehen. Im Vergleich zu individuellen Implementierungsmöglichkeiten wirkt die Betriebsvereinbarung unmittelbar und zwingend auf die gesamte Belegschaft, wodurch sie mit höherer Akzeptanz im Unternehmen durchsetzbar ist. Zudem unterliegt die Betriebsvereinbarung keiner AGB-Kontrolle nach §§ 305 ff. BGB. Hinsichtlich der Ausführung der Betriebsvereinbarung stellen die Rechts- und Inhaltskontrolle, der Tarifvertrag sowie der Arbeitsvertrag Hürden für die Implementierung von Compliance-Richtlinien dar. Darüber hinaus erweist sich die Betriebsvereinbarung aufgrund der kollektiven Eigenschaft als nicht flexibel übereinzustimmen und zu verändern. Da Compliance-Richtlinien vielseitige Reglungen umfassen, ist es sinnvoll, neben der Betriebsvereinbarung stets weitere Implementierungsmöglichkeiten zu berücksichtigen.

H. Typische Klauseln von Compliance-Richtlinien

Nach der Untersuchung verschiedener Implementierungsinstrumente lässt sich feststellen, dass jedes sich auf ihre eigene Regelungsbefugnis sowie Grenze beschränkt. Es sei zudem darauf hingewiesen, dass eine abschließende Geltung der Compliance-Richtlinien nicht bestimmt ist. Vielmehr ist die Besonderheit des Einzelfalls unter konkreten Umständen zur Kenntnis zu nehmen. In diesem

682 BAG, vom 23.4.2013 – 3 AZR 512/11, AP zu § 1 BetrAVG Auslegung Nr. 40; Hromadka/Sieg, § 28 SpruAuG, Rn. 34; Oetker, BB 1990, 2181, 2184; ErfK/Oetker, § 28 SpruAuG, Rn. 12.

683 Köstner, S. 131; Triskatis, S. 102; Deyhle, S. 109; Schulz, S. 118; Zander, S. 241.

Sinne sollen typische Klauseln von Compliance-Richtlinien im Folgenden ausgewählt und aufgezeigt werden, sodass sich ein Leitbild für die Implementierung ergeben kann.

I. Wiedergabe gesetzlicher Regelungen

Compliance-Richtlinien, die nur die gesetzlichen Vorschriften wiedergeben, können einseitig per Weisungsrecht durch den Arbeitgeber eingeführt werden. Solche Regelungen begründen keine neuen Pflichten des Arbeitnehmers, sondern erläutern die gesetzlichen Regelungen, wofür es keiner vertraglichen Vereinbarung bedarf. Soweit diese Klauseln neue Pflichten schaffen, kommt der Arbeitsvertrag in Betracht. Im Normalfall ist es ausreichend, diese Klauseln über die Wiedergabe gesetzlicher Regelungen durch das Direktionsrecht des Arbeitgebers einzuführen.

II. Reine Verhaltensappelle

Bei Compliance-Richtlinien können die Arbeitgeber auch bloße Verhaltensappelle vornehmen. Im Gegensatz zu konkreten Verhaltensregeln sind die Verhaltensappelle nicht rechtsverbindlich, denn es handelt sich lediglich um die Motive sowie das Prinzip der Compliance-Richtlinien.[684] Aus diesem Grund besteht kein Regelungsbereich für solche Regeln. Es bedarf weder der Konkretisierung der Arbeitspflicht per Arbeitsweisung des Arbeitgebers noch der Inhaltskontrolle des Arbeitsvertrags. Vielmehr stellen sich die Klauseln für reine Verhaltensappelle als reine faktische Hinweise in Compliance-Richtlinien dar.[685]

III. Verschwiegenheitsklauseln

Die allgemeinen Verschwiegenheitspflichten gehören zu den typischen Nebenpflichten eines Arbeitnehmers im Arbeitsverhältnis. Wie bereits dargelegt, umfassen die Verschwiegenheitspflichten nicht nur die Wahrung von Geschäfts- und Betriebsgeheimnissen, sondern auch das Wahren vertraulicher Angaben des Arbeitgebers.[686]

Sofern die Compliance-Richtlinien Verschwiegenheitsklauseln beinhalten, stellen sie oftmals die Wiedergabe und die Konkretisierung der Pflichten dar, womit Verschwiegenheitsklauseln per einseitige Weisung durch den Arbeitgeber

---

684 Triskatis, S. 181.
685 Vgl. Willemsen, S. 227, S. 192.
686 Siehe Kap. 3, C II.

einführbar sind, denn die im Compliance-Bereich relevanten Pflichten werden durch das Gesetz und den Arbeitsvertrag nicht näher formuliert.[687] Die Verschwiegenheitsklauseln unterliegen ebenfalls den Grenzen des Direktionsrechts, dabei muss der Arbeitgeber die Weisung nach § 106 S. 2 GewO billig ermessen. Zudem sind sogenannte „All-Klauseln", die den Arbeitnehmer dazu verpflichten, sämtliche während der Tätigkeit beim Arbeitgeber bekannt gewordenen Vorfälle geheim zu halten, unzulässig.[688] Der Arbeitgeber sollte seinen Mitarbeitern den jeweiligen Sachverhalt genau schildern, je detaillierter die der Verschwiegenheit unterliegenden Sachverhalte dargelegt werden, desto größer ist die Wahrscheinlichkeit, die Compliance-Klauseln durch das Weisungsrecht wirksam einzuführen.[689]

Als Grundlage des Direktionsrechts können die vom Direktionsrecht erlassenen Klauseln allenfalls durch den Arbeitsvertrag eingeführt werden. Eine vertragliche Vereinbarung über die Verschwiegenheitspflichten der Arbeitnehmer ist im Grunde wirksam.[690] Dennoch unterliegt eine solche Vereinbarung den strengen Inhaltskontrollen des Arbeitsvertrags. Grundsätzlich beschränken die Verschwiegenheitspflichten sich jedenfalls auf die Dauer des Arbeitsverhältnisses. Im Einzelfall ist eine nachvertragliche Vereinbarung unter Vorbehalt möglich. Eine nachvertragliche Vereinbarung ist jedoch erst dann anzunehmen, wenn konkrete Verschwiegenheitsklauseln vorgesehen sind.[691] Eine umfassende nachvertragliche Vereinbarung über Verschwiegenheitspflichten ist wegen des § 307 Abs. 2 Nr. 1 BGB unwirksam, weil sie gegen die Spezialregeln der §§ 74 ff. HGB verstößt. Zudem wird das Grundrecht des Arbeitnehmers auf Berufsfreiheit nach Art. 12 GG unangemessen beschränkt.[692] Daher muss der Arbeitgeber den Umfang und die Dauer der nachvertraglichen Verschwiegenheitspflicht genau ausformulieren, ansonsten werden die Vereinbarungen aufgrund unangemessener

687 Mengel/Hagemeister, BB 2007, 1386, 1387.

688 Preis, Der Arbeitsvertrag, II V 20, Rn. 34; Schuster/Darsow, NZA 2005, 273, 275; Ohlendorf/Bünning, AuA 2006, 200, 202; Mengel/Hagemeister, BB 2007, 1386, 1390.

689 Schuster/Darsow, NZA 2005, 273, 275; Mengel, Compliance und Arbeitsrecht, Kap. 1, Rn. 93.

690 Schrader/Schubert, NZA-RR, 2005, 225, 229.

691 BAG, vom 19. 5. 1998 – 9 AZR 394/97, NZA 1999, 200 = AP zu § 611 BGB Treuepflicht Nr. 11; Mengel/Hagemeister, BB 2007, 1386, 1390; Schrader/Schubert, NZA-RR, 2005, 225, 229.

692 ErfK/Preis, § 611 BGB, Rn. 715; Mengel/Hagemeister, BB 2007, 1386, 1390; Schuster/Darsow, NZA 2005, 273, 275; Mengel, Compliance und Arbeitsrecht, Kap. 1, Rn. 92.

Benachteiligung unwirksam.[693] Zudem stoßen die sogenannten „All-Klauseln“ an die Inhaltskontrolle des Arbeitsvertrags. Die Verschwiegenheitspflichten, welche die „All-Klauseln“ enthalten, können unwirksam sein, da sie dem Transparenzgebot nach § 307 Abs. 1 S. 2 BGB entgegenstehen.

Bei Compliance-Richtlinien ist es daher unproblematisch, die Verschwiegenheitsklauseln durch einseitige Weisung des Arbeitgebers einzuführen, soweit sie nur die gesetzlichen und vertraglichen Pflichten wiederholen und konkretisieren. Gehen die Klauseln über die gesetzlichen und vertraglichen Pflichten hinaus, genügt die Ausübung des Direktionsrechts nicht, zumal eine vertragliche Vereinbarung erforderlich ist. Ob diese Klauseln zulässig und wirksam sind, hängt von der Grenze des Direktionsrechts des Arbeitgebers und der Inhaltkontrolle des Arbeitsvertrags ab.

IV. Klauseln über zwischenmenschliche Beziehung/Liebeziehung

In einigen Fällen enthalten Compliance-Richtlinien Klauseln über zwischenmenschliche Beziehungen, insbesondere „Liebesbeziehungsklauseln“, die eine Liebesbeziehungen zwischen Mitarbeitern untersagen. Eine Liebesbeziehung ist Privatsache des Arbeitnehmers und fällt in den Schutzbereich des allgemeinen Persönlichkeitsrechts nach Art. 2 Abs. 1 i. V. m. Art. 1 Abs. 1 GG. Dabei stellt sich die Frage, ob und inwieweit diese Klauseln durch die oben angeführten Implementierungsinstrumente geregelt werden können.

Grundsätzlich erscheint es unzulässig, Liebesbeziehungen zwischen Mitarbeitern zu verbieten,[694] denn eine Liebesbeziehung betrifft den intimen Bereich des Arbeitnehmers. Jedoch existiert im außerdienstlichen Bereich ein Mindestmaß an Loyalität der Arbeitnehmer gegenüber dem Arbeitgeber, wobei der Arbeitgeber privates Leben mit anderen Mitarbeitern untersagen könnte. Das LAG Düsseldorf hat darauf hingewiesen, dass die Regelung über Liebesbeziehungen aufgrund des Verstoßes gegen Art. 1 und 2 GG grundgesetzwidrig und damit unwirksam ist.[695] Dennoch könnte sich eine Liebesbeziehung zwischen Mitarbeitern auf die Arbeitsleistung sowie den Betriebsfrieden auswirken, somit geht es also um die Erbringung von Arbeitsleistung und die betriebliche Ordnung.

---

693 LAG Hamm, vom 5. 10. 1988 – 15 Sa 1403/88, DB 1989, 783; ErfK/Preis, § 611 BGB, Rn. 714.

694 Bachner/Lerch, AiB 2005, 229, 230; Kock, ArbRB 2006, 116, 117; Kolle/Deinert, AuR 2006, 177, 179; Ohlendorf/Bünning, AuA 2006, 200, 202; Wisskirchen/Jordan/Bissels, DB 2005, 2190, 2194.

695 LAG Düsseldorf, vom 14. 11. 2005 – 10 TaBV 46/05, NZA-RR 2006, 81.

Das Weisungsrecht dient der Konkretisierung von Arbeitspflichten. Eine Klausel über das private Leben des Arbeitnehmers ist durch die Weisung des Arbeitgebers nur anzunehmen, soweit sie in hinreichendem Bezug zur dienstlichen Tätigkeit steht.[696] Dabei ist eine pauschale Klausel zum Verbot von Liebesbeziehungen unmöglich, denn es besteht keine Konkretisierung der allgemeinen Nebenpflichten für die Arbeitnehmer gegenüber dem Arbeitgeber, sich in die privaten Beziehungen der Arbeitnehmer einzugehen. Nur wenn die Liebesbeziehung eine störende Auswirkung auf das Arbeitsverhältnis hat, ist das Untersagen mittels Weisung grundsätzlich denkbar. Jedoch muss diese Klausel dem billigen Ermessen im Sinne des § 106 S. 1 GewO entsprechen. Dabei müssen die wesentlichen Umstände des Falls abgewogen und die beiderseitigen Interessen, vor allem jedoch die Grundrechte angemessen berücksichtigt werden.[697] Die Klausel ist nur dann anzunehmen, wenn die Interessen des Arbeitgebers unter der Abwägung überwiegen. Ein allgemeines Verbot zu Liebesbeziehungen ist zwar aufgrund von Verstößen gegen das allgemeine Persönlichkeitsrecht nach Art. 2 Abs. 1 i. V. m. Art. 1 Abs. 1 GG unzulässig, in Ausnahmefällen sind Liebesbeziehungsklauseln im Wege des Weisungsrechts jedoch denkbar, weil anhand deren ein Spannungsfeld zwischen dem Privatleben des Arbeitnehmers und den beeinträchtigten Interessen des Arbeitgebers entsteht.

Obwohl der Arbeitsvertrag die Grundlage des Weisungsrechts darstellt, sind Klauseln, die Liebesbeziehungen verbieten, durch arbeitsvertragliche Vereinbarungen schwer vorstellbar, weil sie nach §§ 138, 307 Abs. 1 BGB wegen Verstößen gegen das allgemeine Persönlichkeitsrecht nach Art. 2 Abs. 1 i. V. m. Art. 1 Abs. 1 GG unwirksam sind. Vielmehr kann ein Liebesverbot nur mit arbeitsrechtlichen Maßnahmen, etwa durch Abmahnung, Kündigung oder nähere Konkretisierung der Nebenpflichten (z.B. Sicherung von Betriebsfrieden) eingeführt werden. In diesem Sinne handelt es sich nicht um das Privatleben, sondern um eine konkrete Arbeitspflichtverletzung.[698]

V. Nebentätigkeitsverbotsklauseln

Häufig enthalten Compliance-Richtlinien Klauseln, die eine Nebentätigkeit des Arbeitnehmers verbieten. Die Ausübung einer Nebentätigkeit außerhalb der Arbeitszeit fällt unter den Schutzbereich der Art. 12 Abs. 1 sowie Art. 2 Abs. 1 GG.

---

696 Siehe Kap. 4 B.

697 BAG, vom 23. 9. 2004 – 6 AZR 567/03, NZA 2005, 359; BAG, vom 13. 3. 2003 – 6 AZR 557/01, NZA 2004, 735.

698 Vgl. LAG Düsseldorf, vom 14. 11. 2005 – 10 TaBV 46/05, in Schneider S. 143.

Da das Nachgehen einer Nebentätigkeit des Arbeitnehmers die Interessen des Arbeitgebers beeinträchtigen könnte, ist es durchaus denkbar, die Nebentätigkeit des Arbeitnehmers zu untersagen.[699] Dabei gilt es die Frage zu klären, wie und inwieweit diese Klauseln einführbar sind.

Ein Nebentätigkeitsverbot kann sich aus den einzelnen gesetzlichen Regelungen, wie Wettbewerbsverbot nach § 60 HGB, welche die für alle Arbeitnehmer geltenden Wettbewerbshandlungen verbieten,[700] und sonstige gesetzlichen Regelungen nach § 8 BurlG sowie § 15 Abs. 4 BEEG oder aus den allgemeinen Nebenpflichten der Arbeitnehmer nach § 242 Abs. 2 BGB, die den Arbeitnehmer dazu verpflichten, die Interessen des Arbeitgebers weder zu gefährden und noch zu beeinträchtigen,[701] ergeben. Sofern der Arbeitgeber nach den gesetzlichen oder vertraglichen Regelungen, die Nebentätigkeit des Arbeitnehmers untersagt, geht es in diesem Fall um die Wiederholung und Konkretisierung der Pflicht des Arbeitnehmers. Hierbei kann diese Nebentätigkeitsklauseln durch die Weisung des Arbeitgebers eingeführt werden. Zudem bezieht sich die Nebentätigkeit vielmehr auf das außerdienstliche Verhalten. Eine Anweisung über das außerdienstliche Verhalten wäre auch zulässig, soweit ein hinreichender Bezug zur dienstlichen Tätigkeit vorliegt.[702] Dabei kann der Arbeitgeber den Arbeitnehmer dazu anweisen, die Nebentätigkeit zu unterlassen, da durch eine ausgeübte Nebentätigkeit die geforderte Arbeitsleistung nicht ordnungsgemäß erbracht werden kann. Daher kann eine Klausel über das Nebentätigkeitsverbot mittels Weisung des Arbeitgebers eingeführt werden. Grundsätzlich ist ein absolutes Nebentätigkeitsverbot unmöglich, denn die berufliche Tätigkeit des Arbeitnehmers wird durch Art. 12 GG geschützt.[703] Soweit der Arbeitgeber eine generelle Nebentätigkeit untersagt, ist dies nicht vom Weisungsrecht gedeckt. Ungeachtet der Wirksamkeit der Regelung bedarf es einer vertraglichen Vereinbarung zwischen dem Arbeitgeber und dem Arbeitnehmer.[704]

Im Falle von Nebentätigkeitsklauseln kommt regelmäßig die Anzeigepflicht in Betracht. Das Weisungsrecht ermöglicht es dem Arbeitgeber, die Leistungspflicht ausschließlich im Rahmen des Arbeitsvertrags zu bestimmen. Es berechtigt den Arbeitgeber allerdings nicht dazu, eine Offenlegung des Privatlebens und eine Berichterstattung über Nebentätigkeiten der Arbeitnehmer zu fordern. Hiermit

---

699 Siehe, Kap. 3 C II.

700 BAG, vom 24. 3. 2010 – 10 AZR 66/09, NZA 2010, 693.

701 HWK/Diller, § 60 HGB, Rn. 25; Schaub-ArbRHdB/Linck, § 53, Rn. 30; MünchArbR/Reichold, § 49, Rn. 58.

702 Siehe, Kap. 4 B I 3.

703 Siehe, Kap. 3 C II.

704 Zander, S. 60.

besteht keine Pflicht, die Nebentätigkeit dem Arbeitgeber anzuzeigen, soweit die Interessen des Arbeitgebers nicht dadurch bedroht werden.[705] Ebenso ist der Arbeitgeber nicht befugt, durch Weisungsrecht die Ausübung einer Nebentätigkeit von seiner Erlaubnis abhängig zu machen.[706] In diesem Sinne kann das Untersagen einer Nebentätigkeit auch durch vertragliche Vereinbarung eingeführt werden, soweit der Arbeitgeber ein berechtigtes Interesse daran hat. Sofern der Arbeitgeber diese zusätzlichen Regeln geltend machen will, genügt eine einseitige Weisung nicht. Daher bedarf es einer vertraglichen Vereinbarung, welche die Pflichten des Arbeitnehmers erweitern und begründen kann.[707] Werden die Klauseln im Vertrag vorformuliert, können sie anschließend der Inhaltskontrolle nach § 307 ff. BGB unterliegen.[708]

VI. Verbot von Geschenken und anderen Zuweisungen

Wie bereits dargelegt, enthalten Compliance-Richtlinien häufig Klauseln, die dem Arbeitnehmer verbieten, Geschenke oder sonstige Zuweisungen von Dritten anzunehmen.[709] Einerseits ist es unproblematisch, in den Compliance-Richtlinien auf gesetzliche Regelungen wie die §§ 299, 334 ff. StGB zu verweisen. Dies gilt nämlich als deklaratorischer Hinweis auf die Gesetzeslage, wobei die arbeitsrechtliche Regelungskompetenz des Arbeitgebers hierbei keine Rolle spielt. Andererseits handelt es sich eher um die Interessenkonflikte auf der Arbeitgeberseite, wenn ein gewisser Wert der Geschenke oder Zuweisungen in den Compliance-Richtlinien vorgegeben ist. In diesem Zusammenhang ist es fraglich, ob und inwieweit Klauseln über das Verbot von Geschenken und anderen Vorteilen einzuführen sind.

Weiterhin ist der Arbeitnehmer verpflichtet, die Interessen des Arbeitgebers zu wahren. Geschenke oder andere Vorteile von Kunden oder Geschäftspartnern

705 BAG, vom 18.1.1996 – 6 AZR 314/95, AP zu § 242 BGB Auskunftspflicht Nr. 25=NZA 1997, 41; HWK/Thüsing, § 611 BGB, Rn. 370; ErfK/Preis, § 611 BGB, Rn. 728.

706 BAG, vom 28.5.2002 – 1 ABR 32/01, AP zu § 87 BetrVG 1972 Ordnung des Betriebes Nr. 39=NZA 2003, 166; vgl. BAG, vom 21.9.1999 – 9 AZR 759/98, AP zu § 611 BGB Nebentätigkeit Nr. 6=NZA 2000, 723; BAG, vom 26.6.2001 – 9 AZR 343/00, AP zu § 1 TVG Tarifverträge: Verkehrsgewerbe Nr. 8=NZA 2002, 98; ErfK/Preis, § 611 BGB, Rn. 724; HWK/Thüsing, § 611 BGB, Rn. 371; Triskatis, S. 218; Mengel, Compliance und Arbeitsrecht, Kap. 1, Rn. 105.

707 BAG, vom 28.5.2002 – 1 ABR 32/01, AP zu § 87 BetrVG 1972 Ordnung des Betriebes Nr. 39=NZA 2003, 166.

708 ErfK/Preis, § 611 BGB, Rn. 728.

709 Siehe, Kap. 3 C II.

nicht anzunehmen, stellt eine Konkretisierung der allgemeinen Nebenpflichten des Arbeitnehmers zu redlichem Verhalten im Geschäftsverkehr dar.[710] Soweit die Compliance-Richtlinien Klauseln, welche die Annahme von Geschenken oder anderen Vorteilen verbieten, dies vorsehen, kann der Arbeitgeber solche Klauseln per einseitige Weisung einführen. Teilweise können hierbei solche Klauseln das außerdienstliche Verhalten des Arbeitnehmers berühren, innerhalb der Grenze des billigen Ermessens hat der Arbeitgeber allerdings ein anerkanntes und hohes Interesse daran.[711] Klauseln, die jegliche Annahme von Geschenken und anderen Vorteilen untersagen, gehen über die bestehenden Pflichten des Arbeitnehmers hinaus, denn sie dienen keiner Konkretisierung, sondern der Erweiterung des Pflichtenkreises.[712] In diesem Fall sind solche Klauseln nicht von dem einseitigen Weisungsrecht gedeckt. Ein überwiegendes Interesse des Arbeitgebers besteht außerdem nicht, vielmehr ist das Verbot ausschließlich auf Gelegenheitsgeschenke bezogen.[713]

Im Falle von Klauseln über das Verbot von Geschenken oder anderen Vorteilen ist die Regelungskompetenz des Arbeitsvertrags nicht ausgeschlossen, obwohl in den meisten Teilen die Regelungen vom Weisungsrecht gedeckt sind. Ein umfassendes Verbot jeglicher Annahme von Geschenken und anderen Vorteilen kann nicht durch die einseitige Weisung eingeführt werden, an dieser Stelle wäre stattdessen eine vertragliche Vereinbarung erforderlich. Soweit das Verbot sich nicht auf das dienstliche Verhalten bezieht, ist eine vertragliche Vereinbarung nicht zulässig, da sie aufgrund des Verstoßes gegen die grundrechtliche Handlungsfreiheit und das allgemeine Persönlichkeitsrecht unwirksam ist.[714]

VII. Klauseln über Wertpapierhandel und Wertpapierbesitz

Compliance-Richtlinien können auch Wertpapierklauseln enthalten, die den privaten Wertpapierbesitz und den Wertpapierhandel der Arbeitnehmer betreffen. Bei der Ausgestaltung der Klauseln kann vom Arbeitnehmer vorgesehen werden,

---

710 Schuster/Darsow, NZA 2005, 273, 276.

711 Mengel, Compliance und Arbeitsrecht, Kap. 1, Rn. 72; Schuster/Darsow, NZA 2005, 273, 276.

712 Mengel, CCZ 2008, 85, 86; Mengel, Compliance und Arbeitsrecht, Kap. 1, Rn. 72.

713 BAG, vom 17. 6. 2003 – 2 AZR 62/02, NZA 2004, 1240; HWK/Thüsing, § 611 BGB, Rn. 364; Maschmann, in Dölling, zu den Anti-Korruptionsklauseln, Kap. 3, Rn. 48ff.; Mengel, Compliance und Arbeitsrecht, Kap. 1, Rn. 72.

714 BAG, vom 17. 6. 2003 – 2 AZR 62/02, NZA 2004, 1240; HWK/Thüsing, § 611 BGB, Rn. 364; Mengel, Compliance und Arbeitsrecht, Kap. 1, Rn. 72.

den Wertpapierbesitz offenzulegen, den Wertpapierhandel einzuschränken oder zu verbieten.[715]

Zudem ist es unproblematisch, auf die gesetzlichen Bestimmungen zum Verbot von Insiderhandel wie § 14 Abs. 1 WpHG per einseitige Weisung des Arbeitgebers hinzuweisen, denn diese Klauseln wiederholen lediglich die gesetzlichen Regelungen und legen keine zusätzlichen Pflichten für den Arbeitnehmer fest. Sofern die Klauseln die gesetzlichen Pflichten konkretisieren, ist eine einseitige Weisung ebenfalls zulässig. In diesem Fall werden jedoch keine neuen Pflichten dargestellt, sie dienen stattdessen nur als weitere Erläuterung und Orientierungshilfe zu den kurz und allgemein gefassten gesetzlichen Regelungen.[716] Neben den Anknüpfungspunkten zu den gesetzlichen Pflichten kommen auch Wertpapierklauseln in einem anderen Fall in Betracht, wobei sich die Frage stellt, ob die Wertpapierklauseln, die nicht unter dem Anwendungsbereich des WpHG fallen, per Weisungsrecht eingeführt werden können.

Das Weisungsrecht dient der Konkretisierung arbeitsvertraglicher Pflichten. Neben den gesetzlichen Pflichten ist eine Anweisung des Arbeitgebers gegeben, soweit die zusätzlichen Pflichten durch eine arbeitsvertragliche Vereinbarung dargelegt werden.[717] Die Wertpapierklauseln, die den Arbeitnehmer dazu verpflichten den Wertpapierbesitz offenzulegen sowie den Wertpapierhandel einzuschränken oder zu verbieten, beziehen sich auf das private Eigentum und das außerdienstliche Verhalten des Arbeitnehmers und greifen vielmehr in den Schutzbereich der Berufsfreiheit und das allgemeine Persönlichkeitsrecht im Sinne der Art. 12 Abs. 1 und Art. 2 Abs.1 GG ein. In diesem Fall ist ein Weisungsrecht nur dann zulässig, wenn die Klauseln einen hinreichenden Bezug zur betrieblichen Tätigkeit aufweisen.[718] Dabei sind die Interessen von beiden Parteien abzuwägen. Mit dem Eingriff in die Grundrechte des Arbeitnehmers konfrontiert der Arbeitgeber die Gefahr, dass der wirtschaftliche Gewinn und das Unternehmensimage durch Insidergeschäfte geschädigt werden können.[719] Unter Berücksichtigung der gegensätzlichen Interessen ist es unverhältnismäßig eine generelle Klausel für die Wertpapierhandelsbeschränkung anzuführen. Es bedarf weiterer Erörterung zum Betriebsbezug, in dem eine Verbindung zum

---

715 Siehe, Kap. 3 C II.

716 Mengel, Compliance und Arbeitsrecht, Kap. 1, Rn. 79.

717 Kock, MDR 2006, 673; Meyer, NJW 2006, 3605, 3608; Borgmann, NZA 2003, 352, 354; Schuster/Darsow, NZA 2005, 273, 275.

718 Siehe, Kap. 4 B I 3.

719 Mahnhold, Compliance und Arbeitsrecht, S. 177ff.; Schuster/Darsow, NZA 2005, 273, 275.

Arbeitsverhältnis besteht. Das Insidergeschäft bezieht sich auf diejenigen, die über Insiderdaten verfügen können. Hierbei kommt es auf einen bestimmten Personenkreis und eine spezifische Tätigkeit an, wobei alle Mitarbeiter nicht demselben Gefahrenumfang ausgesetzt sind. Eine Weisung, den Wertpapierhandel zu beschränken, ist auszuüben, sobald insiderrelevante Informationen dem Arbeitnehmer zur Verfügung stehen und die potenzielle Gefahr vorliegt, ein Insidergeschäft vornehmen zu können.[720] Haben die Arbeitnehmer keinen Zugang zu Insiderinformationen, ist die Handelsbeschränkung vom Weisungsrecht des Arbeitgebers ausgeschlossen. Außerdem ist die Beschränkung nicht unbefristet, typischerweise erstreckt sich die Sperrfrist auf einen bestimmten Zeitraum, in dem Insiderinformationen für Unternehmen versorgt werden können.[721] In diesem Zusammenhang ist eine pauschale Regelung mittels einseitiger Weisung nicht möglich, vielmehr muss sich eine solche Klausel näher an der konkreten Tätigkeit des Arbeitnehmers sowie an einem bestimmten Zeitraum orientieren. Ob der konkrete Betriebsbezug tatsächlich zu einer Beeinträchtigung der Interessen des Arbeitgebers führt, gilt als entscheidendes Kriterium.[722]

Außer den allgemeinen arbeitsvertraglichen Pflichten besteht keine Notwendigkeit für den Arbeitgeber, zusätzliche Pflichten für den Arbeitnehmer durch den Arbeitsvertrag zu vereinbaren und zu erweitern. Werden allerdings zusätzliche Pflichten per Formularvertrag eingeführt, unterliegen sie der Inhaltskontrolle der Allgemeinen Geschäftsbedingungen nach §§ 307 ff. BGB. Eine zusätzliche Pflicht muss schließlich gemäß §§ 307 ff. BGB gerecht sein.

Wie zuvor bereits ausgeführt, beschränken sich die Regelungen über den Wertpapierbesitz und Wertpapierhandel mehr auf die betroffenen Angelegenheiten. Hätte der Arbeitgeber eine umfassende Wertpapierklausel für alle Mitarbeiter festgelegt, ohne dabei den persönlichen, sachlichen und zeitlichen Geltungsbereich zu überdenken, ist diese Klausel wegen einer unangemessenen Benachteiligung im Sinne des § 307 Abs. 1 S. 1 BGB unwirksam. Zudem findet sich keine Rechtfertigung für das Abweichungsinteresse nach § 307 Abs. 2 Nr. 1 BGB. Die Wertpapierklauseln dienen der Prävention von Insiderhandel, damit wirtschaftliche Schäden vermieden und die Reputation des Unternehmens sichergestellt werden können.[723] Unter Abwägung der Interessen des Arbeitnehmers

720 Vgl. Eisenbeis/Nießen, FS Leinemann, 697, 706; Mahnhold, Compliance und Arbeitsrecht, S, 190; Wagner, S. 105; Zander, S. 62.

721 Schulz/Kuhnke, BB 2012, 143, 146; Hagen-Eck/Wirsch, DB 2007, 504, 506; Mahnhold, Compliance und Arbeitsrecht, S. 191.

722 Vgl. Schneider, S. 111, 118.

723 Schuster/Darsow, NZA 2005, 273, 275; Schulz/Kuhnke, BB 2012, 143, 147.

und des Arbeitgebers ist eine beschränkte Wertpapierklausel möglich. In diesem Fall ist eine umfassende Wertpapierklausel allerdings nicht gerechtfertigt, da die Grundrechte der Arbeitnehmer, die keinen Bezug zu Insiderinformationen aufweisen, wegen des Eingriffs in das Privatleben sowie das allgemeine Persönlichkeitsrecht beeinträchtigt werden. Eine unbeschränkte Klausel für sämtliche Mitarbeiter ist dabei unverhältnismäßig.[724] Bei der Ausgestaltung von Wertpapierklauseln ist eine Differenzierung nach der Stellung der Person, Tatsache sowie Zeit notwendig.[725]

VIII. Whistleblowing-Klauseln

Wie bereits dargestellt, sind Whistleblowing-Klauseln oft der Kernbestandteil von Compliance-Richtlinien und fordern die Arbeitnehmer dazu, auf Verstöße gegen das Recht oder Compliance-Richtlinien zu melden.[726] Bisher findet sich keine allgemeine ausdrückliche Rechtspflicht, Whistleblowing-Klauseln einzuführen, vielmehr werden solche Regelungen in den Rechtsprechungen und der Literatur diskutiert.[727] Ungeachtet dessen, ist es zu hinterfragen, wie und inwieweit Whistleblowing-Regelungen im Unternehmen umzusetzen sind. Dabei ist es unproblematisch, Verstöße gegen Rechte oder Compliance-Richtlinien durch freiwillige Meldung oder reinen Appell an die Arbeitnehmer vorzusehen,[728] denn diesbezüglich stellt sich keine Verbindlichkeit dar. Vielmehr kommt eine Meldepflicht zur Anzeige von Fehlverhalten oder die Selbstanzeige in Betracht. In diesem Fall ist eine nähere Erörterung notwendig.

Grundsätzlich ergibt sich die Meldepflicht aus den allgemeinen arbeitsvertraglichen Nebenpflichten der Arbeitnehmer, den Arbeitgeber von allen wesentlichen Vorkommnissen im Betrieb in Kenntnis zu setzen, vor allem um mögliche Schäden des Arbeitgebers zu verhindern.[729] Dabei haben die Arbeitnehmer,

---

724 Schulz/Kuhnke, BB 2012, 143, 147; Mahnhold, Compliance und Arbeitsrecht, S. 194.

725 Vgl. Eisenbeis/Nießen, FS Leinemann, 697, 706; Schulz/Kuhnke, BB 2012, 143, 148; Wagner, S. 106.

726 Siehe, Kap. 3 C II 6.

727 Siehe, Kap. 3 C II 6.

728 Mahnhold, NZA 2008, 737, 738; Schuster/Darsow, NZA 2005, 273,276; Barthel/Huppertz, AuA 2006, 204, 205.

729 BAG, vom 3. 7. 2003 – 2 AZR 235/02, NZA 2004, 427; Diller, DB 2004, 313, 314; ErfK/Preis, § 611 BGB, Rn. 742f.; Schuster/Darsow, NZA 2005, 273, 276; Mengel/Hagemeister, BB 2007, 1386, 1389; Mengel, Compliance und Arbeitsrecht, Kap. 1, Rn. 25; Bissels/Lützeler/Wisskirchen, BB 2010, 2433, 2435; v. Busekist/Fahrig, BB

Informationen über einen möglicherweise drohenden oder bereits eingetretenen Schaden dem Arbeitgeber anzuzeigen. Konkretisieren Whistleblowing-Klauseln lediglich solche Nebenpflichten, können sie durch einseitiges Weisungsrecht eingeführt werden, denn sie fallen in den Bereich des Weisungsrechts des Arbeitgebers. Dabei muss jedoch die Meldepflicht die Grenzen des Weisungsrechts berücksichtigen. Da der Arbeitnehmer verpflichtet ist, den Arbeitgeber von allen wesentlichen Vorkommnissen im Betrieb in Kenntnis zu setzen, ist die Meldepflicht mit dem Eintritt und der Wesentlichkeit von Vorkommnissen oder Schäden verbunden. Vor diesem Hintergrund ist davon auszugehen, dass einerseits die Arbeitnehmer nicht alle Vorkommnisse oder Schäden im Betrieb anzuzeigen haben. Dabei besteht keine generelle Anzeigepflicht für die Arbeitnehmer. Lediglich im Ausnahmefall richtet sich die Meldepflicht an die Arbeitnehmer, jedoch nur an die, bei denen die Überwachungs- oder Kontrollpflicht zur Arbeitsaufgabe gehört, denn die Überwachung ist auch ihre Hauptleistungspflicht, sodass die Vertrauensstellung der Arbeitnehmer für den Arbeitgeber eine entscheidende Rolle spielt.[730] Andererseits soll die Meldepflicht lediglich die wesentlichen Vorkommnisse oder Schäden betreffen. Dabei ist eine Einzelfallabwägung vorzunehmen. Die Whistleblowing-Klauseln sind dann einseitig einzuführen, indem die bei der Offenlegung drohenden Gefahren und Nachteile berücksichtigt werden.[731] Dabei müssen die Schwere eines Verstoßes sowie die dadurch entstehenden Nachteile oder Gefahren abgewogen werden. Daneben muss die Abwägung auch verhältnismäßig sein. Der Arbeitnehmer ist außerdem nicht dazu verpflichtet, dem Arbeitgeber geringfügige Verstöße anzuzeigen.[732] Ebenfalls ist eine Selbstanzeige wegen Überschreitung der Treuepflichten unzumutbar.[733] Wenn der Arbeitnehmer seinen Arbeitgeber bei einer Behörde anzeigt

---

2013, 114; Fahrig, NOJZ 2010, 975; Müller, NZA 2002, 424; Wiebauer, NZA 2015, 22; Schaub-ArbRHdB/Linck, § 53, Rn. 14.

730 BAG, vom 12. 5. 1958 – 2 AZR 539/56, AP zu § 611 BGB Treuepflicht Nr. 5; BAG, vom 18. 6. 1970 – 1 AZR 520/69, AP zu § 611 BGB Haftung des Arbeitnehmers Nr. 57; BGH, vom 23. 2. 1989 – IX ZR 236/86, AP zu § 611 BGB Treuepflicht Nr. 9; ErfK/Preis, § 611 BGB, Rn. 744.

731 Schuster/Darsow, NZA 2005, 273, 276; zutreffend Mengel/ Hagemeister, BB 2007, 1386, 1389; Mahnhold, NZA 2008, 737, 739; Mengel, Compliance und Arbeitsrecht, Kap. 1 , Rn. 25.

732 Schuster/Darsow, NZA 2005, 273, 276; Mengel/Hagemeister, BB 2007, 1386, 1389; Mengel, Compliance und Arbeitsrecht, Kap. 1 , Rn. 25.

733 Schuster/Darsow, NZA 2005, 273, 276; Mengel/Hagemeister, BB 2007, 1386, 1389; Mahnhold, NZA 2008, 737, 739; Diller, DB 2004, 313, 314; Mengel, Compliance und Arbeitsrecht, Kap. 1 , Rn. 25.

oder Strafanzeige erstattet, kommt in diesem Fall eine Abwägung zwischen der Meinungsfreiheit des Arbeitnehmers und der Unternehmensfreiheit des Arbeitgebers nach Art. 12 Abs. 1 GG in Betracht.[734]

Da die Meldepflicht sich lediglich auf den Eintritt und die Wesentlichkeit von Vorkommnissen oder Schäden bezieht und sich solche Vorkommnisse oder Schäden in den Compliance-Richtlinien voneinander differenzieren, besteht eine generelle Meldepflicht für den Arbeitnehmer somit nicht.[735] Hätte der Arbeitgeber eine umfassende Anzeigepflicht zu Verstößen für alle Arbeitnehmer bei jeder Form vorgegeben, würde es sich hierbei um eine konstitutive Regelung handeln, die über die Grenzen des Weisungsrechts hinausgeht.[736] Der Arbeitgeber erlangt einen geringeren Gestaltungsspielraum bei der Einführung von Whistleblowing-Klauseln per Weisungsrecht.[737] In diesem Fall bedarf es einer vertraglichen Vereinbarung, durch die eine Erweiterung der Meldepflicht möglich ist. Da ein vorformulierter Arbeitsvertrag im Arbeitsleben der Regelfall ist, sind diese Klauseln insbesondere in der Hinsicht zu überprüfen, ob sie der Inhaltskontrolle nach §§ 307 ff. BGB unterliegen.

Die allgemeinen arbeitsvertraglichen Nebenpflichten zur Schadenabwendung hängen hauptsächlich von der Gefahr und von schweren Sachschäden ab. Nur im Ausnahmefall kann eine umfassende Meldepflicht zu allen Vorkommnissen gelten, wenn sie sich an die Arbeitnehmer richtet, bei denen die Überwachungs- oder Kontrollpflicht zur Arbeitsaufgabe gehört.[738] Hätte der Arbeitgeber eine unbeschränkte Meldepflicht für alle Arbeitnehmer eingeführt, würde die Pflicht für manche Arbeitnehmer konstitutiv und für andere wiederum deklaratorisch wirken, dabei stellt sich eine unangemessene Benachteiligung im Sinne des § 307 Abs. 1 S. 1 BGB dar. Diese Klauseln können im Recht der Allgemeinen Geschäftsbedingungen unwirksam sein. Die Meldepflicht bei der Einführung von Whistleblowing-Klauseln muss die hierarchische Stellung des Arbeitnehmers berücksichtigen. In einem solchen

734 Vgl. LAG Berlin, vom 28. 3. 2006 – 7 Sa 1884/05, LAGE § 626 BGB 2002 Nr. 7b, sowie die Beschwerde EGMR 21. 7. 2011 – 28274/08, NZA 2011, 1269.

735 Siehe oben, sowie Kap. 3 C II 6 und Triskatis, S. 220.

736 Mengel/Hagemeister, BB 2007, 1386, 1389; Mengel, Compliance und Arbeitsrecht, Kap. 1 , Rn. 25; Fahrig, NJOZ 2010, 975, 978.

737 Willemsen, S. 230.

738 BAG, vom 12. 5. 1958 – 2 AZR 539/56, AP zu § 611 BGB Treuepflicht Nr. 5; BAG, vom 18. 6. 1970 – 1 AZR 520/69, AP zu § 611 BGB Haftung des Arbeitnehmers Nr. 57; BGH, vom 23. 2. 1989 – IX ZR 236/86, AP zu § 611 BGB Treuepflicht Nr. 9; ErfK/Preis, § 611 BGB, Rn. 744.

Zusammenhang müssen die Klauseln jedoch differenziert werden. Im Übrigen könnte diese zusätzliche Meldepflicht aufgrund des § 307 Abs. 2 Nr. 1 BGB gerecht werden, wenn ein Abweichungsinteresse in Bezug auf Whistleblowing-Klauseln vorliegt. Fraglich ist allerdings, ob eine zusätzliche Meldepflicht als eine Abweichung von gesetzlichen Regelungen angesehen wird. Die Rechtsvorschriften enthalten nicht nur Gesetzesbestimmungen, sondern auch ungeschriebene Rechtsgrundsätze und das Richterrecht sowie die aufgrund der ergänzenden Auslegung nach den §§ 157, 242 BGB und aus der Natur des jeweiligen Schuldverhältnisses zu entnehmenden Rechte und Pflichten.[739] In diesem Sinne werden die gesetzlichen Nebenpflichten auch als gesetzliche Regelungen aufgefasst. Daraus folgt, dass eine zusätzliche Pflicht als eine Abweichung von gesetzlichen Regelungen anzusehen ist. Eine Abweichung von gesetzlichen Regelungen ist anzunehmen, soweit sie auf Zweckmäßigkeitserwägungen beruhe und eine Ausprägung des Gerechtigkeitsgebots darstelle.[740] Insbesondere sind jedoch die Interessen beider Seiten gegeneinander abzuwägen und auszugleichen.[741] In diesem Fall ignoriert eine zusätzliche generelle Meldepflicht für alle Mitarbeiter die hierarchische Stellung des Arbeitnehmers im Unternehmen. Dies kann dazu führen, dass der Zweck einer Arbeitsverteilung, welcher der Gewährleistung einer effektiven Implementierung von Compliance-Richtlinien dient, nicht mehr gegeben ist und mit zusätzlichen Pflichten ein Arbeitnehmer mehr Verantwortung für das Unternehmen tragen muss, wodurch die unternehmerische Aufgabe des Arbeitnehmers erschwert wird. Abgesehen von dem einschlägigen US-amerikanischen Recht, das eine umfassende Einführung von Whistleblowing-Klauseln erfordert, was auch sinnvoll für deutsche Unternehmen ist, bietet das deutsche Recht dem Arbeitgeber ausreichend Möglichkeiten zur Sicherstellung der Implementierung von Compliance-Richtlinien. Beispielsweise kann diese Lücke von der Regelungskompetenz des deutschen Rechts durch Sanktionsmöglichkeiten wie etwa einer Abmahnung oder Kündigung nachgeholt werden.[742] Aus dieser Sicht ist das Abweichungsinteresse des Arbeitgebers nach § 307 Abs. 2 Nr. 1 BGB nicht

---

739 BGH, vom 12. 3. 1987 – VII ZR 37/86, NJW 1987, 1931; BAG, vom 18. 1. 2012 – 10 AZR 612/10, NZA 2012, 561; BAG, vom 16. 1. 2013 – 10 AZR 26/12, NZA 2013, 1013; ErfK/Preis, §§ 305–310 BGB, Rn. 34.

740 BAG, vom 7. 12. 2005 – 5 AZR 535/04, NZA 2006, 423; BGH, vom 9. 5. 1996 – III ZR 209/95, NJW-RR 1996, 1009.

741 Klumpp, in Clemenz/Kreft/Krause, AGB-Arbeitsrecht, § 307 BGB, Rn. 71; Bonin, in Däubler/Bonin/Deinert, AGB-Kontrolle, § 307 BGB, Rn. 227.

742 Vgl. Willemsen, S. 196 f.; Schneider, S. 144; Hofmann, ZCG 2006, 121, 126.

gerechtfertigt. Whistleblowing-Klauseln, die eine unbeschränkte Meldepflicht vorsehen, halten der Inhaltskontrolle nach §§ 307 ff. BGB nicht stand.

IX. Sanktionsklauseln

Sanktionsklauseln dienen der Sicherstellung von Compliance-Richtlinien bei Verstößen gegen die Verhaltensbestimmungen. Mit Hilfe von Sanktionsklauseln wird auf die negativen arbeitsrechtlichen Rechtsfolgen hingewiesen,[743] daher können diese Klauseln per einseitige Weisung implementiert werden. Da die Sanktionierung eines Pflichtverstoßes ein zulässiger Gegenstand der Weisung sein kann, soll sie auch dem billigen Ermessen entsprechen. Dabei muss die Androhung einer Sanktion bei Fehlverhalten gerechtfertigt werden.[744] Soweit der Arbeitgeber Pflichtverletzungen und Sanktionen im Rahmen der bestehenden Verhaltenspflichten einführt, ist eine einseitige Weisung ausreichend und angemessen. Grundsätzlich kann der Arbeitgeber die bestehenden Sanktionsmöglichkeiten durch den Arbeitsvertrag beliebig ändern und erweitern,[745] wie z.B. durch Lohnminderungen oder erweiterte Kündigungstatbestände im Fall des Verstoßes gegen Compliance-Richtlinien. Hierzu kommt die Vertragsstrafe in Betracht, die meist der Schuldner für die Nichterfüllung oder nicht gehörige Erfüllung der Verbindlichkeit in monetärer Form leisten muss.[746] Das Strafversprechen ist eine vertragliche Abrede zwischen dem Arbeitgeber und dem Arbeitnehmer, und kann nicht durch einseitige Erklärung erfolgen.[747] Damit können die Sanktionsklauseln, welche die Vertragsstrafe betreffen, nur durch Arbeitsvertrag eingeführt werden. Zudem werden die Vertragsstrafklauseln im Arbeitsrecht in aller Regel bei Vertragsschluss als Bestandteil eines Formulararbeitsvertrags aufgestellt, und dies führt zu einer Erhöhung der Gefahr einer unangemessenen Benachteiligung.[748] Dabei muss dies aufgrund der Besonderheit nach § 310 Abs. 4 S. 2 BGB der Inhaltskontrolle nach § 307 BGB unterliegen.[749] Sofern die Sanktionsklauseln durch einen Vertrag eingeführt werden,

743 Siehe, Kap. 3 C I.

744 Schuster/Darsow, NZA 2005, 273, 277.

745 Mengel, Compliance und Arbeitsrecht, Kap. 1, Rn. 125; Schreiber, NZA-RR 2010, 617, 618.

746 ErfK/Müller-Glöge, § 345 BGB, Rn. 1.

747 ErfK/Müller-Glöge, § 345 BGB, Rn. 1.

748 Müller-Glöge, in Münchener Kommentar BGB, § 611 BGB, Rn. 1043.

749 BAG, vom 4. 3. 2004 – 8 AZR 196/03, NZA 2004, 727; BAG, vom 28. 5. 2009 – 8 AZR 896/07, NZA 2009, 1337; ErfK/Preis, §§ 305–310 BGB, Rn. 97; Schaub-ArbRHdB/Linck, § 57, Rn. 7

könnten die Sanktionsklauseln wegen unangemessener Benachteiligung nach §§ 307 ff. BGB unwirksam sein.[750] Die Einführung von Sanktionsklauseln per Arbeitsvertrag ist zwar zulässig, allerdings in praktischer Hinsicht von geringer Bedeutung.[751]

I. Fazit

Nach der Untersuchung unterschiedlicher Einführungsmöglichkeiten von Compliance-Richtlinien lässt sich festhalten, dass ein generell geltendes Implementierungsinstrument nicht besteht. Jede Implementierungsform begegnet stattdessen zahlreichen arbeitsrechtlichen Hindernissen. Das Direktionsrecht orientiert sich nicht nur am Arbeitsvertrag, stattdessen findet auch die Betriebsvereinbarung entsprechende Anwendung, sofern ein Betriebsrat existiert. Die Anforderung für eine Änderungskündigung ist zudem sehr hoch, auch besteht der Tarifvertrag nur in theoretischen Gedanken. Größere Bedeutung erlangt hingegen die vertragliche Vereinbarung, da sie sowohl betriebliches Verhalten als auch außerdienstliches Verhalten und sogar das sich aus ausländischen Rechten ergebende Verhalten, regulieren kann. Mit der Analyse einiger typischer Klauseln von Compliance-Richtlinien sowie anhand der Vor- und Nachteile der jeweiligen Implementierungsmöglichkeit ist es ratsam, verschiedene Gestaltungsmöglichkeiten in Hinsicht auf die Förderung der Bekanntheit und Akzeptanz im Unternehmen und die Verstärkung der Öffentlichkeitswirksamkeit zusammenzufassen und auszuarbeiten.[752] In diesem Sinne ist die Auseinandersetzung mit den Aspekten der Einführung von Compliance-Richtlinien daher sinnvoll.[753]

---

750 Vgl. Schreiber, NZA-RR 2010, 617, 618; Schrader/Schubert, NZA-RR, 2005, 225, 231; sowie Willemsen, S. 198f.

751 Willemsen, S. 199; auch Mengel, Compliance und Arbeitsrecht, Kap. 1, Rn. 125.

752 Mengel, CCZ 2008, 85, 87; Köster, S. 132.

753 Schneider, S. 178.

Kapitel 5: Mitbestimmung bei der Einführung von Compliance-Richtlinien

Sofern in einem Unternehmen ein Betriebsrat, ein Gesamt- oder sogar Konzernbetriebsrat existiert, kommt das Mitbestimmungsrecht nach dem BetrVG in Betracht. Der Betriebsrat hat dann mitzubestimmen, falls die Angelegenheiten einen kollektiven Bezug aufweisen.[754] Ein kollektiver Bezug ist dann gegeben, wenn der Adressant einer Maßnahme die gesamte Belegschaft ist, oder zumindest der Adressant eine bestimmte Gruppe aus dieser Belegschaft ist.[755] Grundsätzlich bezieht sich das Mitbestimmungsrecht des Betriebsrats auf die kollektiven Tatbestände, nur ausnahmsweise gilt der Fall, bei dem das Mitbestimmungsrecht dem Individualtatbestand durch das Gesetz, wie etwa nach § 87 Abs. 1 Nr. 5, Nr. 9 BetrVG, zuzuordnen ist.[756]

Da Compliance-Richtlinien vielfältige Verhaltensklauseln enthalten, die für den gesamten Betrieb und sämtliche Arbeitnehmer gelten, könnte ebenfalls ein kollektiver Tatbestand bei Compliance-Richtlinien bestehen. Aus diesem Grund kann das Mitbestimmungsrecht bei der Einführung von Compliance-Richtlinien in Betracht kommen. Sofern es sich um das Mitbestimmungsrecht des Betriebsrats bei der Einführung von Compliance-Richtlinien handelt, stellen sich im Wesentlichen die folgenden Fragen: Zunächst ist zu fragen, in wieweit Compliance-Richtlinien auf das Mitbestimmungsrecht abzustellen sind. Falls Compliance-Richtlinien in den Umfang des Mitbestimmungsrechts fallen, ist darüber zu diskutieren, welche Tatbestände bei der Einführung von Compliance-Richtlinien in Betracht kommen. Vor diesem Hintergrund handelt es sich dann um die Zuständigkeit des Betriebsrats im Unternehmen. Wenn es an der Beteiligung des Betriebsrats fehlt, ist darzulegen, welche Rechtsfolge auf die Richtlinien wirkt. Schließlich sind die typischen Klauseln von Compliance-Richtlinien danach zu untersuchen, ob die einzelne Regelung von Compliance-Richtlinien der Mitbestimmung des Betriebsrats unterliegt.

---

754 Fitting, § 87 BetrVG, Rn. 14; ErfK/Kania, § 87 BetrVG, Rn. 6; GK-BetrVG/Wiese, § 87, Rn. 20.

755 GK-BetrVG/Wiese, § 87, Rn. 16; Kort, FS Buchner, 477, 484.

756 Raab, ZfA 2001, 31; Richardi/Richardi, § 87 BetrVG, Rn. 17; Fitting, § 87 BetrVG, Rn. 14.

A. Umfang des Mitbestimmungsrechts

Im Hinblick auf die Compliance-Klauseln ist es zuerst zu erfragen, in welchem Umfang die Compliance-Richtlinien dem Mitbestimmungsrecht unterliegen. Der Umfang des Mitbestimmungsrechts bei der Einführung von Compliance-Richtlinien ist allerdings umstritten. Hierbei ist zu prüfen, ob das Mitbestimmungsrecht bei Compliance-Richtlinien im Ganzen oder im Einzelnen besteht.

I. Meinungen und Rechtsprechungen

Eine Meinung geht davon aus, dass sich das Mitbestimmungsrecht auf die gesamten Compliance-Richtlinien bezieht und sie entweder insgesamt mitbestimmungsfrei[757] oder im Ganzen mitbestimmungspflichtig[758] sind. Demgegenüber steht die Aussage, dass der Umfang des Mitbestimmungsrechts nicht von den gesamten Richtlinien, sondern von der einzelnen Klausel abhängig ist, was auch die überwiegende Ansicht im Schrifttum darstellt.[759]

Tatsächlich kommen diese Begründungen der gegensätzlichen Meinungen vielmehr auf die Rechtsprechungen der Gerichte an. Einer absoluten mitbestimmungsfreien Compliance-Richtlinie mangelt es an Begründung, wobei auf die Handelsblatt-Entscheidung verwiesen wird.[760] Obwohl das BAG erstmals die Mitbestimmung in der Entscheidung bei Ethikrichtlinien erwähnt hat, ist eine pauschale Mitbestimmungspflicht nicht gegeben, denn es handelt sich um ein Tendenzunternehmen, bei dem das Mitbestimmungsrecht nach § 118 BetrVG keine Anwendung findet.[761] In der jüngeren Rechtsprechung hat das Gericht ein umfassendes Mitbestimmungsrecht anerkannt, sofern eine Meldepflicht für Verstöße gegen den Verhaltenskodex von Whistleblowing-Klauseln

---

757 Richardi/Richardi, § 87 BetrVG (bis 10. Auflage), Rn. 195.

758 Fitting, § 87 BetrVG (bis 24. Auflage), Rn. 71.

759 Schuster/Darsow, NZA 2005, 273, 274; Simon/Kock, DB 2005, 1800, 1801; Bachner/Lerch, AiB 2005, 229, 230; Eisenbeis/Nießen, FS Leinemann, 697, 713; Kock, MDR 2006, 673, 675; Wisskirchen/Jordan/Bissels, DB 2005, 2190, 2191; Barthel/Huppertz, AuA 2006, 204, 205; Meyer, NJW 2006, 3605, 3608; Deinert, AuR 2008, 90; Kort, NJW 2009, 129, 131; Kort, FS Buchner, 477, 486; Mengel, CCZ 2008, 85, 87; Mengel, Compliance und Arbeitsrecht 2009, Kap. 2, Rn.3.

760 Triskatis, S. 172.

761 BAG, vom 28. 5. 2002 – 1 ABR 32/01, AP zu § 87 BetrVG 1972 Nr. 39=NZA 2003, 166.

umfasst ist.[762] Denn die Meldepflicht bezieht sich nicht nur auf Verfahrensklauseln, sondern auch auf die zu meldenden Inhalte, die eine Ausgestaltung des betrieblichen Zusammenlebens bewirken.[763] Dennoch überzeugt die Begründung des Landesarbeitsgerichts nicht. Daraufhin hat das BAG eine klare Absage erteilt.[764] In der Regel sind die einzelnen Inhalte von Richtlinien trennbar, aufgrund der verschiedenen Ausgestaltungen der Compliance-Richtlinien ist es nicht sinnvoll, die Mitbestimmungspflichtigkeit des Inhalts einheitlich zu entscheiden.[765]

Gegen die pauschalen Meinungen von „Alles oder Nichts“ kommen die Rechtsprechungen der „Wal-Mart-Entscheidung“ in Betracht. Der Entscheidung, dass es sich um klar abgrenzbare Regelungsbereiche bei den einzelnen Ethikrichtlinien handelt und jede einzelne Richtlinie zu überprüfen ist, ob diese unter das Mitbestimmungsrecht fällt, haben sich das ArbG Wuppertal und das LAG Düsseldorf angeschlossen.[766] Obwohl es an einer höchstrichterlichen Entscheidung durch das BAG fehlt, entspricht diese vertretende Meinung der herrschenden Ansicht in der Literatur.[767] Weiterhin ist die „Honeywell-Entscheidung“ zu benennen, bei der das BAG schließlich eine typische Fallkonstellation für die Einführung von Compliance-Richtlinien zum Gegenstand hat. Nach der Ansicht des BAG unterliegt ein Verhaltenskodex weder insgesamt noch überhaupt der Mitbestimmung, vielmehr ist nach dem Inhalt der einzelnen Regelung zu differenzieren. Zudem liegt die Begründung des LAG Hessen darin, dass die „vor die Klammer“ gezogene Meldepflicht, bzw. der gesamte Kodex der Mitbestimmung des Konzernbetriebsrats unterliegt, rechtsfehlerhaft ist. Das

762 LAG Hessen, vom 18. 1. 2007 – 5 TaBV 31/06, CCZ 2008, 73= BeckRS 2007, 42207.

763 LAG Hessen, vom 18. 1. 2007 – 5 TaBV 31/06, CCZ 2008, 73= BeckRS 2007, 42207.

764 BAG, vom 22. 7. 2008 – 1 ABR 40/07, AP zu § 87 BetrVG 1972 Nr. 14= NZA 2008, 1248.

765 Vgl. Wagner, S. 86; Triskatis, S. 173.

766 ArbG Wuppertal, vom 15. 6. 2005 – 5 BV 20/05, NZA-RR 2005, 476; LAG Düsseldorf, vom 14. 11. 2005 – 10 TaBV 46/05, NZA-RR 2006, 81.

767 Schuster/Darsow, NZA 2005, 273, 274; Simon/Kock, DB 2005, 1800, 1801; Bachner/Lerch, AiB 2005, 229, 230; Eisenbeis/Nießen, FS Leinemann, 697, 713; Kock, MDR 2006, 673, 675; Wisskirchen/Jordan/Bissels, DB 2005, 2190, 2191; Barthel/Huppertz, AuA 2006, 204, 205; Meyer, NJW 2006, 3605, 3608; Deinert, AuR 2008, 90; Kort, NJW 2009, 129, 131; Kort, FS Buchner, 477, 486; Mengel, CCZ 2008, 85, 87; Mengel, Compliance und Arbeitsrecht 2009, Kap. 2, Rn.3.

Mitbestimmungsrecht an einzelnen Regelungen begründet jedoch nicht unbedingt ein Mitbestimmungsrecht am Gesamtwerk.[768]

II. Stellungnahme

Die „Honeywell-Entscheidung" des BAG vertritt die überwiegende Ansicht des Schrifttums. Dem ist zuzustimmen. Zuerst ist das BAG den Ansichten des ArbG Wuppertal und des LAG Düsseldorf in der Hinsicht gefolgt, dass eine gesamte Prüfung von Compliance-Richtlinien abgelehnt wird. Ein Verhaltenskodex, der vom Arbeitgeber aufgestellt wird, enthält unterschiedliche Regelungen, Verlautbarungen und Vorgaben, die sich auf unterschiedliche Regelungsbereiche beziehen. Ein Mitbestimmungsrecht nach § 87 Abs. 1 BetrVG setzt voraus, dass es sich bei der Regelung um das sogenannte Ordnungsverhalten der Arbeitnehmer im Betrieb handelt, welches das betriebliche Zusammenleben und Zusammenwirken der Arbeitnehmer beeinflussen und koordinieren kann.[769] Aufgrund der Unterschiedlichkeit der Inhalte unterliegen nicht alle Regelungen dem Mitbestimmungsrecht. Vielmehr gilt es für jeden einzelnen Regelungsbereich zu fragen, ob dieser die Mitbestimmungsrechte des § 87 Abs. 1 BetrVG tangiert oder nicht.[770] Entscheidend ist weiterhin nicht die zufällige Zusammenfassung arbeitgeberseitiger Verlautbarungen im Rahmen eines Verhaltenskodexes, sondern der Inhalt der einzelnen Regelung.[771] Daneben hat das BAG betont, dass die Meldepflicht kein umfassendes Mitbestimmungsrecht bei sämtlichen Regelungen des Verhaltenskodexes begründet, was der Auffassung des LAG Hessen entgegensteht. Mit der Begründung des LAG Hessen wären die einzelnen Inhalte nur als Ganzes zu beachten, wenn sie voneinander abhängig und ohne die andere sinnlos wären.[772] Zahlreiche Teile des Verhaltenskodexes regeln keine Verhaltenspflichten der Arbeitnehmer, sondern beschreiben Ziele, Wertvorstellungen und Selbstverpflichtungen des Unternehmens, die nicht zu melden sind.[773] Hätte die Meldepflicht sich auf die gesamten Compliance-Richtlinien erstreckt, würde

768 BAG, vom 22. 7. 2008 – 1 ABR 40/07, AP zu § 87 BetrVG 1972 Nr. 14=NZA 2008, 1248.

769 BAG, vom 27. 1. 2004 – 1 ABR 7/03, NZA 2004, 556; BAG, vom 28. 5. 2002 – 1 ABR 32/01, AP zu § 87 BetrVG 1972 Ordnung des Betriebes Nr. 39=NZA 2003, 166.

770 ArbG Wuppertal, vom 15. 6. 2005 – 5 BV 20/05, NZA-RR 2005, 476.

771 BAG, vom 22. 7. 2008 – 1 ABR 40/07, AP zu § 87 BetrVG 1972 Nr. 14=NZA 2008, 1248.

772 Vgl. Wagner, S. 86.

773 BAG, vom 22. 7. 2008 – 1 ABR 40/07, AP zu § 87 BetrVG 1972 Nr. 14=NZA 2008, 1248.

sie der Trennbarkeit des Regelungsbereichs entgegenstehen. Dabei ist es nicht anzunehmen, die Mitbestimmungspflichtigkeit der Regelungen einheitlich zu entscheiden.

Insgesamt lässt sich feststellen, dass die Compliance-Richtlinien im Einzelnen auf das Mitbestimmungsrecht des Betriebsrats hin überprüft werden sollten. Eine regelmäßige Gesamtbeachtung ist nicht möglich, wobei ein Mitbestimmungsrecht anhand der einzelnen Regelung bestehen kann oder nicht.

B. Tatbestand des Mitbestimmungsrechts des Betriebsrats

I. Compliance-Richtlinien als Gegenstand des Mitbestimmungsrechts

Nach den bisherigen Ausführungen lässt sich nicht generell beantworten, ob die Einführung von Compliance-Richtlinien unter das Mitbestimmungsrecht des Betriebsrats fällt. Die Geltung des Mitbestimmungsrechts setzt zwingend voraus, dass es sich bei der Einführung von Compliance-Richtlinien um einen kollektiven Bezug handelt.[774] Das Kennzeichnen von Compliance-Richtlinien liegt in der einheitlichen Geltung für alle Beschäftigten des Unternehmens. Dabei beziehen sich die Compliance-Richtlinien auf den kollektiven Tatbestand. Nach der Entscheidung des BAG kann das Mitbestimmungsrecht bei der Einführung von Compliance-Richtlinien sowohl durch eine Betriebsvereinbarung als auch durch das Weisungsrecht oder einen arbeitsrechtlichen Vertrag erfolgen.[775] Entscheidend ist zudem nicht die äußere Form der Maßnahme, sondern der Inhalt.[776] Hierbei bedarf es der konkreten Beachtung der einzelnen Regelung von Richtlinien.

Bei der Einführung von Compliance-Richtlinien kommt vornehmlich das Mitbestimmungsrecht in sozialen Angelegenheiten nach § 87 Abs. 1 Nr. 1 BetrVG in Betracht. Daneben ist an § 87 Abs. 1 Nr. 6 BetrVG zu denken, wenn der Arbeitgeber ein Whistleblowing-System zu etablieren beabsichtigt. Darüber hinaus wird das Mitbestimmungsrecht nach §§ 94 ff. BetrVG diskutiert, denn es impliziert oftmals persönliche Angelegenheiten bei der Einführung von Compliance-Richtlinien.

---

774 Fitting, § 87 BetrVG, Rn. 14; ErfK/Kania, § 87 BetrVG, Rn. 6; GK-BetrVG/Wiese, § 87, Rn. 20.

775 BAG, vom 22. 7. 2008 – 1 ABR 40/07, AP zu § 87 BetrVG 1972 Nr. 14=NZA 2008, 1248

776 BAG, vom 22. 7. 2008 – 1 ABR 40/07, AP zu § 87 BetrVG 1972 Nr. 14=NZA 2008, 1248; Borgmann, NZA 2003, 352, 355; Triskatis, S. 168.

II. Mitbestimmung in sozialen Angelegenheiten nach § 87 Abs. 1 BetrVG

§ 87 Abs. 1 BetrVG regelt die Mitbestimmung im Falle sozialer Angelegenheiten, die als Kernbereich des Mitbestimmungsrechts angesehen werden.[777] Sofern Compliance-Richtlinien mitbestimmungspflichtige Regelungen enthalten, kommt zuerst die betriebliche Zustimmung in sozialen Angelegenheiten in Betracht.

1. Gesetzesvorbehalt als Eingangssatz des § 87 Abs. 1 BetrVG

Nach dem Eingangssatz des § 87 Abs. 1 BetrVG hat der Betriebsrat die Angelegenheiten mitzubestimmen, sofern eine gesetzliche oder tarifliche Regelung nicht vorliegt. Mit diesem Vorrang besteht kein Bedürfnis für das Mitbestimmungsrecht, da die Interessen der Arbeitnehmer durch die Regelungen einen hinreichenden Schutz erfahren.[778] Außerdem setzt das Mitbestimmungsrecht voraus, dass der Arbeitgeber über einen Spielraum verfügt. Mit den abschließenden gesetzlichen oder tariflichen Bestimmungen ist kein Raum für den Arbeitgeber vorhanden, sodass der Betriebsrat nicht mitzustimmen braucht.[779] Die gesetzlichen Regelungen sind zudem im materiellen Sinne zu verstehen, wozu alle zwingenden Rechtsnormen gehören.[780] Fraglich ist jedoch, ob die ausländischen gesetzlichen Bestimmungen im Mitbestimmungsrecht des Betriebsrats eingeschlossen werden könnten. Laut der „Honeywell-Entscheidung" sind die ausländischen Bestimmungen, die in Deutschland tätigen Unternehmen bestimmte Pflichten auferlegen, keine im Sinne des Eingangssatzes die Mitbestimmung ausschließenden gesetzlichen Regelungen, wenn es an einer wirksamen

777 ErfK/Kania, § 87 BetrVG, Rn. 1.

778 BAG, vom 24. 2. 1987 – 1 ABR 18/85, NZA 1987, 639; BAG, vom 3. 12. 1991 – GS 2/90, NZA 1992, 749; BAG, vom 28. 5. 2002 – 1 ABR 37/01, NZA 2003, 171; Fitting, § 87 BetrVG, Rn. 31; Richardi/Richardi, § 87 BetrVG, Rn. 143; ErfK/Kania, § 87 BetrVG, Rn. 10.

779 BAG, vom 24. 2. 1987 – 1 ABR 18/85, NZA 1987, 639; BAG, vom 3. 12. 1991 – GS 2/90, NZA 1992, 749; BAG, vom 28. 5. 2002 – 1 ABR 37/01, NZA 2003, 171; Fitting, § 87 BetrVG, Rn. 31; Richardi/Richardi, § 87 BetrVG, Rn. 143; ErfK/Kania, § 87 BetrVG, Rn. 10.

780 BAG, vom 29. 3. 1977 – 1 ABR 123/74, AP zu § 87 BetrVG 1972 Provision Nr. 1; Fitting, § 87 BetrVG, Rn. 32; GK-BetrVG/Wiese, § 87, Rn. 58; Richardi/Richardi, § 87 BetrVG, Rn. 146; ErfK/Kania, § 87 BetrVG, Rn. 11.

völkerrechtlichen Transformation in das deutsche Arbeitsrecht fehlt.[781] Im Bereich des kollektiven Arbeitsrechts gilt das Territorialitätsprinzip für das Betriebsverfassungsgesetz, maßgebend ist hierbei der Sitz des Betriebs.[782] In diesem Sinne werden die ausländischen gesetzlichen Bestimmungen nicht als gesetzliche Bestimmungen aufgefasst.

Sofern die Compliance-Richtlinien lediglich die gesetzlichen oder tariflichen Regelungen wiederholen, ist ein Mitbestimmungsrecht des Betriebsrats ausgeschlossen, zumal die Compliance-Richtlinien keinen Gestaltungsspielraum darlegen.[783] Demgegenüber kommt das Mitbestimmungsrecht in Betracht, wenn die gesetzlichen Regelungen nicht abschließend sind.[784]

2. *§ 87 Abs. 1 Nr. 1 BetrVG*

Im Zusammenhang mit der Einführung von Compliance-Richtlinien ist § 87 Abs. 1 Nr. 1 BetrVG von besonderer Bedeutung. Hiernach hat der Betriebsrat die Frage der Ordnung des Betriebs und des Verhaltens der Arbeitnehmer im Betrieb mitzubestimmen. Der Schwerpunkt der Compliance-Richtlinien richtet sich dabei an die konkreten Maßnahmen für die Arbeitnehmer, die den Gegenstand des § 87 Abs. 1 Nr. 1 BetrVG betreffen können. Daher stellt sich die Frage, ob die Regelungen der Compliance-Richtlinien unter den Tatbestand von § 87 Abs. 1 Nr. 1 BetrVG fallen.

a. Gegenstand des Mitbestimmungstatbestands

Die Mitbestimmung im Sinne des § 87 Abs. 1 Nr. 1 BetrVG umfasst die Frage nach der Ordnung des Betriebs und des Verhaltens der Arbeitnehmer im Betrieb. Nach dem Wortlaut gemäß § 87 Abs. 1 Nr. 1 BetrVG ergibt sich die Frage, ob sich die Mitbestimmung des Betriebsrats mit zwei Regelungsbereichen, nämlich dem Ordnungsverhalten und dem Arbeitsverhalten im Betrieb befasst oder ob es sich nur um eine einheitliche Gesamtheit handelt. Nach ständiger Rechtsprechung und herrschender Meinung in der Literatur beschränkt sich

---

781 BAG, vom 22. 7. 2008 – 1 ABR 40/07, AP zu § 87 BetrVG 1972 Nr. 14 = NZA 2008, 1248; Richardi/ Richardi, § 87 BetrVG, Rn. 147; Fitting, § 87, Rn. 32; a.A. Boemke, DB 2010, 843; zutreffend, ErfK/Kania, § 87 BetrVG, Rn. 11; Deyhle, S. 135f.

782 Siehe, Kap. 4 A II.

783 BAG, vom 22. 7. 2008 – 1 ABR 40/07, AP zu § 87 BetrVG 1972 Nr. 14 = NZA 2008, 1248.

784 Eisenbeis/Nießen, FS Leinemann, 697, 716; Wisskirchen/Jordan/Bissels, DB 2005, 2190, 2191.

die Mitbestimmung lediglich auf das Ordnungsverhalten des Arbeitnehmers, wobei das Arbeitsverhalten ausscheidet.[785] Hiermit sind das mitbestimmungspflichtige Ordnungsverhalten und das mitbestimmungsfreie Arbeitsverhalten zu unterscheiden.

Das Mitbestimmungsrecht des § 87 Abs. 1 Nr. 1 BetrVG bezieht sich auf die Gestaltung des Zusammenlebens und des Zusammenwirkens der Arbeitnehmer, was der Gewährleistung eines ungestörten Arbeitslaufs im Betrieb dient.[786] Mitbestimmungspflichtig sind zunächst die allgemeinen betrieblichen Ordnungen, sofern der Zweck des Mitbestimmungsrechts berührt wird. Demgegenüber umfasst das Arbeitsverhalten sowohl die Maßnahmen zur Erbringung von Arbeitsleistung als auch Maßnahmen, die in sonstiger Weise lediglich das Verhältnis zwischen Arbeitgeber und Arbeitnehmer betreffen.[787] Das Arbeitsverhalten ist nicht vom Mitbestimmungsrecht erfasst, denn der Gegenstand der Mitbestimmung ist das betriebliche Zusammenleben und Zusammenwirken der Arbeitnehmer, nicht aber die Erbringung von Arbeitsleistung durch den Arbeitnehmer.[788] Im Sonderfall unterliegen die Anordnungen des Arbeitsverhaltens der Mitbestimmung im Sinne des § 87 Abs. 1 Nr.1 BetrVG, falls sie geringere Berührungspunkte zur Erbringung von Arbeitsleistung aufweisen und sich auf das Ordnungsverhalten der Arbeitnehmer im Betrieb beziehen.[789]

In der Tat ist es schwierig, das mitbestimmungspflichtige Ordnungsverhalten und das mitbestimmungsfreie Arbeitsverhalten voneinander abzugrenzen. Vielmehr erfolgt die Abgrenzung nicht nach subjektiven Vorstellungen, sondern

785 BAG, vom 24. 3. 1981 – 1 ABR 32/78, AP zu § 87 BetrVG 1972 Arbeitssicherheit Nr. 2; BAG, vom 18. 4. 2000 – 1 ABR 22/99, NZA 2000, 1176; BAG, vom 28. 5. 2002 – 1 ABR 32/01, NZA 2003, 166; Richardi/Richardi, § 87 BetrVG, Rn. 177ff.; Fitting, § 87 BetrVG, Rn. 64ff.; GK-BetrVG/Wiese, § 87, Rn. 171ff.; ErfK/Kania, § 87 BetrVG, Rn. 18ff.

786 BAG, vom 9. 12. 1980 – 1 ABR 1/78, AP zu § 87 BetrVG 1972 Ordnung des Betriebes Nr. 2; Richardi/Richardi, § 87 BetrVG, Rn. 175; ErfK/Kania, § 87 BetrVG, Rn. 18.

787 BAG, vom 24. 3. 1981 – 1 ABR 32/78, AP zu § 87 BetrVG 1972 Arbeitssicherheit Nr. 2; BAG, vom 24. 11. 1981 – 1 ABR 108/79, AP zu § 87 BetrVG 1972 Ordnung des Betriebes Nr. 3; BAG, vom 17. 1. 2012 – 1 ABR 45/10, NZA 2012, 687; Richardi/Richardi, § 87 BetrVG, Rn. 178.

788 Richardi/Richardi, § 87 BetrVG, Rn. 177.

789 BAG, vom 24. 3. 1981 – 1 ABR 32/78, AP zu § 87 BetrVG 1972 Arbeitssicherheit Nr. 2; BAG, vom 24. 11. 1981 – 1 ABR 108/79, AP zu § 87 BetrVG 1972 Ordnung des Betriebes Nr. 3; BAG, vom 11. 6. 2002 – 1 ABR 46/01, NZA 2002, 1299; Richardi/Richardi, § 87 BetrVG, Rn. 177; Eisenbeis/Nießen, FS Leinemann, 697, 714.

nach dem objektiven Regelungszweck, der sich nach dem Inhalt der Maßnahme und der Art des zu beeinflussenden betrieblichen Geschehens richtet.[790] Wirkt sich eine Maßnahme zugleich auf das Ordnungs- und Arbeitsverhalten aus, so kommt es nach Ansicht des BAG darauf an, welcher Regelungszweck überwiegt.[791]

b. Relevanz des Mitbestimmungstatbestands zur Einführung von Compliance-Richtlinien

Ausgehend vom Grundsatz des Mitbestimmungstatbestands im Sinne des § 87 Abs. 1 Nr. 1 BetrVG ist die betriebliche Ordnung durch die Verhaltensregelungen zu gestalten. Mit dem Charakter der Compliance-Richtlinien, die umfassende verhaltenslenkende Vorgaben implizieren, ist es zu untersuchen, ob die Einführung von Compliance-Richtlinien dem Mitbestimmungsrecht nach § 87 Abs. 1 Nr. 1 BetrVG unterliegt.

Da Compliance-Richtlinien sowohl verbindliche Vorgaben als auch ausschließliche Hinweise enthalten, ist nicht abstrakt bestimmbar, ob und inwieweit die Einführung von Compliance-Richtlinien dem Mitbestimmungsrecht nach § 87 Abs. 1 Nr. 1 BetrVG unterliegt. Vielmehr muss die einzelne Klausel im Einzelfall ermittelt werden.[792] Nach überwiegender Ansicht[793] ist der Umfang des Mitbestimmungsrechts nicht anhand der gesamten Richtlinien, sondern von der einzelnen Klausel abhängig. Hierbei ist zudem nach dem jeweiligen Inhalt der Richtlinien zu differenzieren. Eine Richtlinie ist nach § 87 Abs. 1 Nr. 1 BetrVG dann mitbestimmungspflichtig, wenn sie das Ordnungsverhalten des Arbeitnehmers betrifft. Indessen unterliegt die Klausel, welche nur gesetzliche Regelungen wiedergibt, keiner Mitbestimmung, da die Betriebsparteien über keinen

790 BAG, vom 11. 6. 2002 – 1 ABR 46/01, NZA 2002, 1299; BAG, vom 17. 1. 2012 – 1 ABR 45/10, NZA 2012, 687; Richardi/Richardi, § 87 BetrVG, Rn. 180; Fitting, § 87 BetrVG, Rn. 68.

791 BAG, vom 11. 6. 2002 – 1 ABR 46/01, NZA 2002, 1299; Richardi/Richardi, § 87 BetrVG, Rn. 180.

792 Eisenbeis/Nießen, FS Leinemann, 697, 714; Wisskirchen/Bissels/Jordan, DB 2005, 2190, 2191.

793 Schuster/Darsow, NZA 2005, 273, 274; Simon/Kock, DB 2005, 1800, 1801; Bachner/Lerch, AiB 2005, 229, 230; Eisenbeis Nießen, FS Leinemann, 697, 713; Kock, MDR 2006, 673, 675; Wisskirchen/Jordan/Bissels, DB 2005, 2190, 2191; Barthel/Huppertz, AuA 2006, 204, 205; Meyer, NJW 2006, 3605, 3608; Deinert, AuR 2008, 90; Kort, NJW 2009, 129, 131; Kort, FS Buchner, 477, 486; Mengel, CCZ 2008, 85, 87; Mengel, Compliance und Arbeitsrecht, Kapitel 2, Rn. 3.

Entscheidungsspielraum verfügen.[794] Jedoch greift das Mitbestimmungsrecht nach § 87 Abs. 1 Nr. 1 BetrVG wieder, sofern weitere Regelungen über gesetzliche Vorgaben hinausgehen.[795] Zur Beurteilung der Mitbestimmungspflichtigkeit von Compliance-Richtlinien lässt sich keine allgemeine Antwort geben, vielmehr ist bei der Einführung von Compliance-Richtlinien der Einzelfall gesondert danach zu überprüfen, ob die einzelne Regelung die betriebliche Ordnung erfasst.[796]

3. § 87 Abs. 1 Nr. 6 BetrVG

Compliance-Richtlinien enthalten zumeist auch Whistleblowing-Klauseln, bei deren Einführung die Einrichtung einer Whistleblowing-Hotline oder anderer Mittel zur Meldung von Verstößen erforderlich ist. Dabei könnte der Betriebsrat im Rahmen von § 87 Abs. 1 Nr. 6 BetrVG die Einführung und Anwendung technischer Einrichtungen, die dazu dienen, das Verhalten oder die Leistung der Arbeitnehmer zu überwachen, mitbestimmen.

Dieses Mitbestimmungsrecht dient dem Persönlichkeitsschutz der Arbeitnehmer vor den Gefahren technischer und anonymer Überwachungseinrichtungen.[797] Einerseits sind alle technischen Einrichtungen im Sinne von § 87 Abs. 1 Nr. 6 BetrVG zu verstehen, worunter jedes optische, mechanische, akustische oder elektronische Gerät fällt.[798] Andererseits muss die technische Einrichtung der Überwachung des Verhaltens oder der Leistung der Arbeitnehmer dienen. Der Begriff der Überwachung umfasst hierbei nicht nur die Erhebung von Daten, sondern auch deren Auswertung.[799] Bei einer technischen Überwachung im Sinne von § 87 Abs. 1 Nr. 6 BetrVG handelt es sich somit um einen Vorgang, durch den Informationen über das Verhalten oder die Leistung der Arbeitnehmer erhoben und ausgewertet werden.[800] Bei der Einführung technischer

---

794 Eisenbeis/Nießen, FS Leinemann, 697, 715; Wisskirchen/Bissels/Jordan, DB 2005, 2190, 2191; Ohlendorf/Bünning, AuA 2006, 200, 201.

795 Eisenbeis/Nießen, FS Leinemann, 697, 715; Wisskirchen/Bissels/Jordan, DB 2005, 2190, 2191; Ohlendorf/Bünning, AuA 2006, 200, 201.

796 Ausführlich, siehe unten E.

797 Richardi/Richardi, § 87 BetrVG, Rn. 481; ErfK/Kania, § 87 BetrVG, Rn. 48.

798 BAG, vom 8. 11. 1994 – 1 ABR 20/94, NZA 1995, 313; Fitting, § 87 BetrVG, Rn. 225; GK-BetrVG/ Wiese, § 87, Rn. 500f.; ErfK/Kania, § 87 BetrVG, Rn. 48.

799 BAG, vom 8. 11. 1994 – 1 ABR 20/94, NZA 1995, 313; GK-BetrVG/Wiese, § 87, Rn. 527; Fitting, § 87 BetrVG, Rn. 241; ErfK/Kania, § 87 BetrVG, Rn. 49.

800 BAG, vom 27. 1. 2004 – 1 ABR 7/03, NZA 2004, 556; GK-BetrVG/Wiese, § 87, Rn. 521; Fitting, § 87 BetrVG, Rn. 236; ErfK/Kania, § 87 BetrVG, Rn. 51; Richardi/Richardi, § 87 BetrVG, Rn. 488.

Einrichtungen hat der Betriebsrat auch mitzubestimmen, soweit die technische Einrichtung nach ihrer Konstruktion für die Überwachung objektiv geeignet ist. Ob der Arbeitgeber den Zweck zur Überwachung verfolgt, spielt hingegen keine Rolle.[801]

Die Einführung von Compliance-Richtlinien umfasst regelmäßig technische Mittel zur Meldung von Verhaltensverstößen, wobei in das Mitbestimmungsrecht im Sinne des § 87 Abs. 1 Nr. 6 BetrVG eingegriffen wird. Ein solches Mitbestimmungsrecht bei der Einführung von Compliance-Richtlinien ist dann anzunehmen, wenn die technischen Überwachungseinrichtungen als objektiv geeignet gelten. Da eine Überwachung sich vielmehr auf das Verhalten oder die Leistung der Arbeitnehmer bezieht, müssen die Daten im Einzelfall bewertet werden. Dabei ist eine pauschale Beantwortung für die Mitbestimmung bei der Einführung von Compliance-Richtlinien aufgrund der Vielfältigkeit der Compliance Regelungen nicht möglich.[802] Beispielsweise hat der Betriebsrat sich daran zu beteiligen, wenn Anrufe mittels einer eigenen dafür eingerichteten Telefonhotline aufgezeichnet werden oder Verstöße über EDV-Anlagen per Mail angezeigt werden sollen.[803] Demgegenüber sind technische Hilfsmittel, die lediglich unterstützend zur Überwachung zum Einsatz kommen, ausgeschlossen, denn es muss davon ausgegangen werden können, dass die technische Einrichtung eine eigenständige Kontrollwirkung entfalten kann.[804] Im Zusammenhang

---

801 BAG, vom 9. 9. 1975 – 1 ABR 20/74, AP zu § 87 BetrVG 1972 Überwachung Nr. 2; BAG, vom 10. 7. 1979 – 1 ABR 97/77, AP zu § 87 BetrVG 1972 Überwachung Nr. 4; BAG, vom 23. 4. 1985 – 1 ABR 39/81, NZA 1985, 669; BAG, vom 8. 11. 1994 –1 ABR 20/94, NZA 1995, 313; Richardi/Richardi, § 87 BetrVG, Rn. 496; GK-BetrVG/Wiese, Rn. 507; Fitting, § 87 BetrVG, Rn. 226; ErfK/Kania, § 87 BetrVG, Rn. 51.

802 Grundliegend, BAG, vom 27. 1. 2004 – 1 ABR 7/03, NZA 2004, 556; GK-BetrVG/Wiese, § 87, Rn. 521; Fitting, § 87 BetrVG, Rn. 236; ErfK/Kania, § 87 BetrVG, Rn. 51; Richardi/ Richardi, § 87 BetrVG, Rn. 488; Compliance bestreffend, vgl. Eisenbeis/Nießen, FS Leinemann, 697, 718; Wisskirchen/Jordan/Bissels, DB 2005, 2190, 2192; Mengel/Hagemeister, BB 2007, 1386, 1392; Mengel, Compliance und Arbeitsrecht, Kap. 2, Rn. 25ff.

803 Eisenbeis/Nießen, FS Leinemann, 697, 719; Wisskirchen/Jordan/Bissels, DB 2005, 2190, 2192; Mengel, Compliacne und Arbeitsrecht, Kap. 2, Rn. 54; Bathel/Hellmich, AuA 2009, 78, 80; Umnuß, CCZ 2009, 88, 91; Neufeld/ Knitter, BB 2013, 821, 822; Hohmuth, BB 2014, 3061, 3064; Stück, ArbRAktuell 2015, 337, 339.

804 BAG, vom 6. 12. 1983 – 1 ABR 43/81, NJW 1984, 1476; BAG, vom 14. 9. 1984 – 1 ABR 23/82, NZA 1985, 28; BAG, vom 8. 11. 1994 – 1 ABR 20/94, NZA 1995, 313; ErfK/Kania, § 87 BetrVG, Rn. 57; GK-BetrVG/Wiese, Rn. 511; Fitting, § 87, Rn. 227; Wisskirchen/Jordan/Bissels, DB 2005, 2190, 2192; Bathel/Hellmich, AuA 2009, 78,

mit Compliance-Richtlinien sei auch darauf hingewiesen, dass ein Mitbestimmungsrecht im Sinne von § 87 Abs. 1 Nr. 6 BetrVG in Betracht kommt, wenn die Whistleblowing-Hotline oder sonstige Meldeformen automatisch überwacht oder gespeichert werden, weil durch heutige moderne technische Einrichtungen eine automatische Erfassung und Speicherung von eingehenden Anrufen und Meldungen der Regelfall ist, sodass sie objektiv geeignet sind.[805] Im Hinblick auf die Einführung von Compliance-Richtlinien ist das Mitbestimmungsrecht im Sinne von § 87 Abs. 1 Nr. 6 BetrVG vor allem im Falle von Whistleblowing-Klauseln von Bedeutung.[806]

III. Mitbestimmung bei persönlichen Angelegenheiten nach § 94 BetrVG

Bei der Einführung von Compliance-Richtlinien kommt das Mitbestimmungsrecht des Betriebsrats nach § 94 Abs. 1 BetrVG in Betracht, wenn die Verwendung von Personalfragebögen vorgesehen ist.[807] Unter einem Personalfragebogen ist die formularmäßige Zusammenfassung von Fragen zu persönlichen Verhältnissen, Kenntnissen und Fähigkeiten einer Person zu verstehen,[808] hierbei bedarf der Einsatz von Personalfragebögen der Zustimmung des Betriebsrats. Die Einführung von Personalfragebögen setzt die Beteiligung des Betriebsrats voraus, da der Arbeitgeber für die Besetzung eines Arbeitsplatzes eine systematische Erhebung personenbezogener Daten vornimmt.[809]

Bei der Einführung von Compliance-Richtlinien handelt sich es hierbei also um die Angabe von personenbezogenen Daten, wobei die Mitbestimmung des

---

80; Neufeld/Knitter, BB 2013, 821, 822; Hohmuth, BB 2014, 3061, 3064; Stück, ArbRAktuell 2015, 337, 339.

805 Deyhle, S. 148; Eisenbeis/Nießen, FS Leinemann, 697, 718; Wisskirchen/Jordan/Bissels, DB 2005, 2190, 2192; Borgmann, NZA 2003, 352, 356; Mengel/ Hagemeister, BB 2007, 1386, 1392; Bathel/Hellmich, AuA 2009, 78, 80; Umnuß, CCZ 2009, 88, 91; Neufeld/ Knitter, BB 2013, 821, 822; Hohmuth, BB 2014, 3061, 3064; Stück, ArbRAktuell 2015, 337, 339.

806 Sieh unten E.

807 Borgmann, NZA 2003, 352, 356; Wisskirchen/Jordan/Bissels, DB 2005, 2190, 2192; Mengel, CCZ 2008, 85, 87; Fahrig, NJOZ 2010, 975, 978; Zimmer/Heymann BB 2010, 1853, 1854; Neufeld/Knitter, BB 2013, 821, 823; Stück, ArbRAktuell 2015, 337, 340; Mengel, Compliance und Arbeitsrecht, Kap. 2, Rn. 15.

808 BAG, vom 21. 9. 1993 – 1 ABR 28/93, NZA 1994, 375; Richardi/Thüsing, § 94 BetrVG, Rn. 6; Erfk/Kania, § 94 BetrVG, Rn.2; Fitting, § 94 BetVG, Rn. 6.

809 Richardi/Thüsing, § 94 BetrVG, Rn. 32.

Betriebsrats erforderlich ist. Wiederum ist im Einzelfall zu betrachten, ob die im Rahmen von Compliance-Richtlinien geforderten Auskünfte und Angaben als mitbestimmungspflichtiger Personalfragebogen qualifiziert werden können. Dies lässt sich nach dem Inhalt und der jeweils geforderten Form einer Auskunft beurteilen.[810] In der „Handelsblatt-Entscheidung" hat das BAG im Einklang mit der Ansicht des LAG Düsseldorf offen gelassen, dass die Verwendung eines Formblatts über die Mitteilung eines Aktienbesitzes nicht unter § 94 Abs. 1 BetrVG fällt, weil eine standardisierte Informationserhebung nicht vorgesehen ist.[811] Jedoch ist dies nicht die allgemeine Regel, und das Mitbestimmungsrecht nach § 94 Abs. 1 BetrVG ist grundsätzlich weiter aufzufassen. Sofern es sich um weitreichende Auskunftspflichten in Ethikrichtlinien handelt, findet § 94 BetrVG daher entsprechende Anwendung.[812]

IV. Ausnahmen - Tendenzunternehmen

Die Geltung des Mitbestimmungsrechts könnte durch § 118 Abs. 1 BetrVG eine Einschränkung erfahren. Demnach findet das BetrVG keine Anwendung bei Tendenzunternehmen, sofern deren Eigenart der Anwendung entgegensteht. Erfüllt die Maßnahme die Vorgabe des § 118 Abs. 1 BetrVG, scheidet das Mitbestimmungsrecht des Betriebsrats für entsprechende Sachverhalte von vornherein aus.[813] Im Vergleich zum absoluten Abschluss der §§ 106 bis 110 BetrVG beschränkt sich die betriebliche Mitbestimmung auf bestimmte Tatbestände. Nach Ansicht des BAG ist die Mitbestimmung des Betriebsrats ausgeschlossen, wenn das Mitbestimmungsrecht die Tendenzverwirklichung ernsthaft beeinträchtigen und damit letztlich in das hier geschützte Grundrecht oder sonstig gesicherte Verfassungsgarantien eingreifen kann.[814] Während der Ausschluss von

---

810 Borgmann, NZA 2003, 352, 356.

811 BAG, vom 28. 5. 2002 - 1 ABR 32/01, AP zu § 87 BetrVG 1972 Ordnung des Betriebs Nr. 39 = NZA 2003, 166; LAG Düsseldorf, vom 29. 5. 2001 - 3 TaBV 14/01, NZA 2001, 908.

812 Borgmann, NZA 2003, 352, 356; Wisskirchen/Jordan/Bissels, DB 2005, 2190, 2192; Mengel, CCZ 2008, 85, 87.

813 Mengel/Hagemeister, BB 2007, 1386, 1392.

814 BAG, vom 7. 11. 1975 - 1 AZR 282/74, AP zu § 118 BetrVG 1972 Nr. 4; st. Rspr. vgl. BAG, vom 31. 5. 1983 - 1 ABR 57/80, AP zu § 118 BetrVG 1972 Nr. 27; BAG, vom 1. 9. 1987 - 1 ABR 22/86, AP zu § 101 BetrVG 1972 Nr. 10 = NZA 1988, 99; BAG, vom 11. 2. 1992 - 1 ABR 49/91, AP zu § 118 BetrVG 1972 Nr. 50= NZA 1992, 705; auch LAG Nürnberg, vom 22. 12. 2004 - 8 TaBV 14/04, AR-Blattei ES 1570 Nr. 68; Richardi/Forst, § 118 BetrVG, Rn. 117.

der Mitbestimmung in personellen Angelegenheiten keiner erforderlichen und ausreichenden Begründung bedarf,[815] ist es vor allem entscheidend zu prüfen, ob Maßnahmen der Tendenzverwirklichung eine im Sinne des § 87 Abs. 1 BetrVG mitbestimmungspflichtige Angelegenheit darstellen. Statt der Abgrenzung zwischen mitbestimmungsfreien und mitbestimmungspflichtigen Maßnahmen hat das BAG direkt geprüft, ob die Beteiligungsrechte des Betriebsrats zu einer Beeinträchtigung der Tendenzbestimmung und Tendenzverwirklichung führen können.[816] Das Mitbestimmungsrecht des Betriebsrats im Falle sozialer Angelegenheiten des § 87 Abs. 1 BetrVG kommen nur ausnahmsweise in Betracht,[817] maßgeblich sind nicht nur die Regelungen, sondern auch ihre Ziele zu berücksichtigen.[818]

Da das Mitbestimmungsrecht in sozialen Angelegenheiten in aller Regel den wertneutralen Betriebsablauf betrifft,[819] kommt § 118 Abs. 1 BetrVG bei der Einführung von Compliance-Richtlinien nur eine eingeschränkte Bedeutung hinzu.[820] In der „Handelsblatt-Entscheidung" hat das BAG diese Ansicht bejaht. Bei der Einführung eines Formulars, in dem Redakteure einer Wirtschaftszeitung aufgrund einer vertraglichen Nebenabrede den Besitz bestimmter Wertpapiere dem Arbeitgeber anzuzeigen haben, steht ein Mitbestimmungsrecht nach § 87 Abs. 1 Nr. 1 BetrVG dem Betriebsrat zu. Indessen ist eine Mitbestimmung des Betriebsrats ausgeschlossen, wenn die Regeln, die bei Redakteuren einer Wirtschaftszeitung den Besitz von Wertpapieren oder die Ausübung von Nebentätigkeiten mit dem Ziel einschränken, eine Unabhängigkeit bei der Berichterstattung zu gewährleisten, eingeführt werden.[821]

---

815 Richardi/Forst, § 118 BetrVG, Rn. 143.

816 BAG, vom 28. 5. 2002 – 1 ABR 32/01, AP zu § 87 BetrVG 1972 Ordnung des Betriebs Nr. 39= NZA 2003, 166.

817 BAG, vom 13. 6. 1989 – 1 ABR 15/88, AP zu § 87 BetrVG 1972 Arbeitszeit Nr. 36= NZA 1990, 235; Fitting, § 118 BetrVG, Rn. 32; Richardi/Forst, § 118 BetrVG, Rn. 142.

818 BAG, vom 28. 5. 2002 – 1 ABR 32/01, AP zu § 87 BetrVG 1972 Ordnung des Betriebs Nr. 39 = NZA 2003, 166; Richardi/Forst, § 118 BetrVG, Rn. 143.

819 BAG, vom 28. 5. 2002 – 1 ABR 32/01, AP zu § 87 BetrVG 1972 Ordnung des Betriebs Nr. 39 = NZA 2003, 166; BAG, vom 13. 6. 1989 – 1 ABR 15/88, AP zu § 87 BetrVG 1972 Arbeitszeit Nr. 36= NZA 1990, 235; Fitting, § 118 BetrVG, Rn. 32; Richardi/Forst, in Richardi § 118 BetrVG, Rn. 142.

820 ErfK/Kania, § 118 BetrVG, Rn. 23; Dzida, NZA 2008, 1265,1269; Mengel, Compliance und Arbeitsrecht, Kap. 2, Rn. 24; Triskatis, S. 176 f; Kagan, S. 90; Köstner, S. 139.

821 BAG, vom 28. 5. 2002 – 1 ABR 32/01, AP zu § 87 BetrVG 1972 Ordnung des Betriebs Nr. 39 = NZA 2003, 166.

C. Zuständigkeit des Betriebsrats bei Einführung von Compliance-Richtlinien

Bei der Einführung von Compliance-Richtlinien kommt die Zuständigkeit des Betriebsrats, des Gesamtbetriebsrats sowie des Konzernbetriebsrats in Betracht, wobei eine Differenzierung je nach Zuständigkeitsbereich zu treffen ist. Grundsätzlich ist der Betriebsrat für die Mitbestimmung bei der Einführung von Compliance-Richtlinien zuständig. Jedoch stellt sich die Frage nach der Zuständigkeit des Gesamtbetriebsrats und des Konzernbetriebsrats, wenn die Compliance-Richtlinien überbetriebliche Angelegenheiten betreffen oder auf eine unternehmenseinheitliche Geltung abzielen. Vor diesem Hintergrund ist eine Beschäftigung mit dem jeweiligen Regelungsbereich des Betriebsrats erforderlich.

I. Zuständigkeit des Gesamtbetriebsrats

Die Zuständigkeit des Gesamtbetriebsrats ergibt sich aus § 50 Abs. 1 BetrVG, wonach der Gesamtbetriebsrat für die Behandlung von Angelegenheiten, die das Gesamtunternehmen oder mehrere Betriebe betreffen und nicht durch die einzelnen Betriebsräte innerhalb ihrer Betriebe geregelt werden können, zuständig ist. Der Gesamtbetriebsrat ist für die Ausübung des Mitbestimmungsrechts zuständig, wenn ein zwingendes Erfordernis für eine unternehmenseinheitliche oder betriebsübergreifende Regelung objektiv besteht, das sich dabei aus technischen oder rechtlichen Gründen ergeben kann.[822] In der Tat rechtfertigt die bloße Zweckmäßigkeit einer unternehmenseinheitlichen Regelung keine Zuständigkeit des Gesamtbetriebsrats, vielmehr ergibt sich ein zwingendes Bedürfnis aus einer betriebsübergreifenden Regelung nach dem Mitbestimmungstatbestand, der einer zu regelnden Angelegenheit zu Grunde liegt.[823]

Im Rahmen der „Wal-Mart-Entscheidung“ hat das LAG Düsseldorf die Zuständigkeit des Gesamtbetriebsrats bestätigt. Die Muttergesellschaft der Arbeitgeberin hat die Ethikrichtlinie verbindlich für alle Betriebe weltweit und damit auch den Betrieb am Standort in Deutschland eingeführt. Aus diesem

---

822 BAG, vom 26. 4. 2005 – 1 AZR 76/04, AP zu § 87 BetrVG 1972 Nr. 12= NZA 2005, 892; BAG, vom 9. 12. 2003 – 1 ABR 49/02, AP zu § 50 BetrVG 1972 Nr. 27= NZA 2005, 234.

823 BAG, vom 15. 1. 2002 – 1 ABR 10/01, AP zu § 50 BetrVG 1972 Nr. 23= NZA 2002, 988; BAG, vom 11. 12. 2001 – 1 AZR 193/01, AP zu § 50 BetrVG 1972 Nr. 22= NZA 2002, 688; BAG, vom 14. 12. 1999 – 1 ABR 27/98, AP zu § 50 BetrVG 1972 Nr. 19= NZA 2000, 783.

Sachverhalt ergibt sich ein zwingendes Erfordernis für unternehmenseinheitliche Regelungen, denn alle Mitarbeiter sollten auch in Deutschland nach einheitlichen Wertmaßstäben ihre Arbeit verrichten, wobei der ethische Maßstab, den die Arbeitgeberin bei ihren Mitarbeitern ansetzt, nicht unterschiedlich geregelt werden kann.[824] Aufgrund des zwingenden Charakters der Ethikrichtlinie, die für alle Betriebe und Arbeitnehmer gilt, kann nur eine unternehmenseinheitliche Regelung und keine Regelung auf Betriebsebene erfolgen.[825] Aus der Entscheidung des LAG Düsseldorf ist die Zuständigkeit des Gesamtbetriebsrats für die Mitbestimmung bei Ethikrichtlinien aufgrund der erforderlichen sowie zwingenden sachlichen Notwendigkeit einheitlicher bundesweiter Unternehmensregelungen gegeben.[826] Daraus lässt sich eine generelle Zuständigkeit des Gesamtbetriebsrats bei der Einführung von Compliance-Richtlinien nicht ableiten, stattdessen ist die konkrete Ausgestaltung der Richtlinien zu berücksichtigen.

II. Zuständigkeit des Konzernbetriebsrats

Sofern ein Konzernbetriebsrat in einem Konzern existiert, kommt die Zuständigkeit des Konzernbetriebsrats bei der Einführung von Compliance-Richtlinien in Betracht. Nach § 58 Abs. 1 BetrVG ist der Konzernbetriebsrat zuständig für die Behandlung von Angelegenheiten, die den Konzern oder mehrere Konzernunternehmen betreffen und nicht durch die einzelnen Gesamtbetriebsräte innerhalb ihrer Unternehmen geregelt werden können. Über die Kriterien der Zuständigkeit des Konzernbetriebsrats ist das BAG hinsichtlich der „Honeywell-Entscheidung" der Auffassung des LAG Düsseldorf gefolgt. Wie die Zuständigkeit des Gesamtbetriebsrats kann eine originäre Zuständigkeit des Konzernbetriebsrats erfolgen, wenn dies objektiv unmöglich ist oder wenn ein zwingendes Erfordernis nach einer konzerneinheitlichen Regelung besteht.[827] Das Erfordernis für eine konzerneinheitliche oder unternehmensübergreifende Regelung kann technische oder rechtliche Umstände begründen. Reine Zweckmäßigkeitserwägungen oder ein bloßes Vereinheitlichungsinteresse des Arbeitgebers reichen nicht aus, um die originäre Zuständigkeit des Konzernbetriebsrats zu begründen. Maßgeblich sind stets die konkreten Umstände des Konzerns, seiner Unternehmen und

---

824 LAG Düsseldorf, vom 14. 11. 2005 – 10 TaBV 46/05, NZA-RR 2006, 81.

825 LAG Berlin, vom 22. 4. 1987 – 12 TaBV 1/87, LAGE § 23 BetrVG 1972 Nr. 8 für ein unternehmenseinheitliches Auszeichnungsprogramm.

826 Eisenbeis/Nießen, FS Leinemann, 697, 713; Ohlendorf/Bünning, AuA 2006, 200.

827 BAG, vom 19. 6. 2007 – 1 AZR 454/06, AP zu § 58 BetrVG 1972 Nr. 4=NZA 2007, 1184; Dzida, NZA 2008, 1265.

Betriebe.[828] Nach der Rechtsprechung zielt das BAG darauf ab, durch die Einführung eines Verhaltenskodexes eine konzerneinheitliche „Unternehmensphilosophie" umzusetzen und ein „ethisch-moralisch einheitliches Erscheinungsbild" und eine konzernweite Identität zu gewährleisten. Denn ein konzernbezogenes identitätsstiftendes „ethisch-moralisches Erscheinungsbild" ist nur einheitlich umsetzbar.[829] Daher ist der Konzernbetriebsrat originär zuständig für die Einführung von Compliance-Richtlinien, soweit das Regelungsziel der Richtlinien nur durch eine konzerneinheitliche Regelung erreichbar ist.[830]

D. Rechtsfolge bei fehlender Mitbestimmung des Betriebsrats

Sofern die Regelung mitbestimmungspflichtig ist, bedarf es der Zustimmung des Betriebsrats. Wenn der Betriebsrat nicht daran beteiligt ist, kommt die Verletzung des Mitbestimmungsrechts in Betracht, die sowohl individualrechtliche als kollektivrechtliche Wirkungen zur Folge haben würde.

I. Unwirksamkeit der Regelungen

Auf individualrechtlicher Ebene gilt die herrschende Theorie der Wirksamkeitsvoraussetzung, wonach die den Arbeitnehmer belastenden Vereinbarungen und Maßnahmen unwirksam sind, wenn der Arbeitgeber erzwingbare Mitbestimmungsrechte missachtet.[831] Nach der Rechtsprechung des BAG sind die Maßnahmen belastend, wenn sie sich nachteilig auf den Arbeitnehmer auswirken und damit die bereits bestehende Rechtsposition des Arbeitnehmers schmälern.[832] Aufgrund der verpflichtenden Wirkung der Regelungen ist die Einführung von Compliance-Richtlinien der Fall, weil meistens Compliance-Richtlinien belastende Regelungen für den Arbeitnehmer enthalten. Wird eine

828 BAG, vom 19. 6. 2007 – 1 AZR 454/06, AP zu § 58 BetrVG 1972 Nr. 4=NZA 2007, 1184; BAG, vom 22. 7. 2008 – 1 ABR 40/07, AP zu § 87 BetrVG 1972 Nr. 14= NZA 2008, 1248; Dzida, NZA 2008, 1265.

829 BAG, vom 22. 7. 2008 – 1 ABR 40/07, AP zu § 87 BetrVG 1972 Nr. 14= NZA 2008, 1248; Vgl. Eisenbeis/Nießen, FS Leinemann, 697, 713.

830 Dzida, NZA 2008, 1265; BAG, vom 17. 5. 2011 – 1 ABR 121/09, AP zu § 80 BetrVG 1972 Nr. 73.

831 BAG, vom 19. 7. 2005 – 3 AZR 472/04, AP zu § 1 BetrAVG Nr. 42; BAG, vom 3. 12. 1991 – GS 2/90, AP zu § 87 BetrVG 1972 Lohngestaltung Nr. 51= NZA 1992, 749; BAG, vom 28. 9. 1994 – 1 AZR 870/93, AP zu BetrVG 1972 § 87 Lohngestaltung Nr. 68= NZA 1995, 277.

832 BAG, vom 19. 7. 2005 – 3 AZR 472/04, AP zu § 1 BetrAVG Nr. 42.

Compliance-Richtlinie unter Verletzung erzwingbarer Mitbestimmungsrechte eingeführt, braucht der Arbeitnehmer diese Regelung nicht zu beachten. Dementsprechend darf der Arbeitgeber keine Sanktionsmöglichkeit für den Arbeitnehmer für die Nichtbeachtung einer Regelung, etwa durch Kündigung oder Abmahnung, ansetzen.[833]

In diesem Zusammenhang ist die Frage zu stellen, ob sich die Unwirksamkeitsfolge wegen der Verletzung erzwingbarer Mitbestimmungsrechte auf die gesamten Compliance-Richtlinien oder die einzelne Regelung erstrecken soll. Die gesamte Richtlinie ist dann unwirksam, wenn der komplette Inhalt mitbestimmungspflichtig ist. Jedoch besteht ein Problem, wenn eine einzelne Regelung mitbestimmungspflichtig ist. Hiermit lassen sich Compliance-Richtlinien in mitbestimmungspflichtige und mitbestimmungsfreie Teile unterteilen. In der „Honeywell-Entscheidung" hat das BAG eine Abgrenzung zwischen der mitbestimmungspflichtigen und der nicht mitbestimmungspflichtigen Regelung in einer Ethikrichtlinie angenommen.[834] Nach der Trennbarkeit einer Compliance-Richtlinie führt lediglich die mitbestimmungspflichtige Regelung ohne die Beteiligung des Betriebsrats zur Unwirksamkeit.[835]

II. Unterlassungsanspruch des Betriebsrats

Auf kollektivrechtlicher Ebene kann der Betriebsrat einen Unterlassungsanspruch haben, sofern die Mitbestimmungsrechte bei der Einführung von Compliance-Richtlinien missachtet werden. Ein allgemeiner Unterlassungsanspruch des Betriebsrats ergibt sich aus § 23 Abs. 3 BetrVG, wenn der Arbeitgeber grob gegen Verpflichtungen verstößt. In Bezug auf die sozialen Angelegenheiten des § 87 Abs. 1 BetrVG hat das BAG von seiner Entscheidung einen nicht an die engeren Voraussetzungen des § 23 Abs. 3 BetrVG geknüpften allgemeinen Unterlassungsanspruch anerkannt. Vielmehr wird der Unterlassungsanspruch nach § 87 BetrVG bejaht.[836] Der aus § 87 Abs. 1 BetrVG entwickelte Unterlassungsanspruch bezweckt die Sicherung von Mitbestimmungsrechten, wobei es dem Betriebsrat allein zusteht, als Träger des konkreten Mitbestimmungsrechts zu fungieren. Dieser Grundsatz gilt nicht für eine konzerneinheitliche

833 Mengel, CCZ 2008, 85, 87; Wisskirchen/Jordan/Bissels, DB 2005, 2190, 2192.

834 BAG, vom 22. 7. 2008 – 1 ABR 40/07, AP zu § 87 BetrVG 1972 Nr. 14 = NZA 2008, 1248.

835 Kort, FS Buchner, S. 477, 486.

836 BAG, vom 3. 5. 1994 – 1 ABR 24/93, BAGE 76, 364= AP Nr. 23 zu § 23 BetrVG 1972= NZA 1995, 40.

Durchführung von Compliance-Richtlinien.[837] Daher steht der Unterlassungsanspruch nach § 87 Abs. 1 BetrVG bei der Einführung von Compliance-Richtlinien nur dem örtlichen Betriebsrat zu, im Falle einer konzernweiten Geltung verbleibt vielmehr ein Unterlassungsanspruch aus § 23 Abs. 3 BetrVG.[838]

E. Mitbestimmung bei typischen Klauseln von Compliance-Richtlinien

Compliance-Richtlinien sind auf die einzelne Klausel abzustellen. Bei Beurteilung der Mitbestimmungspflichtigkeit von Compliance-Richtlinien ist die typische Compliance-Regelung eher in der Hinsicht zu untersuchen, ob und inwieweit sie unter Berücksichtigung der Grenze des Mitbestimmungsrechts im Sinne des § 87 BetrVG mitbestimmungspflichtig ist.

I. Wiedergabe gesetzlicher Regelungen

Sofern Compliance-Richtlinien die bestehenden gesetzlichen Regelungen wiedergeben, scheidet das Mitbestimmungsrecht des Betriebsrats nach § 87 Abs. 1 Einleitungssatz BetrVG aus. In diesem Fall werden die Interessen des Arbeitnehmers hinreichend geschützt, sodass es keines weiteren Schutzes bedarf. Aufgrund der zwingenden gesetzlichen und tariflichen Regelungen steht den Betriebsparteien kein Gestaltungsspielraum zu, wobei der Mitbestimmungszweck nicht erfüllt wird.[839] Demgegenüber kommt das Mitbestimmungsrecht in Betracht, wenn die Compliance-Regelungen über die bestehenden gesetzlichen Regelungen hinausgehen, zumal Raum für die Mitbestimmung des Betriebsrats verbleibt.

II. Reine Verhaltensappelle

Häufig enthalten Compliance-Richtlinien nicht nur rechtsverbindliche Klauseln, sondern auch bloße Verhaltensappelle, die keine rechtsverbindliche Wirkung besitzen.[840] Fraglich ist hierbei, ob solche bloßen Verhaltensappelle nach § 87 Abs. 1 BetrVG mitbestimmungspflichtig sind. Nach § 87 Abs. 1 BetrVG setzt das Mitbestimmungsrecht nicht voraus, dass es sich um verbindliche Verhaltensregeln

837 BAG, vom 17. 5. 2011 – 1 ABR 121/09, AP zu § 80 BetrVG 1972 Nr. 73.
838 BAG, vom 17. 5. 2011 – 1 ABR 121/09, AP zu § 80 BetrVG 1972 Nr. 73.
839 BAG, vom 22. 07. 2008 – 1 ABR 40/07, AP zu § 87 BetrVG 1972 Nr. 14 = NZA 2008, 1248.
840 Triskatis, S. 179.

handelt, vielmehr ist der konkrete Inhalt der Klauseln entscheidend. Wenn die Maßnahme auf die Steuerung des Verhaltens der Arbeitnehmer, Gewährleistung und Aufrechterhaltung der vorgegebenen Ordnung des Betriebes gerichtet ist, ist es aufgrund des Bezugs zur Betriebsordnung allerdings mitbestimmungspflichtig.[841] Dabei schließen bloße Verhaltensappelle das Mitbestimmungsrecht des Betriebsrats nicht aus, und sie könnten nach § 87 Abs. 1 Nr. 1 BetrVG mitbestimmungspflichtig sein.

III. Verschwiegenheitsklauseln

Verschwiegenheitsklauseln sind häufig von Compliance-Richtlinien umfasst. Ob diese Klauseln zur Wahrung von Geschäfts- und Betriebsgeheimnissen jedoch dem Mitbestimmungsrecht des Betriebsrats nach § 87 Abs. 1 Nr. 1 BetrVG zuzuordnen sind, wird unterschiedlich beurteilt.[842]

Sehen Compliance-Richtlinien bestehende Verschwiegenheitspflichten vor, die sich lediglich aus der Treuepflicht aus § 241 Abs. 2 BGB oder aus der speziellen Geheimhaltungspflicht im Sinne von § 17 UWG, § 13 BBiG usw. ergeben, scheidet das Mitbestimmungsrecht des Betriebsrats nach § 87 Abs. 1 BetrVG wegen Gesetzesvorbehalt aus.[843] Gehen die Verschwiegenheitsklauseln allerdings darüber hinaus, kommt ein Mitbestimmungsrecht nach § 87 Abs. 1 Nr. 1 BetrVG in Betracht.[844] Der Gegenstand des Mitbestimmungsrechts ist das betriebliche Zusammenleben und kollektive Zusammenwirken der Beschäftigten. Eine Regelung ist dann mitbestimmungspflichtig, wenn sie auf die Gestaltung des kollektiven Miteinanders oder die Gewährleistung und Aufrechterhaltung der vorgegebenen Ordnung des Betriebs abzielt.[845] Dabei muss untersucht werden, ob Verschwiegenheitsklauseln das betriebliche Zusammenleben und kollektive Zusammenwirken der Beschäftigten betreffen. Grundsätzlich haben die Verschwiegenheitsklauseln jedoch nur das Verhältnis zwischen Arbeitgeber

---

841 BAG, vom 22.07.2008 – 1 ABR 40/07, AP zu § 87 BetrVG 1972 Nr. 14 = NZA 2008, 1248; BAG, vom 18.4.2000 – 1 ABR 22/99, AP zu § 87 BetrVG 1972 Überwachung Nr. 33=NZA 2000, 1176.

842 Hiermit bejahend: Triskatis, S. 202; Köstner, S. 144; Eisenbeis/Nießen, FS Leinemann, 697, 717. Verneinend: Wisskirchen/Jordan/Bissels, DB 2005, 2190, 2191; Ohlendorf/Bünning, AuA 2006, 200, 202; Schneider, S. 199; Wagner, S. 658; Kagan, S. 129. Nicht begründend: Schuster/Darsow, NZA 2005, 273, 276; Kort, FS Buchner, 477, 488.

843 Wisskirchen/Jordan/Bissels, DB 2005, 2190, 2191.

844 Schuster/Darsow, NZA 2005, 273, 276; Kort, FS Buchner, 477, 488; Köstner, S. 144.

845 BAG, vom 11.6.2002 – 1 ABR 46/01, AP zu § 87 BetrVG 1972 Ordnung des Betriebes Nr. 38= NZA 2002, 1299; auch vgl. Kap. 5 II.

und Arbeitnehmer zum Gegenstand, eine betriebliche Ordnung wird nicht angetroffen.[846] Jedoch entfällt hierbei das Mitbestimmungsrecht nicht. Die Verschwiegenheitsklauseln beziehen sich nicht nur auf das Verhältnis zwischen dem Arbeitnehmer und den außerbetrieblichen Personen, sondern auch auf das Verhältnis zwischen dem Arbeitnehmer in der betroffenen Tätigkeit und den übrigen Mitarbeitern im Betrieb, die keinem begrenzten Personenkreis angehören.[847] In diesem Sinne sind die allgemeine betriebliche Ordnung und das Zusammenleben sowie kollektive Zusammenwirken der Beschäftigten überwiegend betroffen, das Mitbestimmungsrecht nach § 87 Abs. 1 Nr. 1 BetrVG scheidet daher nicht aus.

IV. Klauseln über zwischenmenschliche Beziehung/Liebesbeziehung

Wie zuvor erwähnt, können Compliance-Richtlinien in manchen Fällen Klauseln, die eine Liebesbeziehung zwischen Mitarbeitern im Betrieb verbieten, enthalten.[848] Fraglich ist insoweit, ob ein grundsätzliches Verbot von Liebesbeziehungen dem Mitbestimmungsrecht des Betriebsrats unterliegt. Grundsätzlich sind Klauseln, die Liebesbeziehungen zwischen Mitarbeitern oder zwischen Mitarbeitern und Vorgesetzten regeln, stets unzulässig, denn solche Klauseln sind aufgrund des Verstoßes gegen Art. 2 Abs. 1 i. V. m. Art. 1 Abs. 1 GG unwirksam und daher unterliegen sie keinem Mitbestimmungsrecht. Im Kern ist der Ansicht des LAG Düsseldorf zuzustimmen.[849] Gleichwohl ist eine komplette Verneinung des Mitbestimmungsrechts des Betriebsrats bedenklich, denn eine Liebesbeziehung kann sowohl das außerbetriebliche Verhalten und das Privatleben als auch das betriebliche Verhalten betreffen. Maßnahmen, die lediglich das außerdienstliche Verhalten regeln, sind unzulässig und können nicht vom Betriebsrat mitbestimmt werden, weil das außerdienstliche Verhalten lediglich Privatsache des Arbeitnehmers ist und nicht in die Regelungsbefugnis des

846 Wagner, S 125; Schneider, S. 199; Kagan, S. 129; Schuster/Darsow, NZA 2005, 273, 276; Wisskirchen/Jordan/Bissels, DB 2005, 2190, 2191; auch BAG, vom 10. 3. 2009 – 1 ABR 87/07, NZA 2010, 180.

847 Schaub-ArbRHdB/Linck, § 53, Rn. 47; MünchArbR/Reichold, § 48, Rn. 37ff.

848 Siehe Kap. 3 C und Kap. 4 H.

849 LAG Düsseldorf, vom 14. 11. 2005 – 10 TaBV 46/05, NZA-RR 2006, 81; zutreffend, Kolle/Deinert, AuR 2006, 177, 183; Eisenbeis/Nießen, FS Leinemann, 697, 715; Ohlendorf/Bünning, AuA 2006, 200, 202; Wybitul, AuA 2007, 695; Barthel/Hellmich, AuA 2009, 78, 79; Kort, NJW 2009, 129, 132; Bittmann/Lenze, DB 2006, 162, 164.

Arbeitgebers fällt. Jedoch könnte eine Liebesbeziehung zwischen Mitarbeitern oder zwischen Mitarbeitern und Vorgesetzten sich auf die betriebliche Ordnung sowie den Betriebsfrieden auswirken, was unter den Umfang des Mitbestimmungsrechts des Betriebs fällt. Vor diesem Hintergrund ist die Mitbestimmung bei Liebesbeziehungsklauseln denkbar. Obwohl ein generelles Verbot von Liebesbeziehungen im Betrieb wegen des darin liegenden schwerwiegenden Eingriffs in das allgemeine Persönlichkeitsrecht der Arbeitnehmer regelmäßig unzulässig wäre, bedeutet dies aber nicht, dass Regelungen über private Beziehungen im Betrieb von vornherein der Mitbestimmung entzogen wären, und die Unzulässigkeit einer konkret vom Arbeitgeber geplanten Regelung nicht unbedingt von der Mitbestimmung des Betriebsrats an dem Regelungsgegenstand ausgeschlossen wird.[850] Der Betriebsrat soll im Rahmen der Mitbestimmung insbesondere darauf achten, anhand einer Regelung die Persönlichkeitsrechte der Arbeitnehmer nicht zu verletzen.[851] Vor allem wenn es um das Verhältnis zwischen Vorgesetzten und Untergebenen geht, ist ein Verbot von Liebesbeziehungen zwar nicht generell unzulässig,[852] allerdings soll die Beziehung offengelassen werden.[853] Obwohl Liebesbeziehungsklauseln das Ordnungsverhalten betreffen können, bleibt eine Liebesbeziehung vielmehr Privatsache.[854]

V. Nebentätigkeitsverbotsklauseln

Bei typischen Klauseln von Compliance-Richtlinien geht es häufig um die Vermeidung von Interessenkonflikten, wobei regelmäßig die Ausübung einer Nebentätigkeit für dritte Unternehmen betroffen ist.[855] Hiermit ist zu hinterfragen, ob das Verbot der Nebentätigkeit der Mitbestimmung des Betriebsrats nach § 87 Abs. 1 Nr. 1 BetrVG unterliegt.

Eine Nebentätigkeit auszuüben, ist grundsätzlich von dem allgemeinen Persönlichkeitsrecht nach Art. 2 Abs. 1 GG und der Berufsfreiheit nach Art. 12

---

850 BAG, vom 22. 7. 2008 – 1 ABR 40/07, NZA 2008, 1248.

851 BAG, vom 22. 7. 2008 – 1 ABR 40/07, NZA 2008, 1248; Kort, FS Buchner, 477, 488; Kock, ZIP 2009, 1406, 1408; Waitschies/Wolters, AiB 2008, 644, 647; Umnuß, CCZ 2009, 88, 91; Triskatis, S. 185.

852 BAG, vom 22. 7. 2008 – 1 ABR 40/07, NZA 2008, 1248; Umnuß, CCZ 2009, 88, 91.

853 Mengel/Hagemeister, BB 2007, 1386, 1390; Mengel, Compliance und Arbeitsrecht, Kap. 1, Rn. 29.

854 Kolle/Deinert, AuR 2006, 177, 183; Eisenbeis/Nießen, FS Leinemann, 697, 715; Ohlendorf/Bünning, AuA 2006, 200, 202; Wybitul, AuA 2007, 695; Barthel/Hellmich, AuA 2009, 78, 79; Kort, NJW 2009, 129, 132; Bittmann/Lenze, DB 2006, 162, 164.

855 Siehe Kap. 3 C und Kap. 4 H.

Abs. 1 GG geschützt. In der Regel dürfte der Arbeitgeber das Nachgehen einer Nebentätigkeit also nicht verbieten. Dennoch könnte die Nebentätigkeit die Interessen des Arbeitsgebers beeinträchtigen,[856] dabei ist das Nebentätigkeitsverbot unter Erlaubnisvorbehalt anzunehmen, soweit gesetzliche Pflichten bestehen oder die Nebentätigkeit eine negative Auswirkung auf die Arbeitsleistung hat.[857] Sofern die Klauseln lediglich die gesetzlichen Nebentätigkeitsverbote wie § 60 HGB, § 8 BurlG sowie § 15 Abs. 4 BEEG wiedergeben, scheidet das Mitbestimmungsrecht des Betriebsrats nach § 87 Abs. 1 Nr. 1 BetrVG aus, da es an Spielraum für den Betriebsrat fehlt. Hierbei kommen Nebentätigkeitsverbote neben den gesetzlichen Regelungen in Betracht.

Tatsächlich bezieht sich das Nebentätigkeitsverbot grundsätzlich unmittelbar auf die Erbringung von Arbeitsleistung, damit ist ein Mitbestimmungsrecht des Betriebsrats nach § 87 Abs. 1 Nr. 1 BetrVG mangels Regelungskompetenz ausgeschlossen.[858] Regelungen, die lediglich das Arbeitsverhalten betreffen, sind hingegen nicht mitbestimmungspflichtig. Allerdings ist der Betriebsrat hierbei nicht räumlich, sondern funktional zu begreifen. Aus funktioneller Sicht kann ein Mitbestimmungsrecht des Betriebsrats bestehen, wenn der Arbeitgeber das mit ihrer Tätigkeit verbundene Verhalten der Arbeitnehmer regelt. Sofern die Maßnahme darauf gerichtet ist, das Verhalten der Arbeitnehmer zu steuern oder die Ordnung des Betriebs zu gewährleisten, greift das Mitbestimmungsrecht des Betriebsrats nach § 87 Abs. 1 Nr. 1 BetrVG.[859] Zwar hat das BAG den Grundsatz in der „Handelsblatt-Entscheidung“ bestätigt,[860] jedoch ist die Besonderheit des Falls zu beachten, nämlich dass es sich um die Tätigkeit von Redakteuren einer Wirtschaftszeitung handelt, wodurch die Integrität und Objektivität eine maßgebliche Rolle spielen.[861] Wenn der Arbeitgeber die Nebentätigkeit des Arbeitnehmers reglementiert, geht es vielmehr um die Arbeitsleistung, eine betriebliche Ordnung ist in diesem Sinne hingegen nicht betroffen.[862] Zudem ist

---

856 Dzida, NZA 2008, 1265, 1268; Mengel, Compliance und Arbeitsrecht, Kap. 2, Rn. 48.

857 Schaub-ArbRHdb/Linck, § 53, Rn. 30; MünchArbR/Reichold, § 49, Rn. 58.

858 Siehe Kap. 4 C.

859 BAG, vom 28. 5. 2002 – 1 ABR 32/01, AP zu § 87 BetrVG 1972 Ordnung des Betriebs Nr. 39 = NZA 2003, 166; BAG, vom 22. 7. 2008 – 1 ABR 40/07, AP zu § 87 BetrVG 1972 Nr. 14= NZA 2008, 1248.

860 BAG, vom 28. 5. 2002 – 1 ABR 32/01, AP zu § 87 BetrVG 1972 Ordnung des Betriebs Nr. 39 = NZA 2003, 166.

861 Köstner, S. 152.

862 Mengel, Compliance und Arbeitsrecht, Kap. 2, Rn. 48.

eine Nebentätigkeit nur ausnahmsweise unter der Perspektive des Arbeitgebers gegeben und bezieht sich nicht auf die Regelungsbefugnis des Arbeitgebers, sondern auf das außerdienstliche Verhalten.[863] In der Regel steht ein Nebentätigkeitsverbot mit dem Privatleben im Zusammenhang, wobei kein Bezug auf das Zusammenleben und die Zusammenwirkung des Betriebs besteht. In diesem Sinne hat der Betriebsrat kein Mitbestimmungsrecht.[864]

VI. Klauseln zum Annahmeverbot von Geschenken und anderen Vorteilen

Um Interessenkonflikte zu vermeiden, sind auch Regelungen über den Umgang mit Geschenken oder anderen Vorteilen anhand von Nebentätigkeitsklauseln vorgegeben. Dabei ist zu überprüfen, ob die Bestimmungen über das Annahmeverbot von Geschenken und anderen Vorteilen dem Mitbestimmungsrecht des Betriebsrats unterliegen.

Soweit sich diese Bestimmungen nur in der Wiedergabe von §§ 299, 331 ff. StGB erschöpfen, sind sie wegen des Gesetzesvorbehalts des § 87 Abs. 1 Einleitungssatz BetrVG mitbestimmungsfrei, da der Betriebsrat über keinen Spielraum verfügt. Jedoch ist es umstritten, ob ein umfassendes Verbot zur Annahme von Geschenken und anderen Vorteilen mitbestimmungspflichtig ist. Hierbei hat das LAG Düsseldorf bestätigt, dass der Gesamtbetriebsrat ein Mitbestimmungsrecht habe, ob und in welchem Wert die Mitarbeiter diese gebräuchlichen Werbegeschenke behalten dürfen, wann sie diese an Lieferanten zurückgeben, wann sie diese an die Arbeitgeberin herausgeben müssen und schließlich in welchen Fällen der Vorgesetzte informiert werden muss.[865] Denn bei den Klauseln über das Verbot der Geschenkannahme und Zuwendung handelt es sich um das Ordnungsverhalten des Arbeitnehmers im Betrieb statt des Arbeitsverhaltens.[866] Jedoch

863 Schuster/Darsow, NZA 2005, 273, 275; Borgmann, NZA 2003, 352, 356.

864 Vgl. Schneider, S. 204; Köstner, S. 152; Kagan, S, 120; Borgmann, NZA 2003, 352, 356; Nicht zutreffend, Triskatis, S. 219; Kort, Kort, FS Buchner, 477, 490; Teilweise Schuster/Darsow, NZA 2005, 273, 275; Umnuß, CCZ 2009, 88, 90.

865 LAG Düsseldorf, vom 14. 11. 2005 – 10 TaBV 46/05, NZA 2006, 63.

866 ArbG Wuppertal, vom 15. 6. 2005 – 5 BV 20/05, NZA-RR 2005, 476; LAG Düsseldorf, vom 14. 11. 2005 – 10 TaBV 46/05, NZA 2006, 63. Zustimmung, aber keine nähere Begründung, Ohlendorf/Bünning, AuA 2006, 200, 202; Eisenbeis/Nießen, FS Leinemann, 697, 715; Kort, FS Buchner, 477, 488; Mengel, CCZ 2008, 85, 87; Nezmeskal-Berggötz, CCZ 2009, 209, 211; Neufeld/Knitter, BB 2013, 821, 822.

wird die Auffassung des LAG Düsseldorf in der Literatur abgelehnt.[867] Dabei sind das mitbestimmungspflichtige Ordnungsverhalten und das mitbestimmungsfreie Arbeitsverhalten voneinander abzugrenzen.

Zunächst zielt die von der Rechtsprechung bejahte Auffassung eher auf die Sicherstellung der Neutralität ihrer Arbeitnehmer und die Vermeidung der Einflussnahme Dritter auf eine Geschäftsentscheidung. Dabei ist davon auszugehen, dass abgesehen vom tatsächlichen Einfluss durch die Geschenke nur das Arbeitsverhalten und nicht das Ordnungsverhalten betroffen ist.[868] Während das Ordnungsverhalten eine Ausgestaltung des Zusammenlebens und des Zusammenwirkens von Arbeitnehmern im Betrieb erfordert, steht das Verbot der Annahme von Geschenken und anderen Vorteilen überwiegend im Zusammenhang mit dem Arbeitsverhalten des Arbeitnehmers. Denn das Annahmeverbot wirkt sich selten auf die soziale Ordnung im Betrieb aus, vielmehr wirkt das Verbot nur auf den einzelnen Arbeitnehmer. Sofern die Wertgrenzen und das Verfahren des Annahmeverbots in den Compliance-Richtlinien vorgegeben sind, kann der Betriebsrat ein Mitbestimmungsrecht haben.[869] Dabei ist entscheidend, ob solche Vorgaben auch Dritte im Betrieb betreffen. Obwohl es der Zustimmung des Arbeitgebers beim Verfahren und Wertgrenzen bedarf, zielt dies nur auf das Verhalten des Arbeitnehmers, dessen Maßnahme zur Erbringung von Arbeitsleistung dient.[870] In der jüngeren Rechtsprechung[871] hat das Gericht auch zugestimmt, dass Klauseln über die Hingabe und den Empfang von Geschenken lediglich das mitbestimmungsfreie Arbeitsverhalten betrifft. Wenn es sich von selbst verstehe, dass ein Arbeitnehmer bei der Erfüllung seiner arbeitsvertraglichen Pflichten von Dritten kein Schmiergeld annehmen darf, spreche dies nicht für ein Mitbestimmungsrecht, sondern eher dafür, dass ein solches nach dem Einleitungssatz des § 87 Abs. 1 BetrVG ausgeschlossen sei. Die Abgrenzungsfrage zwischen einem üblichen kleinen Geschenk als Zeichen der Verbundenheit und einem Geschenk, mit dem das Verhalten des Arbeitnehmers beeinflusst werden soll, stelle sich nur in Verbindung mit der Erbringung der jeweiligen

---

867 Kock, MDR 2006, 673, 675; Schuster/Darsow, NZA 2005, 273, 276; Wisskirchen/Jordan/Bissels, DB 2005, 2190, 2191; Triskatis, S. 209;. Schneider, S. 202; Köstner, S. 146.

868 Bittermann/Lenze, DB 2005, 165, 166.

869 Kock, MDR 2006, 673, 675; Wisskirchen/Jordan/Bissels, DB 2005, 2190, 2191.

870 Vgl. Schneider, S. 203; a. A. Köstner, S. 147, Der Betriebsrat hat mitzubestimmen, ob und bis zu welchem Wert ein Mitarbeiter Geschenke behalten darf und an wen sie gegebenenfalls herauszugeben sind.

871 LAG München, vom 4. 9. 2014 – 2TaBV 50/13, Juris

Arbeitsleistung. Damit steht es sehr wohl in Verbindung mit der zu erbringenden Arbeitsleistung, ob ein Arbeitnehmer Geschenke annehme oder nicht. In welcher Weise die Arbeiten auszuführen seien, betreffe die Anordnungen der Arbeitgeberin, die diese in Ausübung ihres Direktionsrechts treffen kann.[872] Daher lässt sich schlussfolgern, dass das Verbot der Geschenkannahme grundsätzlich nur das Arbeitsverhalten betrifft, zumal der Bezug zur betrieblichen Ordnung fehlt. Das Mitbestimmungsrecht des Betriebsrats nach § 87 Abs. 1 Nr. 1 BetrVG scheidet dabei aus.

VII. Klauseln über Wertpapierbesitz und Wertpapierhandel

Zur Vermeidung von Interessenkonflikten sind auch Klauseln über Wertpapierbesitz sowie Wertpapiertransaktionen im Rahmen von Compliance-Richtlinien gegeben. Vor dem Hintergrund des Mitbestimmungsrechts stellt sich die Frage, ob die zuvor genannten Klauseln dem Mitbestimmungsrecht unterliegen.

Unproblematisch scheidet das Mitbestimmungsrecht des Betriebsrats nach § 87 Abs. 1 Nr. 1 BetrVG aus, sofern die Compliance-Regelungen bloß die gesetzlichen Regelungen wiedergeben. Gehen die Wertpapierklauseln jedoch über die gesetzlichen Vorgaben hinaus, kommt das Mitbestimmungsrecht des Betriebsrats nach § 87 Abs. 1 Nr. 1 BetrVG in Betracht. Der Besitz oder der Handel von Wertpapieren betrifft oftmals die Privatsphäre des Arbeitnehmers, die vom Allgemeinen Persönlichkeitsrecht nach Art. 2 Abs. 1 GG sowie der Eigentumsgarantie nach § 14 Abs. 1 GG geschützt wird. Klauseln, die den Wertpapierbesitz und -handel verbieten oder einschränken, könnten wegen Verstoßes gegen die Grundrechte unzulässig sein. Allerdings bezieht sich der Wertpapierbesitz oder -handel auf das außerdienstliche Verhalten, wodurch eine Auswirkung auf das innerbetriebliche Verhalten und die betriebliche Ordnung möglich ist und in diesem Zusammenhang ein Mitbestimmungsrecht des Betriebsrats nach § 87 Abs. 1 Nr. 1 BetrVG bestehen kann. Hiermit ist auf die herkömmliche Frage nach der Abgrenzung zwischen dem mitbestimmungsfreien Arbeitsverhalten und dem mitbestimmungspflichtigen Ordnungsverhalten zurückzukehren.

In der „Handelsblatt-Entscheidung" hat das BAG zwar ein Mitbestimmungsrecht bei der Einführung von Regelungen in Bezug auf den Wertpapierbesitz durch § 118 Abs. 1 S. 1 BetrVG ausgeschlossen, allerdings ist es in richtiger Weise,

872 LAG München, vom 4. 9. 2014 – 2TaBV 50/13, Juris.

das Arbeitsverhalten und das betriebliche Ordnungsverhalten abzugrenzen.[873] Hinsichtlich der Wertpapierklausel von diesem Fall zielt der Arbeitgeber vielmehr auf die Sicherstellung der Unabhängigkeit und Objektivität der Berichterstattung ab, wodurch eine qualitative Berichterstattung gewährleistet werden kann.[874] Infolgedessen bezieht sich die Regelung über den Wertpapierbesitz eher auf die Erbringung von Arbeitsleistung. So hat insbesondere die Einführung von Regelungen bezüglich der Offenlegung des privaten Wertpapierbesitzes gegenüber dem Arbeitgeber keinen Bezug zur Ordnung des Betriebes.[875] Eine Abgrenzung zwischen dem mitbestimmungsfreien Arbeitsverhalten und dem mitbestimmungspflichtigen Ordnungsverhalten ist nach dem Inhalt der Maßnahme und der Art des zu beeinflussenden betrieblichen Geschehens zu beurteilen.[876] Wirkt sich eine Maßnahme zugleich auf das Ordnungs- und Arbeitsverhalten aus, kommt es nach Ansicht des BAG darauf an, welcher Regelungszweck überwiegt.[877] Hätte das Ordnungsverhalten im Vordergrund gestanden, wie regelmäßig zumindest bei einzelnen Regelungen von Ethikrichtlinien, dann hat der Betriebsrat ein Mitbestimmungsrecht.[878] Demgegebüber sind die Regelungen von der Mitbestimmung des Betriebsrats entzogen. In diesem Sinne kann die private Vermögensbildung der Redakteure Teil des betrieblichen Geschehens werden und damit der Regelungsbefugnis der Betriebsparteien unterliegen, wenn die private Lebensführung der Redakteure die Objektivität und Unabhängigkeit der Berichterstattung gefährdet. Tatsächlich wird nur in weniger sensiblen Branchen eine Regelung des Ordnungsverhaltens nicht ohne Weiteres angenommen, wobei ein Mitbestimmungsrecht zumeist wegen des überwiegenden außerdienstlichen Bezugs ausgeschlossen ist.[879] Allerdings liegt ein Mitbestimmungsrecht vor, wenn ein standardisiertes Verfahren zur Meldung oder Anzeige vorgegeben wird, da es sich hierbei um das Ordnungsverhalten

873 BAG, vom 28. 5. 2002 – 1 ABR 32/01, NZA 2003, 166.

874 BAG, vom 28. 5. 2002 – 1 ABR 32/01, NZA 2003, 166; zutreffend, Kagan, S. 122; Köstner, S. 152.

875 Borgmann, NZA 2003, 352, 356.

876 BAG, vom 11. 6. 2002 – 1 ABR 46/01, AP zu § 87 BetrVG 1972 Ordnung des Betriebes Nr. 38= NZA 2002, 1299; BAG, vom 17. 1. 2012 – 1 ABR 45/10, AP zu § 87 BetrVG 1972 Ordnung des Betriebes Nr. 41= NZA 2012, 687; Richardi/Richardi, § 87 BetrVG, Rn. 180; Fitting, § 87 BetrVG, Rn. 68.

877 BAG, vom 11. 6. 2002 – 1 ABR 46/01, AP zu § 87 BetrVG 1972 Ordnung des Betriebes Nr. 38= NZA 2002, 1299; Richardi/Richardi, § 87 BetrVG, Rn. 180.

878 Meyer, NJW 2006, 3605, 3609.

879 Vgl. Köstner, S. 151.

handelt.[880] Mit der „Handelsblatt-Entscheidung" hat das BAG angedeutet, dass ein Mitbestimmungsrecht nach § 87 Abs. 1 Nr. 1 BetrVG dem Betriebsrat zusteht, soweit bei der Einführung eines Formulars der Arbeit in der Richtlinie den Arbeitnehmer dazu verpflichtet, den Wertpapierbesitz anzuzeigen. Denn bei der Einführung solcher Vorgaben gehe es um ein Koordinationsinteresse der betrieblichen Abläufe für den Arbeitgeber.[881]

Außerdem kann ein Mitbestimmungsrecht nach § 87 Nr. 6 BetrVG bestehen, sofern eine automatische Überwachung für den Wertpapierhandel des Arbeitnehmers in der Richtlinie vorgegeben wird, da die Verhaltenskontrolle in diesem Fall mit der technischen Einrichtung sowie der Datenspeicherung verbunden ist.[882]

VIII. Whistleblowing-Klauseln

Als Kernbestandteil der Compliance-Richtlinien kommen die Whistleblowing-Klauseln in Betracht, die regelmäßig ein Mitbestimmungsrecht des Betriebsrats auslösen. Mitbestimmungsfrei sind solche Klauseln in den Sonderfällen, die bloß die aus § 17 ArbSchG, §§ 84 ff. BetrVG resultierenden rechtlichen Bestimmungen wiedergeben. Vielmehr umfassen diese typischen Klauseln vielseitige Probleme. Ist der Inhalt von Whistleblowing-Klauseln je nach Einzelfall ausgestaltet, sind die Whistleblowing-Klauseln im Hinblick auf das Mitbestimmungsrechts näher zu differenzieren.

Nach § 87 Abs. 1 Nr. 1 BetrVG ist eine Regelung mitbestimmungspflichtig, sofern sie das Ordnungsverhalten im Betrieb betrifft. Die Einführung von Whistleblowing-Klauseln kann sich aus der Anzeigepflicht oder Schadenabwendungspflicht im Arbeitsverhältnis ergeben.[883] Obwohl die Bestimmung einer Konkretisierung der Arbeitspflicht des Arbeitnehmers dient, wirkt sie sich vielmehr auf das Miteinander der Arbeitnehmer im Betrieb aus. Hierbei ist also das betriebliche Zusammenwirken und Zusammenleben tangiert, wobei dem Betriebsrat nach § 87 Abs. 1 Nr. 1 BetrVG ein Mitbestimmungsrecht

---

880 BAG, vom 28. 5. 2002 – 1 ABR 32/01, NZA 2003, 166; Borgmann, NZA 2003, 352, 356; Wisskirchen/Jordan/Bissels, DB 2005, 2190, 2191; Schuster/Darsow, NZA 2005, 273, 275; Mengel/Hagemeister, BB 2007, 1386, 1392; Mengel, Compliance und Arbeitsrecht, Kap. 2, Rn. 39.

881 BAG, vom 28. 5. 2002 – 1 ABR 32/01, NZA 2003, 166.

882 Borgmann, NZA 2003, 352, 356; Wisskirchen/Jordan/Bissels, DB 2005, 2190, 2191; zutreffend, Wagner, S. 108; Triskatis, S. 215.

883 Siehe, Kap. 3 C und Kap. 4 H.

zusteht.[884] Während der Einführung von Whistleblowing-Klauseln ist zudem das Verfahren zur Meldung von Verstößen betroffen, das die betriebliche Ordnung beeinflussen kann. Dies ist mitbestimmungspflichtig, sofern solche Vorgaben vorgesehen sind. Dieser Auffassung stimmen die Rechtsprechung und das Schrifttum überwiegend zu.[885]

Neben pflichtigen Klauseln existieren auch Klauseln, die lediglich an die Meldung zu Verstößen appellieren. Hierbei stellt sich die Frage, ob der reine Appell zur Meldung von Verstößen dem Mitbestimmungsrecht unterliegt. Diese Fragestellung ist in früheren Literaturen bereits kontrovers diskutiert worden.[886] Nachher hat das BAG jedoch die Entscheidung bestätigt, dass es beim Mitbestimmungsrecht nach § 87 Abs. 1 Nr. 1 BetrVG nicht unbedingt darauf ankomme, ob es sich um verbindliche Verhaltensregeln handelt. Ausreichend sei bereits, wenn die Maßnahme darauf gerichtet ist, das Verhalten der Arbeitnehmer zu steuern oder die Ordnung des Betriebs zu gewährleisten.[887] Damit kommt ein Mitbestimmungsrecht des Betriebsrats nach § 87 Abs. 1 Nr. 1 BetrVG in Betracht, sofern Whistleblowing-Klauseln in Compliance-Richtlinien gegeben sind. Ob eine Pflicht oder nur ein reiner Appell geregelt ist, berührt die Notwendigkeit des Mitbestimmungsrechts nicht.

Bei der Einführung eines Whistleblowing-Systems handelt es sich oftmals um technische Einrichtungen im Betrieb, die der Überwachung des Verhaltens oder der Leistung der Arbeitnehmer dienen. Hierbei kann das Mitbestimmungsrecht nach § 87 Abs. 1 Nr. 6 BetrVG in Betracht kommen. Dies ist insbesondere dann der Fall, wenn die individualisierten Daten durch ein elektronisches System erhoben und weiter verarbeitet werden.[888] Es ist zudem erforderlich, dass eine eigenständige Kontrollwirkung von der Einrichtung ausgehen kann.[889] Ferner unterliegt ein Whistleblowing-System dem Mitbestimmungsrecht nach § 87

---

884 Fahrig, NJOZ 2010, 975, 979.

885 BAG, vom 28. 5. 2002 – 1 ABR 32/01, NZA 2003, 166; Wisskirchen/Jordan/Bissels, DB 2005, 2190, 2191; Mengel/Hagemeister, BB 2007, 1386, 1392; Eisenbeis/Nießen, FS Leinemann, 697, 715; Deinert, AuR 2008, 90, 91; Ohlendorf/Bünning, AuA 2006, 200, 202; Deinert, AuR 2008, 90, 91; Umnuß, CCZ 2009, 88; Fahrig, NJOZ 2010, 975, 978; Stück, ArbRAktuell 2015 337, 338; Scheicht/Loy, DB 2015, 803, 806.

886 Ausführlich, Schneider, S. 197f.

887 BAG, vom 28. 5. 2002 – 1 ABR 32/01, NZA 2003, 166.

888 Scheicht/Loy, DB 2015, 803, 807; Klasen/Schaefer, BB 2012, 641, 643; Neufeld/Knitter, BB 2013, 821, 822.

889 Wisskirchen/Jordan/Bissels, DB 2005, 2190, 2192; Fitting, § 87 BetrVG, Rn. 227; Wisskirchen/Körber/Bissels, BB 2006, 1567.

Abs. 1 Nr. 6 BetrVG, wenn dieses in Form einer Telefonhotline oder eines Meldeverfahrens über eine Webseite oder E-Mail-Adresse eingeführt wird, wobei sich Whistleblower durch Aufzeichnung der Telefonnummer oder IP-Adresse identifizieren lassen können.[890] Ferner werden soziale Netzwerke wie Facebook als technische Einrichtung angesehen. Eine Veröffentlichung von Besucherbeiträgen auf der Facebook-Webseite, die sich nach ihrem Inhalt auf das Verhalten oder die Leistung einzelner Beschäftigter bezieht, unterliegt ebenfalls dem Mitbestimmungsrecht des Betriebsrats nach § 87 Abs. 1 Nr. 6 BetrVG, da die Veröffentlichung der Überwachung der Arbeitnehmer dient.[891]

Im Zusammenhang mit der Einführung eines Whistleblowing-Systems kann auch ein Mitbestimmungsrecht des Betriebsrats nach § 94 Abs. 1 BetrVG bestehen, wenn ein Personalfragebogen zum Einsatz kommt. Dies gilt dann, wenn ein standardisiertes Formular bei der Meldung oder Befragung der Betroffenen verwendet wird.[892] Im Rahmen des Whistleblowing-Systems ist es unerheblich, wer die Personalfragebögen ausfüllt oder die Daten erfasst. Schließlich genügt es bereits, wenn diese Fragebögen Schlüsse auf die Person oder die Kenntnisse sowie Fähigkeiten des Befragten zulassen.[893]

IX. Sanktionsklauseln

Zur Sicherung der Einführung von Compliance-Richtlinien finden häufig Sanktionsklauseln Anwendung. Soweit arbeitsrechtliche Sanktionsmaßnahmen wie Kündigung oder Abmahnung vorgegeben sind, scheidet das Mitbestimmungsrecht des Betriebsrats nach § 87 Abs. 1 Nr. 1 BetrVG aus.[894] Auch das Mitbestimmungsrecht im Rahmen der Vertragsstrafe ausgeschlossen, denn sie ist eine individuelle vertragliche Abrede.[895] Demgegenüber ergibt sich ein Mitbestimmungsrecht, wenn Regelungen über Betriebsbußen aufgestellt werden, weil die Betriebsbußordnung mit Straf- und Sühnecharakter durch Betriebsvereinbarung herbeigeführt wird und als Disziplinarmaßnahme die kollektive Ordnung und

---

890 Wisskirchen/Jordan/Bissels, DB 2005, 2190, 2192; Neufeld/Knitter, BB 2013, 821, 822; Scheicht/Loy, DB 2015, 803, 807.

891 BAG, vom 13. 12. 2016 – 1 ABR 7/15, juris.

892 Scheicht/Loy, DB 2015, 803, 807.

893 Scheicht/Loy, DB 2015, 803, 807; Klasen/Schaefer, BB 2012, 641, 643; Neufeld/Knitter, BB 2013, 821, 822.

894 Schuster/Darsow, NZA 2005, 273, 277; Ohlendorf/Bünning, AuA 2006, 200, 202; Mengel, Compliance und Arbeitsrecht, Kapitel. 2, Rn. 61.

895 ErfK/Müller-Glöge, § 345 BGB, Rn. 1

Sicherheit aufrechterhalten soll.[896] Dabei hat der Betriebsrat die Klauseln über Betriebsbußen mitzubestimmen. Insofern unterliegen die Sanktionsregelungen dem Mitbestimmungsrecht des Betriebsrats nach § 87 Abs. 1 Nr. 1 BetrVG, insoweit sie der Durchsetzung und Bewahrung der betrieblichen Ordnung dienen.[897]

F. Fazit

Anhand der obigen Ausführungen lässt sich festhalten, dass bei der Einführung von Compliance-Richtlinien der Betriebsrat über ein Mitbestimmungsrecht verfügt, das der Zuständigkeit des Betriebsrats und des Gesamtbetriebsrats unterliegt. Compliance-Richtlinien befassen sich mit vielseitigen Regelungen, dabei sind stets die mitbestimmungsfreien und die mitbestimmungspflichtigen Regelungen voneinander zu differenzieren. Enthalten die Richtlinien mitbestimmungspflichtige Regelungen, kommen einerseits das Mitbestimmungsrecht in sozialen Angelegenheiten nach § 87 Abs. 1 Nr. 1, Nr. 6 BetrVG und andererseits das Mitbestimmungsrecht in personellen Angelegenheiten nach § 94 Abs. 1 BetrVG in Betracht. Vielfach betreffen Compliance-Richtlinien zudem das Ordnungsverhalten nach § 87 Abs. 1 Nr. 1 BetrVG im Betrieb. Daher sind die Regelungen im Einzelnen dahingehend zu überprüfen, ob sie dem Mitbestimmungsrecht unterliegen.

---

896 BAG, vom 25. 2. 1966 – 4 AZR 179/63, BAGE 18, 172; BAG, vom 14. 12. 1966 – 4 AZR 18/65, BAGE 19, 181; BAG, vom 5. 12. 1975 – 1 AZR 94/74, BAGE 27, 366; ErfK/Müller-Glöge, § 345 BGB, Rn. 5; Ohlendorf/Bünning, AuA 2006, 200, 202.

897 Walker, FS Kissel, 1205, 1211; in Schneider, S. 204 sowie Köstner, S. 153.

Kapitel 6: Rechtsfolgen bei Verstoß gegen Compliance-Richtlinien

Zur Gewährleistung eines effektiven Compliance-Systems werden Sanktionen regelmäßig im letzten Teil des Verhaltenskodexes vorgegeben, wenn die Arbeitnehmer gegen die Regelungen der Richtlinien verstoßen sollten. Hiermit kommt die Frage in Betracht, welche Maßnahme einzuführen ist, sofern Arbeitnehmer gegen eine Verhaltensregelung verstoßen sollten. Bislang existieren noch keine umfassenden gesetzlichen Vorschriften oder Rechtsprechungen zur jeweiligen Rechtsfolge im Falle der Verletzung von Compliance-Richtlinien. Vielmehr kommt es auf die Beurteilung des Arbeitgebers an. Als Entscheider kann der Arbeitgeber die Sanktionsmaßnahmen reglementieren. In erster Linie fallen die Regelungen von Compliance-Richtlinien nunmehr in die arbeitsvertraglichen Pflichten, dabei kommt die Kündigung als Reaktion auf ein compliancewidriges Verhalten in Betracht. Dazu gehören sowohl die ordentliche Kündigung als auch die außerordentliche Kündigung. Daneben ist eine Abmahnung darzustellen, die in vielen Fällen einer Kündigung vorauszugehen hat. Im Zusammenhang mit Compliance-Richtlinien stellt sich wiederum die Frage, unter welchen Umständen diese Sanktionen zulässig und welche Besonderheiten im Falle von Compliance-Richtlinien zu beachten sind.

A. Kündigung

Als arbeitsrechtliche Maßnahme kommt vor allem die Kündigung nach allgemeinen Regeln in Betracht. Sofern ein Arbeitnehmer die im Verhaltenskodex statuierte Pflicht hat und diese verletzt, kann das Arbeitsverhältnis aufgrund eines Compliance-Verstoßes gekündigt werden. Grundsätzlich bezieht sich eine Kündigung nicht auf eine sanktionierende Reaktion des Arbeitgebers, sondern bezweckt eine Kündigung mit zukunftsbezogener Generalsprävention.[898] Trotzdem impliziert die Kündigung einen zivilrechtlichen Nachteil für den Arbeitnehmer, wobei eine Kündigung aufgrund eines Compliance-Verstoßes gegeben ist.

Angesichts des Charakters von Compliance-Richtlinien wird in der Regel eine verhaltensbedingte Kündigung ausgesprochen, in schweren Fällen kann zudem

---

898 BVerfG, vom 2. 7. 2001 – 1 BvR 2049/00, NZA 2001, 888; BAG, vom 23. 6. 2009 – 2 AZR 103/08, NZA 2009, 1198; ErfK/Niemann, § 626 BGB, Rn. 1.

eine außerordentliche Kündigung die Folge sein.[899] In diesem Zusammenhang gilt es im Folgenden zu prüfen, ob eine Kündigung aufgrund des Verstoßes gegen Compliance-Richtlinien gerechtfertigt werden kann.

I. Verhaltensbedingte Kündigung

Eine verhaltensbedingte Kündigung ist unter folgenden Voraussetzungen gerechtfertigt. Grundsätzlich muss eine Verletzung der arbeitsrechtlichen Pflicht durch das steuer- und zurechenbare Verhalten des Arbeitnehmers vorliegen, das von der personenbedingten Kündigung abzugrenzen ist.[900] Diese Pflichtverletzung muss eine negative Prognose darstellen, die zu einer Störung des Arbeitsverhältnisses sowie dem Entfallen des notwendigen Vertrauens für die weitere Zusammenarbeit führen kann.[901] Hierbei ist insbesondere zu prüfen, ob durch die Kündigung eine künftige vergleichbare Verletzung verhindert werden kann.[902] Denn die verhaltensbedingte Kündigung ist zukunftsbezogen und besitzt keinen Sanktionscharakter.[903] Für eine negative Prognose sprechen insbesondere entweder die wiederholten Pflichtverletzungen in der Zukunft oder ein einmaliges schweres Ereignis des Arbeitnehmers ohne Wiederholungsgefahr.[904] Vor diesem Hintergrund ist grundsätzlich eine vorangegangene Abmahnung zur Objektivierung der negativen Prognose erforderlich.[905] Zur Rechtfertigung einer verhaltensbedingten Kündigung ist auch eine umfassende Abwägung der Interessen beider Parteien erforderlich. Hierbei ist davon auszugehen, dass die

899 Schuster/Darsow, NZA 2005, 273, 277; Eisenbeis/Nießen, FS Leinemann, 697, 719; ErfK/Niemann, § 626 BGB, Rn. 98 b; LAG Hessen, vom 25. 1. 2010 – 17 Sa 21/09, CCZ 2011, 196; LAG Rheinland-Pfalz, vom 26. 2. 2016 – 1 Sa 358/15, juris; Moll-MAH ArbR/Dendorfer-Ditges, § 35, Rn. 262.

900 v. Hoyningen-Huene/Krause, § 1 KSchG, Rn. 488; ErfK/Oetker, § 1 KSchG, Rn. 188.

901 v. Hoyningen-Huene/Krause, § 1 KSchG, Rn. 498; ErfK/Oetker, § 1 KSchG, Rn. 191.

902 BAG, vom 17. 1. 1991 – 2 AZR 375/90, NZA 1991, 557; HWK/Quecke, § 1 KschG, Rn. 184; ErfK/Oekter, § 1 KSchG, Rn. 78.

903 BAG, vom 12. 1. 2006 – 2 AZR 179/05, NZA 2006, 980; BAG, vom 23. 6. 2009 – 2 AZR 283/08, NZA 2009, 1198; BAG, vom 26. 11. 2009 – 2 AZR 751/08, NZA 2010, 823; ErfK/Oetker, § 1 KSchG, Rn. 196.

904 BAG, vom 26. 1. 1995 – 2 AZR 649/94, NZA 1995, 517; BAG, vom 12. 1. 2006 – 2 AZR 21/05, NZA 2006, 917; BAG, vom 13. 12. 2007 – 2 AZR 818/06, NZA 2008, 589; Mengel, Compliance und Arbeitsrecht, Kap. 5, Rn. 18.

905 Mengel, Compliance und Arbeitsrecht, Kapitel 5, Rn.18.

Interessenabwägung nicht auf dem subjektiven Standpunkt des Arbeitgebers, sondern vielmehr auf einem objektiven Maßstab basiert.[906] Hierbei müssen die Besonderheiten des Einzelfalls berücksichtigt werden. Bei der Interessenabwägung sind die Intensität der Pflichtverletzung, das Maß des Verschuldens des Arbeitnehmers sowie der Grad der betrieblichen Beeinträchtigung zu beachten.[907] Daneben hat der Arbeitgeber zu prüfen, ob eine Weiterbeschäftigung für den Arbeitnehmer möglich ist.[908] In der Regel gilt dies nur, wenn die Pflichtverletzung arbeitsplatzbezogen ist und durch die Versetzung weitere potenzielle Störungen vermieden werden können.[909]

II. Außerordentliche Kündigung

Eine außerordentliche Kündigung kommt hingegen in Betracht, wenn die vom § 626 Abs. 1 BGB geregelten Voraussetzungen erfüllt werden. Als eine Kündigungsart wie die ordentliche Kündigung unterscheiden sich diese beiden hinsichtlich der Intensität der Störung des Arbeitsverhältnisses. So ist im Falle der außerordentlichen Kündigung die Pflichtverletzung derart schwer, dass das Arbeitsverhältnis unzumutbar fortzusetzen und die Kündigungsfrist unzumutbar einzuhalten ist.[910]

Zur Rechtfertigung einer außerordentlichen Kündigung ist allerdings zunächst zu prüfen, ob ein wichtiger Grund gemäß § 626 Abs. 1 BGB vorliegt. Die Verwendung eines wichtigen Grundes ist ein unbestimmter Rechtsbegriff, wobei eine Generalklausel gegeben ist.[911] Darunter sind folgende zwei Stufen zu verstehen. In der ersten Stufe muss ein bestimmter Sachverhalt an sich geeignet sein, einen wichtigen Grund zur außerordentlichen Kündigung abzugeben.[912] In der

906 BAG, vom 21. 11. 1996 – 2 AZR 357/95, NZA 1997, 487.

907 BAG, vom 21. 1. 1999 – 2 AZR 665/98, NZA 1999, 863; BAG, vom 27. 4. 2006 – 2 AZR 415/05, NZA 2006, 1033; v. Hoyningen-Huene/Krause, KSchG, § 1, Rn. 502.

908 BAG, vom 16. 1. 1997 – 2 AZR 98/96, juris; BAG, vom 9. 3. 1995 – 2 AZR 461/94, NZA 1995, 678 HWK/Quecke, § 1 KSchG, Rn. 185; v. Hoyningen-Huene/Krause, KSchG, § 1, Rn. 500.

909 v. Hoyningen-Huene/Krause, KSchG, § 1, Rn. 500; ErfK/Oekter, § 1 KSchG, Rn. 195.

910 v. Hoyningen-Huene/Krause, KSchG, § 1, Rn. 183; ErfK/Oekter, § 1 KSchG, Rn. 16; Staudinger/Preis, § 626 BGB, Rn. 82f.

911 ErfK/Niemann, § 626 BGB, Rn. 14.

912 BAG, vom 26. 8. 1976 – 2 AZR 377/75, AP zu § 626 BGB Nr. 68; BAG, vom 10. 6. 2010 – 2 AZR 541/09, NZA 2010, 1227; BAG, vom 27. 1. 2011 – 2 AZR 825/09, NZA 2011, 798; BAG, vom 7. 7. 2011 – 2 AZR 355/10, NZA 2011, 1412; ErfK/

Regel beruht die außerordentliche Kündigung meistens auf verhaltensbedingten Gründen,[913] dabei kommt insbesondere ein schweres vertragswidriges Verhalten in Betracht. Ein schweres vertragswidriges Verhalten ist zudem unabhängig davon, ob die Haupt- oder Nebenpflichten aus dem Arbeitsvertrag verletzt werden.[914] In der zweiten Stufe ist wiederum zu untersuchen, ob eine außerordentliche Kündigung unter Berücksichtigung sämtlicher Einzelfallumstände sowie der Interessenabwägung gerechtfertigt ist.[915] Eine außerordentliche Kündigung ist nur dann wirksam, wenn die Interessen des Arbeitsgebers gegenüber den Interessen des Arbeitnehmers überwiegen. Bei der Prüfung einer Interessenabwägung sollen alle vorkommenden Umstände und Interessen vollständig und widerspruchsfrei beachtet werden.[916] In diesem Zusammenhang gilt grundsätzlich das Verhältnismäßigkeitsprinzip. Eine außerordentliche Kündigung ist nur anzunehmen, sofern sie als letzte Maßnahme des Arbeitgebers gilt und keine milderen Mittel zumutbar sind.[917] Als mildere Mittel sind insbesondere die Abmahnung, die Versetzung oder Umsetzung sowie die Änderungskündigung zu überlegen.[918] Im Rahmen der konkreten Abwägung wird der jeweilige Umstand berücksichtigt. Dazu gehören sowohl das Maß einer Vertragsstörung, das Verschulden des Arbeitnehmers als auch die Schwere des betrieblichen Schadens sowie die Dauer des Arbeitsverhältnisses.[919] Zugleich soll die Zumutbarkeit einer ordentlichen Kündigung, die als ein spezifisches milderes Mittel angesehen wird,

Niemann, § 626 BGB, Rn. 15; APS/Vossen, § 626 BGB, Rn. 29; HWK/Sandmann, § 626 BGB, Rn. 58.

913 APS/Vossen, § 626 BGB, Rn. 72.

914 APS/Vossen, § 626 BGB, Rn. 72..

915 ErfK/Niemann, § 626 BGB, Rn. 15; APS/Vossen, § 626 BGB, Rn. 29; HWK/Sandmann, § 626 BGB, Rn. 59.

916 BAG, vom 26. 8. 1976 – 2 AZR 377/75, AP zu § 626 BGB Nr. 68; BAG, vom 10. 6. 2010 – 2 AZR 541/09, NZA 2010, 1227; BAG, vom 16. 12. 2010 – 2 AZR 485/08, NZA 2011, 571; BAG, vom 27. 1. 2011 – 2 AZR 825/09, NZA 2011, 798; BAG, vom 7. 7. 2011 – 2 AZR 355/10, NZA 2011, 1412; APS/Vossen, § 626 BGB, Rn. 30, 88; KR/Fischermeier, § 626 BGB, Rn. 90 f.; HWK/Sandmann, § 626 BGB, Rn. 61.

917 BAG, vom 30. 5. 1978 – 2 AZR 630/76, AP zu § 626 BGB Nr. 70; BAG, vom 19. 4. 2007 – 2 AZR 180/06, NZA-RR 2007, 571; BAG, vom. 9. 6. 2011 – 2 AZR 381/10, NZA 2011, 1027; BAG, vom 29. 8. 2013 – 2 AZR 273/12, NZA 2014, 533; ErfK/Niemann, § 626 BGB, Rn. 24a.

918 Vgl. ErfK/Niemann, § 626 BGB, Rn. 24ff.; Mengel, Compliance und Arbeitsrecht, Kap. 5, Rn. 15.

919 KR/Fischermeier, § 626, Rn. 249 ff.; APS/Vossen, § 626 BGB, Rn. 30, 88 f.; ErfK/Niemann, § 626 BGB, Rn. 37 ff.

geprüft werden. Ohne den Ausschluss der ordentlichen Kündigung ist eine außerordentliche Kündigung in der Regel nicht zu rechtfertigen.[920]

III. Compliance-Richtlinien im Falle der Kündigung

1. *Verstoß gegen Compliance-Richtlinien als Kündigungsgrund*

In den Fällen eines Verstoßes ist es zunächst zu fragen, ob der Verstoß gegen Compliance-Richtlinien als Kündigungsgrund anzusehen ist. Sowohl die ordentlich verhaltensbedingte Kündigung als auch die außerdienstliche Kündigung sind an die vertraglichen Pflichtenverletzungen anzuknüpfen, welche nicht nur die Hauptpflicht, sondern auch die Nebenpflicht umfassen.[921] Compliance-Richtlinien betreffen regelmäßig die Nebenpflicht der Arbeitnehmer, wobei ein Verstoß gegen Compliance-Richtlinien grundsätzlich zur Pflichtverletzung führt. Es ist unabhängig davon, ob der Arbeitgeber schon in den Compliance-Richtlinien bestimmt, und bestehende Nebenpflichten verwiesen hat oder die Verhaltensanforderungen an die Arbeitnehmer begründet.[922] In diesem Zusammenhang ergibt sich keine Besonderheit hinsichtlich der Kündigung im Falle eines Verstoßes gegen Compliance-Richtlinien, und über Compliance-Richtlinien kann der Arbeitgeber keine absoluten Kündigungsgründe schaffen.[923] Grundsätzlich gehören zu solch schweren Verletzungen vor allem Straftaten oder schwere zivilrechtliche Pflichtverletzungen,[924] die auch gegen die Compliance-Regelungen verstoßen. Denn die Einhaltung von Gesetzen und vertraglichen Regelungen ist ein wesentlicher Sinn und Zweck von Compliance. Weiterhin sind die ordentliche Kündigung oder außerordentliche Kündigung gegeben, sofern Compliance-Richtlinien im Unternehmen vorgesehen werden und der Arbeitnehmer bestimmte Regelungen der Richtlinien verletzt.[925]

---

920 BAG, vom 25. 3. 2004 – 2 AZR 153/03, AP zu § 138 BGB Nr. 60; BAG, vom 13. 5. 2004 – 2 AZR 36/04, NZA 2004, 1271; BAG, vom 9. 6. 2011 – 2 AZR 284/10, NZA-RR 2012, 12; ErfK/Niemann, § 626 BGB, Rn. 28; HWK/Sandmann, § 626 BGB, Rn. 82.

921 BAG, vom 10. 10. 2002 – 2 AZR 472/01, NZA 2003, 483; BAG, vom 9. 6. 2011 – 2 AZR 284/10, NZA-RR 2012, 12; BAG, vom 8. 9. 2011 – 2 AZR 543/10, NZA 2012, 443; BAG, vom. 3. 11. 2011 – 2 AZR 748/10, NZA 2012, 607; BAG, vom. 11. 7. 2013 – 2 AZR 994/12, NZA 2014, 250; ErfK/Oetker, § 1 KSchG Rn. 189; APS/Vossen, § 1 KSchG, Rn. 266

922 Schreiber, NZA-RR, 2010, 617, 618.

923 Benecke/Groß, BB 2015, 693, 694; Moll-MAH ArbR/Dendorfer-Ditges, § 35, Rn. 273.

924 Mengel, Compliance und Arbeitsrecht, Kap. 5, Rn. 23.

925 LAG Schleswig-Holstein, vom 29. 8. 2006 – 6 Sa 72/06, BeckRS 2006, 43907 = LAGE § 626 BGB 2002 Nr. 8b; LAG Hessen, vom 25. 1. 2010 – 17 Sa 21/09, BeckRS

Ein Verstoß gegen Compliance-Richtlinien kann in Betracht kommen, wenn sich der Arbeitnehmer zwar gegen die Rechtsordnung verhält, aber der Arbeitgeber das Verhalten vom Arbeitnehmer selbst initiiert oder zumindest geduldet hat.[926] In diesem Fall ist es fraglich, ob der Verstoß gegen Compliance-Richtlinien als Kündigungsgrund anzusehen ist. Es kommt stattdessen darauf an, ob eine vertragliche Pflichtverletzung vorliegt. Ob das jeweilige Arbeitnehmer-Verhalten pflichtwidrig ist, hängt nicht entscheidend mit der strafrechtlichen Würdigung zusammen.[927] Obwohl sich der Arbeitnehmer uneigennützig und zu Gunsten des Arbeitgebers unter der Disposition des Arbeitgebers verhält, soll eine objektive und rechtswidrige Vertragsverletzung vorliegen,[928] weil der Arbeitnehmer nach §§ 611, 241 Abs. 2 BGB „alles zu unterlassen, was dem Arbeitgeber oder dem Betrieb abträglich ist",[929] dabei ist das objektive Vorliegen entsprechender Tatsachen rein zu beurteilen.[930] Die Einrichtung schwarzer Kassen[931] oder die „Zuwendungen an Kundenmitarbeiter"[932] stellen konkrete drohende Nachteile für den Arbeitgeber dar, welche die Vertragspflichten verletzen. Mit der Mitwirkung des Arbeitgebers ändert sich dies ebenfalls nicht.[933] Obwohl die gerichtlichen Entscheidungen die Kündigung für die beiden Fälle als unwirksam angenommen haben, ist auf die Frage der Interessenabwägung einzugehen.[934] In diesem Sinne kann der Verstoß gegen Compliance-Richtlinien als Kündigungsgrund angesehen werden.

2. Compliance-Richtlinien bei Interessenabwägung

Im Hinblick auf die Wirksamkeit einer Kündigung bzw. der ordentlichen und der außerordentlichen Kündigung ist zu überprüfen, ob eine Abwägung der Interessen im Einzelfall erfolgt ist. Die Interessenabwägung muss zudem unter

2011, 65288, auch Anm. Stück, CCZ 2011, 196; LAG Rheinland-Pfalz, vom 26. 2. 2016 – 1 Sa 358/15, juris, auch Anm. Kielkowski/Happ, jurisPR-Compl 4/2016 3.

926 ArbG München, vom 2. 4. 2014 – 5 Ca 11655/13, NZA 2009, 265; Vgl. auch BAG, vom 21. 6. 2012 – 2 AZR 694/11, NZA 2013, 199.

927 Kolbe, NZA 2009, 228.

928 Preis, Individualarbeitsrecht, § 65 III 5. b).

929 BAG, vom 16. 8. 1990 – 2 AZR 113/90, NZA 1991, 141.

930 Steinkühler/Kunze, RdA 2009, 367, 368; APS/Vossen, § 626 BGB, Rn. 55.

931 ArbG München, vom 2. 4. 2014 – 5 Ca 11655/13, NZA 2009, 265.

932 BAG, vom 21. 6. 2012 – 2 AZR 694/11, NZA 2013, 199.

933 Benecke/Groß, BB 2015, 693, 695.

934 ArbG München, vom 2. 4. 2014 – 5 Ca 11655/13, NZA 2009, 265; Vgl. auch BAG, vom 21. 6. 2012 – 2 AZR 694/11, NZA 2013, 199; Benecke/Groß, BB 2015, 693, 69; Kolbe, NZA 2009, 228, 229.

Berücksichtigung aller wesentlichen Umstände des Einzelfalls stattfinden und weiterhin verhältnismäßig sein.[935] Hiermit stellt sich die Frage, ob die Compliance-Richtlinien einen relevanten Aspekt bei der Interessenabwägung darstellen.

In der Entscheidung des LAG Schleswig-Holstein hat das Gericht die Unternehmensrichtlinien im Rahmen der Interessenabwägung bereits ausdrücklich berücksichtigt, dass die verhaltensbedingte außerordentliche Kündigung gerechtfertigt ist, weil der gekündigte Arbeitnehmer die Ethikrichtlinien „Firmencredo" kannte und wusste, dass der Arbeitgeber auf Basis der Firmenphilosophie auf einen gerechten und ethisch einwandfreien Umgang miteinander allergrößten Wert legt.[936] Die strittige Äußerung des gekündigten Arbeitnehmers stellt eine grobe Beleidigung für die Anwesenden und den Arbeitgeber und daher einen Verstoß gegen die Compliance-Richtlinien dar. Im Rahmen der Interessenabwägung ist dieser genannte Umstand zu überlegen. Verstößt der Arbeitnehmer gegen die in den Compliance-Richtlinien niederlegten Pflichten, sind die Kenntnisse über den Inhalt und die Sanktionen der Richtlinie sowie die Schwere der Pflichtverletzung abzuwägen.[937] Dieser Gesichtspunkt gilt noch in weiterem Maße, sodass nicht nur die Verletzung vertraglicher Pflichten, sondern die absichtliche Wahrnehmung eigener Vorteile bei der Erfüllung von Aufgaben auch der Interessenabwägung unterliegen.[938]

Zudem ist die Mitverantwortung des Arbeitgebers noch zu berücksichtigen. Hat der Arbeitgeber jedoch an der Entstehung des Kündigungsgrundes selbst mitgewirkt oder das dem Arbeitnehmer vorgeworfene Verhalten selbst initiiert oder geduldet und stützt er sich im Anschluss einer Kündigung auf die Begründung, gerade dieses Verhalten habe sein Vertrauen im Arbeitnehmer zerstört, verstößt er gegen das Verbot widersprüchlichen Verhaltens, sodass eine Kündigung aufgrund des Verstoßes gegen das Gebot von Treu und Glauben unwirksam ist. Denn der Zweck der Kündigung liegt nicht in der Sanktion eines möglicherweise gegen die objektive Rechtsordnung verstoßenen Verhaltens des Arbeitnehmers.

---

935 BAG, vom 26. 8. 1976 – 2 AZR 377/75, AP zu § 626 BGB Nr. 68; BAG, vom 10. 6. 2010 – 2 AZR 541/09, NZA 2010, 1227; BAG, vom 16. 12. 2010 – 2 AZR 485/08, NZA 2011, 571; BAG, vom 27. 1. 2011 – 2 AZR 825/09, NZA 2011, 798; BAG, vom 7. 7. 2011 – 2 AZR 355/10, NZA 2011, 1412; APS/Vossen, § 626 BGB, Rn. 30, 88; KR/Fischermeier, § 626 BGB, Rn. 90 f.; HWK/Sandmann, § 626 BGB, Rn. 61.

936 LAG Schleswig-Holstein, vom 29. 8. 2006 – 6 Sa 72/06, BeckRS 2006, 43907= LAGE § 626 BGB 2002 Nr. 8b.

937 LAG Hessen, vom 25. 1. 2010 – 17 Sa 21/09, Anm. Stück, CCZ 2011, 196.

938 LAG Rheinland-Pfalz, vom 26. 2. 2016 – 1 Sa 358/15, Anm. Kielkowski/Happ, jurisPR-Compl 4/2016 3.

Stattdessen wird dem Arbeitgeber dadurch die Beendigung eines für ihn nicht mehr zumutbaren Arbeitsverhältnisses ermöglicht. Dabei sind die konkreten Umstände des Einzelfalles zu berücksichtigen und die beiderseitigen Interessen abzuwägen, ob das Vertrauensverhältnis zwischen den Parteien in einem solchen Umfang gestört ist, dass dem Arbeitgeber die Fortsetzung des Arbeitsverhältnisses nicht mehr zugemutet werden kann.[939] In diesem Sinne werden Compliance-Richtlinien als ein Element zur Interessenabwägung aufgefasst.

B. Abmahnung

Sowohl für die ordentliche Kündigung als auch für die außerordentliche Kündigung stellt in der Regel die vorangegangene Abmahnung eine Voraussetzung für die Wirksamkeit einer Kündigung dar. In Ausnahmefällen ist eine Abmahnung bei einer Kündigung entbehrlich. Dabei ist insbesondere zu prüfen, bei welchen Umständen eine Abmahnung erforderlich ist.

I. Allgemeine Anforderungen

Das Erfordernis einer vorhergehenden Abmahnung stammt aus dem Grundsatz im Sinne des § 323 Abs. 1 BGB und dem Grundsatz der Verhältnismäßigkeit bzw. dem Ultima Ratio-Prinzip. Durch die Abmahnung macht der Arbeitgeber Gebrauch von seinem vertraglichen Rügerecht und weist den Arbeitnehmer auf eine Vertragsverletzung hin. Weiterhin wird der Arbeitnehmer mit einer Abmahnung gewarnt, dass er aufgrund seines Fehlverhaltens in der Zukunft mit Konsequenzen zu rechnen hat.[940] Insofern kommen der Abmahnung eine Hinweis- und Dokumentationsfunktion hinzu, damit die beanstandete Pflichtverletzung festgestellt werden kann.[941] Eine Kündigung ist außerdem kein Mittel zur Sanktionierung einer Vertragsstörung, vielmehr bezweckt sie die Vermeidung von zukünftigen weiteren Vertragsverletzungen.[942] Der Arbeitgeber soll zum Zeitpunkt einer Kündigung auf hinreichende Art und Weise vorzeigen, dass die zukünftige Pflichtverletzung beseitigt werden kann.[943] In diesem Zusammenhang

---

939 ArbG München, vom 2. 4. 2014 – 5 Ca 11655/13, NZA 2009, 265.

940 BAG, vom 16. 9. 2004 – 2 AZR 406/03, NZA 2005, 459; HWK/Quecke, § 1 KSchG, Rn. 191.

941 Unter allen Funktionen siehe v. Hoyningen-Huene/Krause, KSchG, § 1, Rn. 508; ErfK/Niemann, § 626 BGB, Rn. 29a; KR/Fischermeier, § 626 BGB, Rn. 267.

942 BVerfG, vom 2. 7. 2001 – 1 BvR 2049/00, NZA 2001, 888; BAG, vom 23. 6. 2009 – 2 AZR 103/08, NZA 2009, 1198; ErfK/ Niemann, § 626 BGB, Rn. 1.

943 BAG, vom 23. 6. 2009 – 2 AZR 103/08, NZA 2009, 1198.

ist die Abmahnung ein milderes Mittel für eine Kündigung. Insbesondere bei einer verhaltensbedingten Kündigung dient eine vorherige Abmahnung der Objektivierung und Absicherung der negativen Prognose.[944] Eine verhaltensbedingte Kündigung ist grundsätzlich nicht gerechtfertigt, wenn es an einer vorherigen Abmahnung fehlt. Es ist also regelmäßig erforderlich, eine Abmahnung vor jeder verhaltensbedingten Kündigung auszusprechen.

II. Entbehrlichkeit der Abmahnung

Ausnahmsweise können auch solche Fälle vorliegen, in denen eine Abmahnung entbehrlich ist und der Arbeitgeber das Arbeitsverhältnis unverzüglich kündigen kann. Eine vorherige Abmahnung ist entbehrlich, wenn der Arbeitnehmer nicht willens oder nicht in der Lage ist, sich vertragstreu zu verhalten, wenn mit anderen Worten eine Verhaltensänderung in Zukunft selbst nach Abmahnung nicht zu erwarten ist,[945] oder wenn die Kündigung nach Abwägung aller Umstände angesichts der Art, Schwere und Folgen der Pflichtverletzung billigenswert und angemessen erscheint, dem Arbeitnehmer die Rechtswidrigkeit der Pflichtwidrigkeit ohne Weiteres erkennbar ist und er mit deren Billigung durch den Arbeitgeber offensichtlich nicht rechnen konnte.[946] In diesen Fällen wird die Vertrauensgrundlage im Arbeitsverhältnis zerstört, wobei auch die angesprochenen Funktionen einer Abmahnung, wie die Warnfunktion, ins Leere gehen.[947] Die Entbehrlichkeit einer Abmahnung hängt vor allem von der Schwere der

---

944 BAG, vom 19. 2. 2009 – 2 AZR 603/07, NZA 2009, 894; BAG, vom 10. 6. 2010 – 2 AZR 541/09, NZA 2010, 1227; ErfK/Oetker, § 1 KSchG, Rn. 199; v. Hoyningen-Huene/Krause, KSchG, § 1, Rn. 512.

945 BAG, vom 23.10.2014 – 2 AZR 865/13, NZA 2015, 353; BAG, vom 27. 9. 2012 – 2 AZR 646/11, AP zu § 626 BGB Nr. 240; BAG, vom 19. 4. 2012 – 2 AZR 186/11, NZA 2013, 27; BAG, vom 18. 9. 2008 – 2 AZR 827/06, NZA-RR 2009, 393; BAG, vom 12. 7. 1984 – 2 AZR 320/8, NZA 1985, 96; v. Hoyningen-Huene/Krause, KSchG, § 1, Rn. 513; Erfk/Niemann, § 626 BGB, Rn. 29c; APS/Vossen, § 626 BGB, Rn. 378–394.

946 BAG, vom 20. 11. 2014 – 2 AZR 651/13, NZA 2015, 294; BAG, vom 23. 10. 2014 – 2 AZR 865/13, NZA 2015, 353; BAG, vom 25. 10. 2012 – 2 AZR 495/11, NZA 2013, 319; BAG, vom 27. 9. 2012 – 2 AZR 646/11, AP zu § 626 BGB Nr. 240; BAG, vom 19. 4. 2012 – 2 AZR 186/11, NZA 2013, 27; v. Hoyningen-Huene/Krause, KSchG, § 1, Rn. 514; Erfk/Niemann, § 626 BGB, Rn. 29e; APS/Vossen, § 626 BGB, Rn. 378–39.

947 v. Hoyningen-Huene/Krause, KSchG, § 1, Rn. 514; Erfk/Niemann, § 626 BGB, Rn. 29e.

Pflichtverletzung ab, wobei eine außerordentliche Kündigung ohne vorherige Abmahnung oftmals die Folge sein kann.[948]

III. Vorweggenommene Abmahnung

Ebenfalls könnte eine Abmahnung unter der Möglichkeit der „vorweggenommenen Abmahnung" entbehrlich sein, sodass der Arbeitgeber den Arbeitsvertrag unverzüglich kündigen kann. Dies ist dann der Fall, wenn der Arbeitgeber den Arbeitnehmer bereits vor der Vertragsverletzung darauf hingewiesen hat, dass die Vertragswidrigkeit seines Verhaltens ohne weitere Abmahnung zur Kündigung führen kann.[949] Häufig können solche Hinweise in einem Aushang am schwarzen Brett, in dem Arbeitsvertrag, in einem bestimmten Schreiben an bestimmte Mitarbeiter oder in Compliance-Richtlinien enthalten sein.[950] Eine vorweggenommene Abmahnung ist zulässig und ersetzt die nachträgliche Abmahnung, sofern sie die allgemeinen Wirksamkeitsvoraussetzungen erfüllt. Eine vorweggenommene Abmahnung setzt zudem voraus, dass diese die Grundvoraussetzungen von Abmahnungen erfüllen und dann der Rüge-, Warn- und Hinweisfunktion genügen muss.[951] Dabei hat der Arbeitgeber den Arbeitnehmer ausdrücklich auf die Androhung einer Kündigung im Falle bestimmter und konkreter Pflichtverletzungen hinzuweisen.[952] Eine pauschale vorweggenommene Abmahnung genügt grundsätzlich nicht, da die Warnfunktion der Abmahnung nicht hinreichend erfüllt wird. Als eine Ausnahme der allgemeinen Anforderung der Abmahnung gilt das Verhältnismäßigkeitsprinzip auch für die vorweggenommene Abmahnung, wobei sie das Übermaßverbot wahren muss.[953] Eine vorweggenommene Abmahnung ist zudem von Bedeutung, wenn es sich im Einzelfall um schwere Vertragsverletzungen handelt, die nicht durch weitere Abmahnungen verhindert werden konnten.[954]

---

948 BAG, vom 11. 3. 1999 – 2 AZR 427/98, NZA 1999, 818; BAG, vom 2. 3. 2006 – 2 AZR 53/05, NZA-RR 2006, 636.

949 BAG, vom 5. 4. 2001 – 2 AZR 580/99, NZA 2001, 893; LAG Hamm, vom 12. 9. 1996 – 4 Sa 486/96, LAGE § 626 BGB Nr. 105; LAG Düsseldorf, vom 15. 8. 2012 – 12 Sa 697/12, BeckRS 2012, 76232.

950 Schneider, S. 261; Wisskirchen/Schumacher/Bissels, BB 2012, 1473.

951 Wisskirchen/Schumacher/Bissels, BB 2012, 1473, 1474.

952 Mengel, Compliance und Arbeitsrecht, Kap. 5, Rn. 9; v. Hoyningen-Huene/Krause, KSchG, § 1, Rn. 530; Schneider, S. 262; Deyhle, S. 187.

953 ErfK/Niemann, § 626 BGB, Rn. 34; Benecke/ Groß, BB 2015, 693, 695.

954 LAG Hamm, vom 16. 12. 1982 – 10 Sa 965/82, BB 1983, 1601; LAG Köln, vom 12. 11. 1993 – 13 Sa 726/93, LAGE § 1 KSchG Verhaltensbedingte Kündigung Nr. 40;

IV. Compliance-Richtlinien im Falle der Abmahnung

Im Bereich von Compliance-Richtlinien ist stets zu bedenken, dass eine Abmahnung bei Verstößen gegen Compliance-Richtlinien die Kündigung ausschließt, sofern sich die Umstände nach der Abmahnung später nicht ändern. Allerdings ist eine Abmahnung in der Regel nicht immer erforderlich. In diesem Zusammenhang stellt sich häufig die Frage, ob eine Abmahnung bei gewissen Verstößen seitens des Arbeitnehmers gegen Compliance-Richtlinien entbehrlich ist.

Nach den allgemein geltenden Grundsätzen kann eine Entbehrlichkeit der Abmahnung bei Verstößen gegen Compliance-Richtlinien bejaht werden, wenn der Ausspruch einer vorherigen Abmahnung unter bestimmten Umständen nicht zumutbar ist.[955] Dabei muss der Pflichtverstoß des Arbeitnehmers so schwerwiegend sein, dass der Arbeitnehmer nicht billigerweise mit einer Hinnahme des Fehlverhaltens durch den Arbeitgeber rechnen konnte. In der Regel gilt dies vor allem bei Straftaten gegen das Vermögen oder Eigentum des Arbeitgebers,[956] wozu etwa Diebstahl, Insiderhandel und Bestechung fallen und eine Vertrauensgrundlage nicht mehr zumutbar ist. Eine Abmahnung im Falle der verhaltensbedingten Kündigung ist auch entbehrlich, wenn der Arbeitnehmer sich entgegen den geltenden Compliance-Richtlinien verhält und dem Arbeitgeber den Sachverhalt verschleiert hat.[957] In diesem Fall lassen sich die Bedeutung der Compliance-Richtlinien und die erheblichen Folgen von Verstößen belegen.

Eine Abmahnung könnte wiederum entbehrlich sein, wenn eine sogenannte vorweggenommene Abmahnung vorliegt. Anhand einer Compliance-Richtlinie hat der Arbeitgeber die Arbeitnehmer bereits vor dem Verstoß gegen die Regeln darüber informiert, dass ein Fehlverhalten ohne vorherige Abmahnung direkt zu einer Kündigung führen kann. Dabei ist allerdings fraglich, ob die in Compliance-Richtlinien enthaltenen Sanktionsklauseln als eine vorweggenommene Abmahnung dienen können. Obwohl die Auffassung besteht, dass die Sanktionsklauseln in Richtlinien ohne Differenzierung als vorweggenommene Abmahnung anzusehen sind und zu einer Kündigung im Falle eines Verstoßes führen

---

Schaub-ArbRHdb/Linck, § 132, Rn. 18; Mengel, Compliance und Arbeitsrecht, Kap. 5, Rn. 10; Wisskirchen/Schumacher/Bissels, BB 2012, 1473, 1474.

955 Siehe oben.

956 Vgl. Wisskirchen/Schumacher/Bissels, BB 2012, 1473; Benecke/Groß, BB 2015, 693, 698; Mengel, Compliance und Arbeitsrecht, Kap. 5, Rn. 11; Triskatis, S. 227.

957 LAG Hessen, vom 25. 1. 2010 – 17 Sa 21/09, CCZ 2011, 196.

können,[958] ist diese Ansicht von den überwiegenden Auffassungen verneint.[959] Als eine Ausnahme der traditionellen Abmahnung setzt die Zulässigkeit einer vorweggenommenen Abmahnung voraus, dass sie sich hinreichend auf die Kündigungsandrohung für ein konkretes und bestimmtes Fehlverhalten beziehen soll, wobei die Funktionen der Abmahnung erfüllt werden.[960] Da Compliance-Richtlinien zahlreiche Verhaltensregelungen für den Arbeitnehmer beinhalten, ist es kaum möglich, Sanktionsklauseln für jeden einzelnen Verstoß gegen die Compliance-Richtlinien zu formulieren. Hiermit würden die Sanktionsklauseln die Bestimmtheit verlieren, dadurch wird wiederum die Warnfunktion einer vorweggenommen Abmahnung abgeschwächt.[961] Im Hinblick auf das Erfordernis der Abmahnung können pauschale Sanktionsklauseln für eine vorgenommene Abmahnung im Falle eines Verstoßes gegen Compliance-Richtlinien nicht ausreichend sein. Stattdessen muss der Arbeitgeber vielmehr auf die bestimmte Pflicht oder den Pflichtenkreis hinweisen, dass ohne Einhaltung von Compliance-Richtlinien eine Kündigungsdrohung ausgesprochen werden kann. Soweit eine Sanktionsklausel sich auf die einzelne Pflicht bezieht oder eine konkrete Kündigung bei einem einzelnen Verstoß gegen die konkrete Verhaltensregelung droht, ist diese als eine vorweggenommene Abmahnung zu werten.

C. Fazit

Sofern Arbeitnehmer die Regelungen von Compliance-Richtlinien verletzen, kommen Rechtsfolgen in Betracht. In der Regel besteht keine allgemeine Aussage über die Rechtsfolgen eines Verstoßes gegen Compliance-Richtlinien, wobei jedoch die allgemeinen Grundsätze zu berücksichtigen sind. Im Arbeitsrecht werden die Kündigung sowie die Abmahnung bei einem Verstoß gegen die Arbeitspflichten bevorzugt. In diesem Fall sind die Kündigung und Abmahnung insbesondere zu beobachten. Compliance-Richtlinien betreffen hauptsächlich einen umfassenden Verhaltenskodex für die Arbeitnehmer, dabei sollen die

958 Schuster/Darsow, NZA 2005, 272, 277.

959 Eisenbeis/Nießen, FS Leinemann, 697, 720; Triskatis, S. 226; Schneider, S. 262; Mengel, CCZ 2008, 85, 86; Deyhle, S. 190; Mengel, Compliance und Arbeitsrecht, Kap. 5, Rn. 9; Bissels/Lützeler, BB 2012, 189, 191; Moll-MAH ArbR/Dendorfer-Ditges, § 35, Rn. 265.

960 Mengel/Hagemeister, BB 2007, 1392; Mengel, Compliance und Arbeitsrecht, Kap. 5, Rn. 9; Bissels/Lützeler, BB 2012, 189, 191; Moll-MAH ArbR/Dendorfer-Ditges, § 35, Rn. 265.

961 Schneider, S. 262; Triskatis, S. 226; Mengel/ Hagemeister, BB 2007, 1386, 1392; Mengel, Compliance und Arbeitsrecht, Kap. 5, Rn. 9; Bissels/Lützeler, BB 2012, 189, 191.

ordentliche verhaltensbedingte Kündigung sowie die vom Verhalten abhängige außerordentliche Kündigung geprüft werden. In den Rechtsprechungen werden die Verstöße gegen Compliance-Richtlinien als Kündigungsgrund angesehen, ohne dabei die Strafbarkeit des Verhaltens zu berücksichtigen. Bei schwerer Pflichtverletzung kann eine vorherige Abmahnung entbehrlich sein. Eine Hervorhebung der Sanktionen im Rahmen einer Compliance-Richtlinie kann als eine vorweggenommene Abmahnung dienen und eine Kündigungsandrohung nicht notwendig machen, soweit sie sich hinreichend auf das konkrete und bestimmte Fehlverhalten bezieht. Eine pauschale vorweggenommene Abmahnung ist hierbei nicht zu finden. Neben der Kündigung sind sonstige Sanktionen wie Strafen oder Schadenersatzansprüche im Falle eines Fehlverhaltens vonseiten des Arbeitnehmers zwar ebenfalls denkbar, dennoch ist die Kündigung als Rechtsfolge von Verstößen gegen Compliance-Richtlinien von größerer Bedeutung.

Kapitel 7: Zusammenfassung

Nach der Untersuchung werden nachfolgende Ergebnisse in Bezug auf die Implementierung von Compliance-Richtlinien zusammengefasst.

Eine einheitliche Definition für die aus den USA stammende Bezeichnung „Compliance" ist in Deutschland nicht gegeben, vielmehr wird Compliance als die Einhaltung von Regeln verstanden. Als ein grundlegender Bestandteil des Compliance-Systems beziehen sich Compliance-Richtlinien auf eine Kategorie von Verhaltensweisen der Mitarbeiter im Unternehmen. Dabei ist die Umsetzung von Compliance-Richtlinien, die aus unterschiedlichen Motiven erfolgen, im deutschen Recht von großer Bedeutung. Einerseits kann das Unternehmen durch die Einführung von Compliance-Richtlinien eine wirtschaftliche und reputationelle Haftung vermeiden und dadurch das Unternehmensimage verbessern. Zudem können Compliance-Richtlinien die Interessen zwischen dem Arbeitnehmer und dem Arbeitgeber ausgleichen, wodurch das Betriebsklima und Betriebsfrieden gewährleistet werden können. Andererseits wird anhand gesetzlicher Pflichten darauf hingewiesen, Compliance-Richtlinien einzuführen. Bisher gibt es in Deutschland allerdings keine allgemeine Pflicht zur Implementierung von Compliance-Richtlinien, jedoch kommen spezifische gesetzliche Regelungen in spezifischen Bereichen zur Anwendung. Bei konkreter Ausgestaltung einer Compliance-Richtlinie werden vielmehr mit Rechtsvorgaben, der Durchführungseffizienz sowie den dazugehörigen Auswirkungen gerechnet. Zudem finden die ausländischen gesetzlichen Regelungen Berücksichtigung, die sich auf deutsche Unternehmen, deren Tochterunternehmen an der NYSE börsennotiert sind, auswirken können.

Compliance-Richtlinien betreffen weiterhin Verhaltensregelungen, wodurch die Inhalte der Compliance-Richtlinien von Unternehmen zu Unternehmen variieren können. Je nach Maßstab lassen sich die Regelungen in unterschiedliche Gruppen gliedern. Typischerweise sind hierbei die Regelungen hinsichtlich der Gesetzestreue der Arbeitnehmer, der Verhaltensweise im Betrieb und außerhalb des Betriebs sowie der Sanktionen bei einem Verstoß gegen die Compliance-Richtlinien gemeint. Aufgrund der Besonderheit eines jeden Unternehmens sollen diese Regelungen im Einzelfall ausgestaltet werden, zumal eine pauschale Feststellung von Verhaltensregeln nicht möglich ist.

Bei der Einführung von Compliance-Richtlinien steht eine Reihe von Möglichkeiten zur Verfügung, wobei das Direktionsrecht, der Arbeitsvertrag, die Änderungskündigung, die Betriebsvereinbarung und der Tarifvertrag in Betracht kommen können, welche in individuelle als auch kollektive Implementierungsinstrumente fallen. Die Einführung von Compliance-Richtlinien durch das einseitige Direktionsrecht des Arbeitgebers stellt die einfachste Art dar und hat eine höhere Akzeptanz für den Arbeitnehmer aus der psychologischen Perspektive. Durch die Anweisung seitens des Arbeitgebers werden die bestehenden Pflichten des Arbeitnehmers im Rahmen des Arbeitsvertrags eingeführt. Im Ausnahmefall kann das außerdienstliche Verhalten des Arbeitnehmers durch das Direktionsrecht betroffen sein. Jedoch beschränkt sich das Direktionsrecht lediglich auf den Arbeitsvertrag, eine Änderung oder Erweiterung der Pflichten der Arbeitnehmer ist nicht zulässig. Weiterhin können Compliance-Richtlinien anhand eines Arbeitsvertrags implementiert werden. Der Arbeitsvertrag bietet einen weiteren Regelungsumfang. Durch den Arbeitsvertrag können sowohl bestehende Pflichten als auch eine Änderung oder Erweiterung der Pflichten eingeführt werden. Da Compliance-Richtlinien für eine Vielzahl von Verträgen vorformuliert werden, unterliegen sie laut § 305 ff. BGB der AGB-Kontrolle. Compliance-Richtlinien können im bestehenden Arbeitsvertag oder bei Neueinstellung einbezogen werden, allerdings bedarf dies bei jeder Vereinbarung und Änderung der ausdrücklichen Zustimmung des Arbeitnehmers. Hierbei ist eine Vereinbarung in schriftlicher Form empfehlenswert. Die Änderungskündigung wiederum bietet ein anderes Instrument zur Einführung von Compliance-Richtlinien an, wobei der Arbeitgeber die Arbeitsbedingungen ohne die Zustimmung des Arbeitnehmers ändern kann. Die Änderungskündigung konfrontiert jedoch höhere Anforderungen, da der Arbeitgeber die Änderung zu rechtfertigen hat, ansonsten ist diese unwirksam. In diesem Sinne ist die Einführung von Compliance-Richtlinien anhand einer Änderungskündigung zwar möglich, aber nicht gangbar. Im Vergleich zu anderen Implementierungsmöglichkeiten unterliegt der Tarifvertrag einer geringeren Kontrolle, mangels Flexibilität an der Änderung von Arbeitsbedingungen ist die Einführung von Compliance-Richtlinien allerdings schwierig. Unstreitig können Compliance-Richtlinien auch anhand einer Betriebsvereinbarung implementiert werden. Im Vergleich zu anderen Implementierungsmöglichkeiten wirkt die Betriebsvereinbarung unmittelbar und zwingend auf die gesamte Belegschaft und kann dabei eine höhere Akzeptanz im Unternehmen erlangen. Nach der Untersuchung lässt sich feststellen, dass jede Implementierungsmöglichkeit über spezifische Vor- und Nachteile besitzt. Vor diesem Hintergrund wird die Empfehlung ausgesprochen, sich mit den unterschiedlichen Implementierungsmöglichkeiten auseinanderzusetzen und die Compliance-Richtlinien passend zum jeweils vorliegenden konkreten Einzelfall einzuführen.

Sofern im Unternehmen ein Betriebsrat existiert, ist das Mitbestimmungsrecht des Betriebsrats bei der Einführung von Compliance-Richtlinien denkbar. Da Compliance-Richtlinien vielfältige Verhaltensregelungen implizieren, ist eine Unterscheidung zwischen den mitbestimmungsfreien und den mitbestimmungspflichtigen Regelungen zu treffen. Eine Verhaltensregelung ist dann mitbestimmungspflichtig, wenn sie die betriebliche Ordnung betrifft. Zentrale Vorschrift ist hierbei § 87 Abs. 1 S. 1 Nr. 1 BetrVG. Compliance-Richtlinien befassen sich außerdem vor allem mit dem Ordnungsverhalten im Unternehmen. Andernfalls kommen § 87 Abs. 1 Nr. 5 BetrVG sowie § 94 Abs. 1 BetrVG in Betracht. Ob Compliance-Richtlinien mitbestimmungspflichtig sind, ist nicht pauschal festzustellen, schließlich müssen sie im Einzelfall geprüft werden.

Sofern Arbeitnehmer die Regelungen von Compliance-Richtlinien verletzen, sind Rechtsfolgen die Konsequenz. Im Arbeitsrecht wird in diesem Zusammenhang oftmals eine Kündigung angedroht. Eine Kündigung muss allerdings gerechtfertigt werden. Bei der Verletzung von Compliance-Richtlinien ist eine vorherige Abmahnung erforderlich. Im Falle einer schweren Pflichtenverletzung ist eine Abmahnung hingegen entbehrlich.

Literaturverzeichnis

Annuß, Georg: AGB-Kontrolle im Arbeitsrecht: Wo geht die Reise hin?, Betriebs-Betrater BB 2002, 458–463.

Asscheid, Reiner/Prei, Ulrich/Schmidt, Ingrid: Kündigungsrecht, Großkommentar zum gesamten Recht der Beendigung von Arbeitsverhältnissen, C.H.Beck München 5. Auflage 2017 (zit.: APS/Bearbeiter).

Assmann, Heinz-Dieter/Schneider, Uwe H.: Wertpapierhandelsgesetz Kommentar, Schmidt Köln 6. Auflage 2012 (zit.: Bearbeiter, in Assmann/ Schneider, WpHG).

Bachmann, Gregor: Corporate Governance nach der Finanzkrise, Die Aktiengesellschaft AG 2011, 181–193.

Bachner, Michael/Lerch, Sascha: Ethik- und Verhaltensrichtlinien, Mitbestimmungsrechte des Betriebsrats, Arbeitsrecht im Betrieb AiB 2005, 229–232.

Barthel, Thomas/Huppertz, Christiane: Ethik-Richtlinien, Arbeitsrecht und Datenschutz bei „Whistleblower-Klauseln", Arbeit und Arbeitsrecht AuA 2006, 204–209.

Barthel, Thomas/Unger-Hellmich, Dagmar: Ethikrichtlinien und Mitbestimmung, Das BAG sorgt für Klarheit, AuA 2009, 78–80.

Bauckhage-Hoffer, Florian/Katko, Peter: Compliance-Systeme und Datentransfer im Konzern, WM 2012, 486–492.

Bauer, Jobst-Hubertus: Sprecherausschussgesetz mit Wahlordnung und Erläuterungen, C.H.Beck München 2. Auflage 1990 (zit.: Bauer, SprAuG).

Bauer, Jobst-Hubertus/Krieger, Steffen: Allgemeines Gleichbehandlungsgesetz, Kommentar, C.H.Beck München 4. Auflage 2015 (zit.: Bauer/Krieger, AGG).

Baums, Theodor: Risiko und Risikosteuerung im Aktienrecht, Zeitschrift für Unternehmens- und Gesellschaftsrecht ZGR 2011, 218–274.

Bayreuther, Frank: Tarifautonomie als kollektive ausgeübte Privatautonomie, Tarifrecht im Spannungsfeld von Arbeits-, Privats- und Wirtschaftsrecht, C.H.Beck München 2005 (zit.: Bayreuther, Tarifautonomie, S.).

Beck, Heinz/Samm, Carl-Theodor/Kokemoor, Axel: Kreditwesengesetz mit CRR, C.F. Müller Heidelberg 2016 (zit.: Bearbeiter, in Beck/ Samm/ Kokemoor, KWG mit CRR).

Behrendt, Markulf/Kaufmann, Mario: Whistleblowing-Hotlines aus arbeits- und datenschutzrechtlicher Sicht – Lösungswege im Unternehmen, Computer und Recht CR 2006, 642–648.

Benecke, Martina: Die „überflüssige Änderungskündigung“ – ein Scheinproblem Neue Zeitschrift für Arbeitsrecht, NZA 2005, 1092–1096.

Benecke, Martina/Groß, Nadja: Druck von Dritten nach Compliance-Verstößen, Die außerordentliche Kündigung als Maßnahme personeller Selbstreinigung, BB 2015, 693–698.

Bergmoser, Ulrich/Theusinger, Ingo/Gushurst, Klaus-Peter: Corporate Compliance – Grundlagen und Umsetzung, BB Special 5 2008, 1–11.

Berkowsky, Wilfried: Änderungskündigung, Direktionsrecht und Tarifvertrag – Zur Dogmatik der „überflüssigen Änderungskündigung“ , NZA 1999, 293–299.

Berkowsky, Wilfried: Möglichkeiten und Grenzen der Änderungskündigung, NZA-Beilage (NZA-Beil.) 2010, 50–60.

Berndt, Thomas/Hoppler, Ivo: Whistleblowing-ein integraler Bestandteil effektiver Corporate Governance, BB 2005, 2623–2629.

Betz, Christoph: Die betriebsbedingte Änderungskündigung- Mittel oder Hindernis bei der Umsetzung freier unternehmerischer, European law publischers München 2008 (zit.: Betz, betriebsbedingte Änderungskündigung).

Bissels, Alexander/Lützeler, Martin/Wisskirchen, Gerlind: Facebook, Twitter & Co.: Das Web 2.0 als arbeitsrechtliches Problem, BB 2010, 2433–2439.

Bissels, Alexander/Lützeler, Martin: Compliance-Verstöße im Ernstfall: Der Weg zu einer verhaltensbedingten Kündigung, BB 2012, 189–193.

Bittmann, Barbara/Lenze, Stephanie: Mitbestimmung bei Ethikrichtlinie – Zuständigkeit des Gesamtbetriebsrats, Der Betrieb DB 2006, 165–166.

Bloesinger, Hubert: Grundlagen und Grenzen privater Internetnutzung am Arbeitsplatz, BB 2007, 2177–2184.

Boemke, Burkhard: Ausländische Bestimmungen als Mitbestimmungssperre i. S. von § 87 BetrVG, DB 2010, 843–846.

Boemke, Burkhard: Nebenpflichten des Arbeitnehmers , Arbeitsrecht-Blattei, Systematische Darstellungen (AR-Blattei SD) 1228.

Bohnert, Joachim/Krenberger, Benjamin/Krumm, Carsten: Ordnungswidrigkeitengesetz Kommentar, C.H.Beck München 4. Auflage 2016 (zit.: Bohnert/Krenberger/Krumm, OWiG).

Boos, Karl-Heinz/Fischer, Reinfrid/Schulte-Mattler, Hermann: KWG, CRR-VO Kommentar zu Kreditwesengesetz, VO (EU) Nr. 575/2013 (CRR) und Ausführungsvorschriften, C.H.Beck München 5. Auflage 2016 (zit.: Bearbeiter, in in Boos/ Fischer/ Schulte-Mattler, KWG).

Borgmann, Bernd: Ethikrichtlinien und Arbeitsrecht, NZA 2003, 352–357.

Böttcher, Lars: Compliance – Der IDW PS 980 – Keine Lösung für alle (Haftungs-)Fälle! NZG 2011, 1054–1058.

Breininger, Astrid/Krader, Gabriela: Whistleblowing-Chancen und Risiken bei der Umsetzung von anonym nutzbaren Hinweisgebersystemen im Rahmen des Compliance-Managements von Unternehmen, Recht der Datenverarbeitung RDV 2006, 60–70.

Budäus, Dietrich (Hrsg.): Governance von Profit- und Nonprofit-Organisationen in gesellschaftlicher Verantwortung Springer Wiesbaden 2005 (Bearbeiter, in Budäus, Governance von Profit- und Nonprofit-Organisationen in gesellschaftlicher Verantwortung, S.).

Bunting, Nikolaus: Das Früherkennungssystem des § 91 Abs. 2 AktG in der Prüfungspraxis – eine kritische Betrachtung des IDW PS 340, Zeitschrift für Wirtschaftsrecht und Insolvenzpraxis, ZIP 2012, 357–362.

Burkiczak, Christian M: Grundrechtsbindung der Tarifvertragsparteien oder Relevanz grundrechtlicher Schutzpflichten – Erfurter Einerlei?, Recht der Arbeit RdA 2007, 17–22.

Bürkle, Jürgen: Corporate Compliance – Pflicht oder Kür für den Vorstand der AG?, BB 2005, 565–570.

Bürkle, Jürgen: Corporate Compliance als Standard guter Unternehmensführung des Deutschen Corporate Governance Kodex, BB 2007, 1797–1801.

Bürkle, Jürgen: Compliance als Aufgabe des Vorstands der AG – Die Sicht des LG München I, Corporate Compliance Zeitschrift CCZ 2015, 52–55.

Bürkle, Jürgen: Weitergabe von Informationen über Fehlverhalten in Unternehmen (Whistleblowing) und Steuerung auftretender Probleme durch ein Compliance-System, DB 2004, 2158–2161.

Bussmann, Kai-D./Salvenmoser, Steffen/Jeker, Marc: Compliance ist im Markt, aber noch nicht im Recht – Ergebnisse einer Unternehmensbefragung, CCZ 2016, 235–240.

Büssow, Thomas/Taetzner, Tobias: Sarbanes-Oxley Act Section 404: Internes Kontrollsystem zur Sicherstellung einer effektiven Finanzberichterstattung im Steuerbereich von Unternehmen – Pflicht oder Kür?, BB 2005, 2437–2444.

Cauers, Lutz/Haas, Klaus/Jakob, Alexander/Kremer, Friedhelm/Schartmann, Bernd /Welp, Oliver: Ist der gegenwärtig viel diskutierte Begriff „Compliance" nur alter Wein in neuen Schläuchen?, DB 2008, 2717–2719.

Clemenz, Susanne/Kreft, Burghard/Krause, Rüdiger: AGB-Arbeitsrecht, Kommentar zu den §§ 305 – 310 BGB, Schmidt Köln, 8. Auflage 2013 (zit.: Bearbeiter, in Clemenz/Kreft/Krause, AGB-Arbeitsrecht).

Däubler, Wolfgang/Bertzbach, Martin: Allgemeines Gleichbehandlungsgesetz Handkommentar, Nomos Baden-Baden 3. Auflage 2013 (zit.: Bearbeiter, in Däubler/Bertzbach, AGG)

Däubler, Wolfgang/Bonin, Birger/Deinert, Olaf: AGB-Kontrolle im Arbeitsrecht, Kommentar zu den §§ 305 bis 310 BGB, Vahlen Franz München 4. Auflage 2014 (zit.: Bearbeiter, in Däubler/ Bonin/ Deinert, AGB- Kontrolle).

Dehyle, Matthias: Arbeitsrechtliche Compliance und die Auswirkungen auf das Kündigungsrecht , Peter Lang Frankfurt a. M. 2015 (zit.: Deyhle, S.).

Deinert, Olaf: Ethik, Whistleblower und Mitbestimmung, Arbeit und Recht AuR 2008, 90–91.

Diehn, Thomas: AGB-Kontrolle von arbeitsrechtlichen Verweisungsklauseln, NZA2004, 129–135.

Dierlamm, Alfred: Compliance-Anreiz-Gesetz (CompAG) Ein Vorschlag des Deutschen Instituts für Compliance – DICO e.V. für den Entwurf eines Gesetzes zur Schaffung von Anreizen für Compliance-Maßnahmen in Betrieben und Unternehmen (Compliance-Anreiz-Gesetz, CompAG), CCZ 2014, 194–198.

Diller, Martin: Der Arbeitnehmer als Informant, Handlanger und Zeuge im Prozess des Arbeitgebers gegen Dritte, DB 2004, 313–319.

Dölling, Dieter: Handbuch der Korruptionsprävention, für Wirtschaftsunternehmen und öffentliche Verwaltung, C.H.Beck München 2007 (zit.: Dölling/ Bearbeiter, Kap.).

Dörsam, Matthias: Die Rechtsstellung der leitenden Angestellten, Zeitschrift für Bilanzierung, Rechnungswesen und Controlling BC 2000, 90–93.

Duden-Oxford-Großwörterbuch Englisch, Duden Mannheim 2005.

Dzida, Boris: Die Mitbestimmung des Konzernbetriebsrats bei Ethik-Richtlinien, NZA 2008, 1265–1269.

Ehmann, Horst/Schmidt, Thomas Bendedikt: Betriebsvereinbarungen und Tarifverträge, Grenzen des Tarifvorrangs, NZA 1995, 197–203.

Eichler, Hubertus: Compliance-Management-Systeme – Praktische Ausgestaltung für die Teilbereiche Antikorruption sowie Wettbewerbs- und Kartellrecht, Die Wirtschaftsprüfung WPg 2015, 7–15.

Einsele, Dorothee: Auswirkungen der Rom I-Verordnung auf Finanzdienstleistungen Wertpapier-Mitteilungen, WM 2009, 289–300.

Einsenbeis, Ernst/Nießen, Christoph: Auf Kollisionskurs: Ethikrichtlinien nach US-Amerikanischen Vorbild und deutsches Arbeitsrecht, in Bewegtes Arbeitsrecht, Festschrift für Wolfgang Leinemann zum 70. Geburtstag, Luchterhand, Neuwied, 2006 (zit.: FS Leinemann, S.).

Eisele, Dieter: Insiderrecht und Compliance, WM 1993, 1021–1026.

Erfurter Kommentar zum Arbeitsrecht, C.H.Beck München 17. Auflage 2017 (zit.: ErfK/Bearbeiter).

Ettinger, Jochen/Grützedick, Elke: Haftungsrisiken im Zusammenhang mit der Abgabe der Corporate Governance Entsprechenserklärung gemäß § 161 AktG, AG 2003, 353–366.

Etzel, Gerhard/Bader, Peter/Fischermeier, Ernst/ Treber, Jürgen: KR, Gemeinschaftskommentar zum Kündigungsschutzgesetz und zu sonstigen kündigungsschutzrechtlichen Vorschriften, Luchterhand Köln 11. Auflage 2016 (zit.: KR/Bearbeiter).

Fahrig, Stephan R. M.: Verhaltenskodex und Whistleblowing im Arbeitsrecht, Neue Juristische Online-Zeitschrift NJOZ 2010, 975–979.

Fett, Torsten/Theusinger, Ingo: Compliance im Konzern–Rechtliche Grundlagen und praktische Umsetzung, BB-Special 4 2010, 6–14.

Fischer-Lescano, Andreas: Internationalrechtliche Regulierung des Whistleblowing - Anpassungsbedarf im dt. Recht - Teil 1, AuR 2016, 4–9.

Fischermeier, Ernst: Die betriebsbedingte Änderungskündigung, NZA 2000, 737–744.

Fitting, Karl/Engels, Gerd/Schmidt, Ingrid/Trebinger, Yvonne/Linsenmaier, Wolfgang: Betriebsverfassungsgesetz, Handkommentar, Vahlen München, 28. Auflage 2016 (zit.: Fitting, BetrVG).

Fleischer, Holger: Legal Transplants im deutschen Aktienrecht, Neue Zeitschrift für Gesellschaftsrecht, NZG 2004,1129–1137.

Fleischer, Holger: Vorstandsverantwortlichkeit und Fehlverhalten von Unternehmensangehörigen- Von der Einzelüberwachung zur Errichtung einer Compliance-Organisation, AG 2003, 291–300.

Fleischer, Holger (Hrsg.): Handbuch des Vorstandsrechts, C.H.Beck München 2006 (zit.: Bearbeiter, in Fleischer VorstandsR-HdB).

Franzen, Martin: Betriebsvereinbarung: Alternative zu Tarifvertrag und Arbeitsvertrag?, NZA- Beil. 3 2006, 107–115.

Fuchs, Andreas (Hrsg.): Wertpapierhandelsgesetz Kommentar, C.H.Beck München 2. Auflage 2016 (zit.: Bearbeiter, in Fuchs WpHG).

Gabler Wirtschaftslexikon, Springer Gabler Wiesbaden 2014.

Gaul, Björn/Ludwig, Daniel: „Uneingeschränkte AGB-Kontrolle bei dynamischer Bezugnahme im Arbeitsvertrag bei arbeitgeberseitigen Regelungswerken-Richtlinien und Arbeitsordnungen des Arbeitgebers“, BB 2010, 55–59.

Gaul, Dieter: Vertragsänderung durch Änderung des Organisationsplans?, NZA 1990, 873–881.

Goette, Wulf/Habersack, Mathias/Kalss, Susanne (Hrsg.): Münchener Kommentar zum Aktiengesetz, C.H.Beck München 4. Auflage 2016 (zit.: Bearbeiter, in Münchener Kommentar AktG).

Göpfert, Burkhard/Siegrist, Carolin: Diskriminierungsverdacht: Über den richtigen Umgang mit arbeitsrechtlichen Diskriminierungsfällen, ZIP 2006, 1710–1717.

Graser, Daniela: Whistleblowing Arbeitnehmeranzeigen im US-amerikanischen und deutschen Recht, Peter Lang Frankfurt a. M. 2000 (zit.: Graser, S.).

Grötzinger, Martin/Hohmann, Rolf: Ethik-Richtlinien–Leitbilder mit Erfolg einführen, AuA 2006, 286–287.

Gruson, Michael/Kubicek, Matthias: Der Sarbanes-Oxley Act, Corporate Governance und das deutsche Aktienrecht (Teil I), AG 2003, 337–352.

Gruson, Michael/Kubicek, Matthias: Der Sarbanes-Oxley Act, Corporate Governance und das deutsche Aktienrecht (Teil II), AG 2003, 393–406

Hagen-Eck, Regine/Wirsch, Stefan: Gestaltung von Directors' Dealings und die Pflichten nach § 15a WpHG-Einschließlich der gesteigerten Anforderungen nach dem Transparenzrichtlinie-Umsetzungsgesetz (TUG), DB 2007, 504–509.

Hanau, Peter: Aktuelle Probleme der Mitbestimmung über das Arbeitsentgelt gem § 87 Abs 1 Nr 10 BetrVG, BB 1977, 350–356.

Hauschka, Christoph E./Besch, Christoph: Corporate Compliance, Handbuch der Haftungsvermeidung im Unternehmen, C.H.Beck München 2. Auflage 2010 (zit.: Bearbeiter, in Hauschka Corporate Compliance (2010)).

Hauschka, Christoph E./Greeve, Gina: Compliance in der Korruptionsprävention-was müssen, was sollen, was können die Unternehmen tun?, BB 2007, 165–173.

Hauschka, Christoph E./Moosmayer, Klaus/Lösler, Thomas: Corporate Compliance, Handbuch der Haftungsvermeidung im Unternehmen, C.H.Beck München 3. Auflage 2016 (zit.: Bearbeiter, in Hauschka/Moosmayer/Lösler Corporate Compliance (2016)).

Hauschka, Christoph E.: Compliance am Beispiel der Korruptionsbekämpfung, Eine Erwiderung aus der Praxis auf Uwe H. Schneiders Vorschläge ZIP 2003, 645, ZIP 2004,877–883.

Hauschka, Christoph E.: Die Voraussetzungen für ein effektives Compliance System i.S. von § 317 Abs. 4 HGB, DB 2006, 1143–1146.

Hauschka, Christoph E.: Compliance, Compliance-Manager, Compliance-Programme – Eine geeignete Reaktion auf gestiegene Haftungsrisiken für Unternehmen und Management?, Neue Juristische Wochenschrift NJW 2004, 257–261.

Hehn, Paul A. von/Hartung, Wilhelm: Unabhängige interne Untersuchungen in Unternehmen als Instrument guter Corporate Governance – auch in Europa?, DB 2006, 1909–1914.

Heinz, Meinhard: Kollektive Arbeitsbedingungen im Spannungsfeld zwischen Tarif- und Betriebsautonomie, NZA 1995, 5–8.

Heldmann, Sebastian: Betrugs- und Korruptionsbekämpfung zur Herstellung von Compliance-Arbeits- und datenschutzrechtliche Sicht, DB 2010,1235–1239.

Henssler, Martin/Willemsen, Heinz Josef/Kalb, Heinz-Jürgen (Hrsg.): Arbeitsrecht Kommentar, Schmidt Köln 7. Auflage 2016 (zit.: HWK/Bearbeiter).

Herbert, Manfred/Oberrath, Jörg-Dieter: Die soziale Rechtfertigung der betriebsbedingten Änderungskündigung, NJW 2008, 3177–3182.

Hofer,Markus/Hanenberg, Ludger: Die aktuellen MaRisk nach der 4. Novelle – Umsetzung internationaler Entwicklungen in deutsche bankaufsichtliche Regeln zum Risikomanagement, WPg 2014, 570–578.

Hofmann, Stefan: Whistleblowing: Heldentat oder Verrat? Hinweisgeber im Spannungsfeld zwischen Zivilcourage und Denunziantentum, Zeitschrift für Corporate Governance ZCG 2006, 121–126.

Hohmuth, Markus: Die arbeitsrechtliche Implementierung von Compliance-Pflichten, BB 2014, 3061–3066.

Hromadka, Wolfgang (Hrsg.): Änderung von Arbeitsbedingungen, Recht u. Wirtschaft Heidelberg 1990 (zit.: Bearbeiter, in Hromadka, Arbeitsbedingungen).

Hromadka, Wolfgang/Maschmann, Frank: Arbeitsrecht Band 1, 2, Springer Berlin 3. Auflage 2008 (zit.:Hromadka/Maschmann, Arbeitsrecht Band).

Hromadka, Wolfgang: Das allgemeine Weisungsrecht, DB 1995, 2601–2606.

Hromadka, Wolfgang: Inhaltskontrolle von Arbeitsverträgen, Festschrift für Thomas Dieterich zum 65. Geburtstag, C.H.Beck München 1990 (zit.: Hromadka, FS Dieterich 1999).

Hromadka, Wolfgang: Die Änderungskündigung – eine Skizze, DB 2002, 1322–1326.

Hromadka, Wolfgang: Nochmals: Die „überflüssige" Änderungskündigung, NZA 2008, 1338–1340.

Hromadka, Wolfgang: Neues zur überflüssigen Änderungskündigung, Gebrauchsanweisung zu § 106 GewO, NZA 2012, 896–898.

Hromadka, Wolfgang: Betriebsvereinbarung über mitbestimmungspflichtige soziale Angelegenheiten bei Tarifüblichkeit – Zwei-Schranken-Theorie ade?, DB 1987, 1991–1994.

Hromadka, Wolfgang/Sieg, Rainer: SprAuG Kommentar zum Sprecherausschussgesetz, Luchterhand Köln 3. Auflage 2014 (zit.: Hromadka/Sieg, SpruAuG).

Hüffer, Uwe/Koch, Jens: Aktiengesetz, C.H.Beck München 12. Auflage 2016 (zit.: Bearbeiter, in Hüffer/ Koch, AktG).

Hunold, Wolf: Die „überflüssige" Änderungskündigung, NZA 2008, 860–863.

Hunold, Wolf: Rechtsprechung zur Nebentätigkeit des Arbeitnehmers, NZA-RR 2002, 505–501.

Huth, Mark-Alexander: Grundsätze ordnungsmäßiger Risikoüberwachung, BB 2007, 2167–2170.

Hütten, Christoph/Stromann, Hilke: Umsetzung des Sarbanes-Oxley Act in der Unternehmenspraxis, BB 2003, 2223–2227.

Hütten, Christoph: Unternehmenseigener Corporate-Governance-Kodex – Zulässigkeit und sinnhaftigkeit in Zeiten von TransPuG und Deutschem Kodex, BB 2002, 1740–1742.

Jerusalem, Konrad: Die Regelung der Mitarbeitergeschäfte im Bankgewerbe durch Compliance, Erich Schmidt Berlin 1996 (zit.: Jerusalem, S.).

Jonker, Jan/Stark, Wolfgang/Tewes, Stefan: Corporate Social Responsibility und nachhaltige Entwicklung-Einführung, Strategie und Glossar, Springer Berlin 2011 (zit.: Jonker/Stark/Tewes, Corporate Social Responsibility).

Junker, Abbo: Grundkurs Arbeitsrecht C.H.Beck München 16. Auflage 2017 (zit.: Junker, Arbeitsrecht).

Junker, Abbo: Konzernweite „Ethikregeln" und nationale Betriebsverfassungen, BB 2005, 602–605.

Kagan, Heike: Das Mitbestimmungsrecht des Betriebsrats bei der Einführung von Ethikrichtlinien, Peter Lang Frankfurt a. M. 2012 (zit.: Kagan, S.).

Kamann, Hans-Georg/Simpkins, Martina: Sarbanes-Oxley Act – Anlass zu verstärkter internationaler Kooperation im Bereich der Corporate Governance?, Recht der internationalen Wirtschaft RIW 2003, 183–189.

Kempen, Otto Ernst/Zachert, Ulrich: TVG- Tarifvertragsgesetz: Kommentar für die Praxis, Bund-Verlag Frankfurt a. M. 5. Auflage 2014 (zit.: Kempen/ Zachert, TVG).

Kielkowski, Jacek B./Happ, Daniel: Kündigung wegen Verstoßes gegen Compliance-Regeln, Juris PraxisReport Compliance and Investigations jurisPR-Compl 4/2016 Anm. 3.

Klasen, Evelyn/Schaefer, Sandra: Whistleblower, Zeuge und „Beschuldigter" – Informationsweitergabe im Spannungsfeld grundrechtlicher Positionen, BB 2012, 641–647.

Klindt, Thomas: Nicht-börsliches Compliance-Management als zukünftige Aufgabe der Inhouse-Juristen, NJW 2006, 3399–3400.

Kock, Martin: Einführung einer Ethikrichtlinie im Unternehmen, Monatsschrift für Deutsches Recht MDR 2006, 673–676.

Kock, Martin: Unternehmensethik: Einführung, Inhalte und Mitbestimmung des Betriebsrats, Der Arbeits-Rechtsberater ArbRB 2006, 116–118.

Kock, Martin: Compliance im Unternehmen – Ethisch sei der Mensch, hilfreich und gut!, ZIP 2009, 1406–1412.

Kolbe, Sebastian: Unkündbarkeit für Korruptionstäter?, NZA 2009, 228–232.

Kolle, Tina/Deinert, Olaf: Liebe ist Privatsache-Grenzen einer arbeitsvertraglichen Regelung zwischenmenschlicher Beziehungen, AuR 2006, 177–184.

Köpke, Ronald/Röhr, Wolfgang: Codes of Conduct-Verhaltensnormen für Unternehmen und ihre Überwachung, PapyRossa Köln 2003 (zit.: Köpke/Röhr, code of conduct).

Kort, Michael: Betriebsverfassungsrechtliche Mitbestimmung bei der Einführung von „Ethik-Richtlinien", in Festschrift für Herbert Buchner zum 70. Geburtstag, C.H.Beck München 2009 (zit.: Kort, in FS Buchner 2009).

Kort, Michael: Compliance-Pflichten und Haftung von GmbH-Geschäftsführern, GmbH-Rundschau GmbHR 2013, 566, 568.

Kort, Michael: Verhaltensstandardisierung durch Corporate Compliance, NZG 2008,81–86.

Kort, Michael: Ethik-Richtlinien im Spannungsfeld zwischen US-amerikanischer Compliance und deutschem Konzernbetriebsverfassungsrecht, NJW 2009, 129–133.

Korte, Matthias: Aus der Rechtsprechung zum Gesetz über Ordnungswidrigkeiten-2004, Neue Zeitschrift für Strafrecht NStZ 2006, 24–30.

Köstner, Dominic: Compliance-Richtlinien im Unternehmen- Arbeits- und datenschutzrechtliche Implementierungsaspekte, Peter Lang Franktfurt a. M. 2012 (zit.: Köstner, S.).

Krause, Rüdiger: Sarbanes-Oxley Act und deutsche Mitbestimmung, WM 2003, 762–771.

Kremer, Thomas/Bachmann, Gregor/Lutter, Marcus/ von Werder, Axel: Deutscher Corporate Governance Kodex, Kodex-Kommentar, C.H. Beck München 6. Auflage 2016 (zit.: Bearbeiter, in Kremer/Bachmann/Lutter/v.Werder, DCGK).

Kremer, Thomas/Klahold, Christoph: Compliance-Programme in Industriekonzernen, ZGR 2010, 113–143.

Krimphove, Dieter/Kruse, Oliver: MaComp Mindestanforderungen an die Compliance-Funktion und die weiteren Verhaltens-, Organisations- und Transparenzpflichten nach §§ 31 ff. WpHG für Wertpapierdienstleistungsunternehmen Kommentar, C.H. Beck München 2013 (zit.: Bearbeiter, in Krimphove/Kruse, MaComp-Kommentar).

Kühn, Thomas: Rechtsfolgen rechtswidriger Weisungen, NZA 2015,10–14.

Lakies, Thomas: Das Weisungsrecht des Arbeitgebers (§ 106 GewO) – Inhalt und Grenzen , BB 2003, 364–369.

Lanfermann, Georg/Maul, Silja: SEC-Ausführungsregelungen zum Sarbanes-Oxley Act, DB 2003, 349–355.

Lang, Peter: Corporate Compliance-Verantwortung, Implementierungspflichten und Umsetzung in der unverbundenen Aktiengesellschaft und im Konzern, Kovač Hamburg 2013 (zit.: Lang, Corporate Compliance, S.)

Lange, Knut Werner/Wall, Friederike: Risikomanagement nach dem KonTraG-Aufgaben und Chancen aus betriebswirtschaftlicher und juristischer Sicht, Vahlen München 2001 (zit.: Bearbeiter, in Lange/Wall, Risikomanagement nach dem KonTraG).

Lelley, Jan Tibor: Compliance im Arbeitsrecht, Leitfaden für die Praxis, Luchterhand Köln 2010 (zit.: Lelley, Compliance im Arbeitsrecht).

Liese, Jens: Much Adoe About Nothing? oder: Ist der Vorstand einer Aktiengesellschaft verpflichtet, eine Compliance-Organisation zu implementieren?, BB-Special 5 2008, 17–22.

Lösler, Thomas: Compliance im Wertpapierdienstleistungskonzern, De Gruyter Recht Berlin 2003 (zit. Lösler, in Compliance im Wertpapierdienstleistungskonzern, S.).

Lösler, Thomas: Das moderne Verständnis von Compliance im Finanzmarktrecht, NZG 2005,104–108.

Lösler, Thomas: Spannungen zwischen der Effizienz der internen Compliance und möglichen Reporting-Pflichten des Compliance Officers, WM 2007, 676–683.

Löwisch, Manfred/Rieble, Volker: Tarifvertragsgesetz Kommentar, C.H.Beck München 4. Auflage 2017 (zit.: Löwisch/Rieble, TVG).

Mahnhold, Thilo: „Global Whistle“ oder „deutsche Pfeife“-Whistleblowing-Systeme im Jurisdiktionskonflikt, NZA 2008, 737–743.

Mahnhold, Thilo: Compliance und Arbeitsrecht- insiderrechtliche Verhaltenskonzepte im nationalen und multinationalen Unternehmen, Peter Lang Frankfurt a. M. 2004 (zit.: Mahnhold, Compliance und Arbeitsrecht, S.).

Maschmann, Frank: Corporate Compliance, Neue Herausforderungen für das Arbeitsrecht, AuA 2009, 72–77.

Maschmann, Frank: Corporate Compliance und deutsches Arbeitsrecht, in Festschrift anlässlich des zehnjährigen Bestehens des Studiengangs Luftverkehrsmanagement an der Frankfurt University of Applied Sciences, Prag, 2009 S. 246–242 (zit.: Maschmann, in FS Tröster).

Maume, Philipp/Haffke, Lars: Whistleblowing als Teil der Unternehmenscompliance - Rechtlicher Rahmen und Best Practice, ZIP 2016, 199–207.

Mengel, Anja/Hagemeister, Volker: Compliance und Arbeitsrecht, BB 2006, 2466–2471.

Mengel, Anja/Hagemeister, Volker: Compliance und arbeitsrechtliche Implementierung im Unternehmen- Fortsetzung des Beitrags „Compliance und Arbeitsrecht", BB 2006, 2466, BB 2007, 1386–1393.

Mengel, Anja/Ullrich, Thilo: Arbeitsrechtliche Aspekte unternehmensinterner Investigations, NZA 2006, 240–246.

Mengel, Anja: Compliance und Arbeitsrecht, Implementierung, Durchsetzung-Organisation, C.H.Beck München 1. Auflage 2009 (zit.: Mengel, Compliance und Arbeitsrecht).

Mengel, Anja: Arbeitsrechtliche Besonderheiten der Implementierung von Compliance-Programmen in internationalen Konzernen, CCZ 2008, 85–91.

Mengel, Anja: Anmerkung zum EGMR, vom 21.7.2011 - 28274/08, CCZ 2011, 229–231.

Menzies, Christof: Sarbanes-Oxley und Corporate Compliance, Nachhaltigkeit, Optimierung, Integration, Schäffer-Poeschel Stuttgart 2006 (zit.: Menzies, Sarbanes-Oxley und Corporate Governance S.).

Meyer, Simone: Auch Personalleiter sind Risikomanager, Von den Personalleitertagungen Innendienst 2008, Versicherungswirtschaft VW 2008, 950–952.

Meyer, Uwe: Ethikrichtlinien internationaler Unternehmen und deutsches Arbeitsrecht, NJW 2006, 3605–3609.

Moll, Wilhelm (Hrsg.): Münchener Anwaltshandbuch Arbeitsrecht, C.H.Beck München 4. Auflage 2017 (zit.: Moll-MAH ArbR/Bearbeiter).

Mülbert, Peter O.: Bankenaufsicht und Corporate Governance-Neue Organisationsanforderungen im Finanzdienstleistungsbereich, Zeitschrift für Bank- und Kapitalmarktrecht BKR 2006, 349–360.

Müller, Michael: Whistleblowing - Ein Kündigungsgrund?, NZA 2002, 424–434.

Müller-Bonanni, Thomas/Sagan, Adam: Arbeitsrechtliche Aspekte der Compliance, BB-Special 5 2008, 28–32.

Müller-Bonanni, Thomas/Schell, Jan: Datenschutzrechtliche Aspekte sog. „Whistleblower Hotlines“, ArbRB 2006, 299–302.

Münchener Kommentar Bürgerlichen Gesetzbuch : BGB Band 4: Schuldrecht, Besonderer Teil II, C.H.Beck München 6. Auflage 2012 (zit.: Bearbeiter, in Münchener Kommentar BGB).

Nave, Jose A Campos/Bonenberger, Saskia: Korruptionsaffären, Corporate Compliance und Sofortmaßnahmen für den Krisenfall, BB 2008, 734–741.

Neufeld, Tobias/Knitter, Janna: Mitbestimmung des Betriebsrats bei Compliance-Systemen, BB 2013, 821–826.

Nezmeskal-Berggötz, Susanna: Einführung und Inhalte von Ethikrichtlinien in multinationalen Unternehmen, CCZ 2009, 209–215.

Oelkers, Felix/Schmidt, Peter: Das Direktionsrecht des Arbeitgebers, NJW-Spezial 2006, 465–466.

Oetker, Hartmut: Das Arbeitsentgelt der leitenden Angestellten zwischen Individualautonomie und kollektiver Interessenvertretung, BB 1990, 2181–2187.

Oetker, Hartmut: Die Ausprägung der Grundrechte des Arbeitnehmers in der Arbeitsrechtsordnung der Bundesrepublik Deutschland, RdA 2004, 8–19.

Oetker, Hartmut: Dynamische Verweisungen in Allgemeinen Geschäftsbedingungen als Rechtsproblem, JuristenZeitung JZ 2002, 337–342.

Ohlendorf, Bernd/Bünning, Birte: Ethik-Richtlinien, Mitbestimmung nach BetrVG, AuA 2006, 200–203.

Ohmann-Sauer, Ingrid: Compliance-Audit im Arbeitsrecht, Handlungsempfehlungen für den Compliance-Beauftragte, AuA 2007, 520–524.

Preis, Ulrich/Genenger, Angie: Die unechte Direktionsrechtserweiterung, NZA 2008, 969–977.

Preis, Ulrich (Hrsg.): Der Arbeitsvertrag, Handbuch der Vertragspraxis und –gestaltung, Schmidt Köln 5. Auflage 2015 (zit.: Preis/Bearbeiter, Der Arbeitsvertrag).

Preis, Ulrich/Reinfeld, Roland: Schweigepflicht und Anzeigerecht im Arbeitsverhältnis, AuR 1989, 361–374.

Preis, Ulrich: Arbeitsrecht, Individualarbeitsrecht: Lehrbuch für Studium und Praxis, Schmidt Köln 5. Auflage 2017 (zit.: Preis, Individualarbeitsrecht).

Preis, Ulrich: Probleme der Bezugnahme auf Allgemeine Arbeitsbedingungen und Betriebsvereinbarungen, NZA 2010, 361–367.

Preis, Ulrich: Unbillige Weisungsrechte und überflüssige Änderungskündigungen, NZA 2015, 1–10.

Preis, Ulrich: Der langsame Tod der Freiwilligkeitsvorbehalte und die Grenzen betrieblicher Übung, NZA 2009, 281–289.

Raab, Thomas: Der kollektive Tatbestand als Voraussetzung der Mitbestimmung des Betriebsrats in sozialen Angelegenheiten, ZfA 2001, 31–66.

Regelin, Peter/Fischer,Raymond: Zum Stand der Umsetzung des Sarbanes-Oxley Act aus deutscher Sicht, Internationales Steuerrecht IStR 2003, 276–288.

Reuther, Dieter: Unternehmerische Freiheit und betriebsbedingte Kündigung, RdA 2004, 161–167.

Reuter, Marc/Sagan, Adam/Witsche, Stefan: Die überflüssige Änderungskündigung Eine überflüssige Kategorie in der Rechtsprechung des BAG, NZA 2013, 935–941.

Richardi, Reinhard/Bayreuther, Frank: Kollektives Arbeitsrecht, Vahlen München 3. Auflage 2016 (zit.: Richardi/ Bayreuther, Kollektives Arbeitsrech).

Richardi, Reinhard/Wißmann, Hellmut/Wlotzke, Otfried/Oetker, Hartmut (Hrsg.): Münchener Handbuch zum Arbeitsrecht, C.H.Beck München 3. Auflage 2009 (zit.: MünchArbR/Bearbeiter).

Richardi, Reinhard: Betriebsverfassungsgesetz mit Wahlordnung Kommentar, C.H.Beck München 15. Auflage 2016 (zit.: Richardi/Bearbeiter, BetrVG).

Richardi, Reinhard: Gestaltung der Arbeitsverträge durch Allgemeine Geschäftsbedingungen nach dem Schuldrechtsmodernisierungsgesetz, NZA 2002, 1057–1064.

Richters, Swantje/Wodke, Carolina: Schutz von Betriebsgeheimnissen aus Unternehmenssicht- „Verhinderung von Know-how Abfluss durch eigene Mitarbeiter", NZA-RR 2003, 281–288.

Rolfs, Christian: Die Inhaltskontrolle arbeitsrechtlicher Individual- und Betriebsvereinbarungen, RdA 2006, 349–356.

Rotsch, Thomas (Hrsg.): Criminal Compliance Handbuch, Nomos Baden-Baden 1. Auflage 2015 (zit.: Bearbeiter, in Rotsch, Criminal Compliance).

Rüthers, Bernd/Beninca, Jürgen: Die Verwirklichung des Tendenzschutzes in Pressebetrieben im Rahmen des Direktionsrechts bei Versetzungen von Redakteuren, Archiv für Presserecht AfP 1995, 638–644.

Sagan, Adam/Witchen, Stefan/Reuter, Marc: Die überflüssige Änderungskündigung, Eine überflüssige Kategorie in der Rechtsprechung des BAG, NZA 2013, 935–941.

Schaub,Günter: Arbeitsrechtshandbuch, Systematische Darstellung und Nachschlagewerk für die Praxis, C.H.Beck München 16. Auflage 2016 (zit.: Schaub-ArbRHdB/Bearbeiter).

Schaupensteiner, Wolfgang J.: „Rechtstreue im Unternehmen–Compliance und Krisenmanagement Konzertiertes Vorgehen statt einzelbetriebliche Maßnahmen", NZA-Beil. 2011, 8–15.

Scheicht, Katrin/Loy, Daniela: Arbeitsrechtliche Aspekte des Whistleblowings, DB 2015, 803–807.

Schimansky, Herbert/Bunte, Hermann-Josef/Lwowski, Hans-Jürgen: Bankrechts-Handbuch, C.H.Beck München 4. Auflage 2011 (zit.: Bearbeiter, in Schimansky/Bunte/Lwowski, Bankrechtshandbuch).

Schlachter, Monika: Mitbestimmung bei der Einführung von „Ethikregeln" in transnationalen Wirtschaftseinheiten, in Festschrift für Reinhard Richardi zum 70. Geburtstag, C.H.Beck München 2007, S. 1067–1080 (zit.: Schlachter, in FS Richardi).

Schneider, David/Sittard, Ulrich: Ethikrichtlinien als Präventivmaßnahmen i. S. des § 12 AGG?, NZA 2007, 654–657.

Schneider, David: Die arbeitsrechtliche Implementierung von Compliance- und Ethikrichtlinien, Nomos Baden-Baden 1. Auflage 2009 (zit.: Schneider, S.).

Schneider, Uwe. H.: Compliance als Aufgabe der Unternehmensleitung, ZIP 2003, 645–650.

Schrader, Peter/Schubert, Jens M.: AGB-Kontrolle von Arbeitsverträgen – Grundsätze der Inhaltskontrolle arbeitsvertraglicher Vereinbarungen (Teil 2): Gestaltung des Arbeitsverhältnisses, Vertragsstrafe und Ausschlussfristen, NZA-RR, 2005, 225–237.

Schreiber, Alexander: Implementierung von Compliance-Richtlinien, NZA-RR 2010, 617–623.

Schröder, Matthes/Schreier, Michael: Arbeitsrechtliche Sanktionierung innerbetrieblicher Verhaltensverstöße, BB 2010, 2565–2569.

Schröder, Sebastian: Die Entwicklung von Compliance-Management-Systemen hinsichtlich Kartellrechtscompliance, CCZ 2015, 63–69.

Schulz, Mike: Compliance – Internes Whistleblowing, Die Verpflichtung zur Meldung von Fehlverhalten Dritter aus den arbeitsvertraglichen Nebenpflichten, BB 2011, 629–634.

Schulz, Mike: Ethikrichtlinien und Whistleblowing-Arbeitsrechtliche Aspekte der Einführung eines Compliance-Systems, Peter Lang Frankfurt a. M. 2010 (zit.: Schulz, S.).

Schulz, Stephan/Kuhnke, Michael: Insider-Compliance-Richtlinien als Baustein eines umfassenden Compliance-Konzeptes, BB 2012, 143–149.

Schürrle, Thomas/Fleck, Franziska: „Whistleblowing Unlimited"–Der U.S. Dodd-Frank Act und die neuen Regeln der SEC zum Whistleblowing, CCZ 2011, 218–221.

Schuster, Doris-Maria/Darsow, Ingebjörg: Einführung von Ethikrichtlinien durch Direktionsrecht, NZA 2005, 273–277.

Schwark, Eberhard/Zimmer, Daniel: Kapitalmarktrechts-Kommentar, C.H.Beck München 4. Auflage 2010 (zit.: Bearbeiter, in Schwark/Zimmer, WpHG).

Semler, Johannes/Wagner, Elisabeth: Deutscher Corporate Governance Kodex – Die Entsprechenserklärung und Fragen der gesellschaftsinternen Umsetzung, NZG 2003, 553–558.

Senge, Lothar: Karlsruher Kommentar zum Gesetz über Ordnungswidrigkeiten, C.H. Beck München 4. Auflage 2014 (zit.: Bearbeiter, in Senge Karlsruher Kommentar zum OWiG).

Simon, Stefan/Kock, Martin: Anmerkung zum ArbG Wuppertal, vom 15.6.2005 – 5 BV 20/05, DB 2005, 1800–1801.

Simonet, Michael: Notwendigkeit eines Gesetzes zum Schutz von Whistleblowern?, RdA 2013, 236–240.

Soyez, Volker: Das Compliance-Package des UK Office of Fair Trading, CCZ 2011, 189–196.

Spahlinger, Andreas/Wegen, Gerhard: Internationales Gesellschaftsrecht in der Praxis, Kollisions- und Sachrecht wesentlicher Fälle mit Auslandsberührung, europäisches Unternehmensrecht, Wahl der Gesellschaftsform, Corporate Governance, wichtige ausländische Rechtsformen, C.H.Beck München 2005 (zit.: Bearbeiter, in Spahlinger/Wegen, Internationales Gesellschaftsrecht).

Spindler, Gerald/Stilz, Eberhard: Münchener Kommentar zum Aktiengesetz, C.H.Beck München 3. Auflage 2015 (zit.: Bearbeiter, in Spindler/Stilz, Münchener Kommentar AktG).

Staudinger, Julius von (Hrsg.): J. von Staudingers Kommentar zum Bürgerlichen Gesetzbuch mit Einführungsgesetz und Nebengesetzen, Sellier de Gruyter Berlin 2016 (zit.: Staudinger/Bearbeiter).

Steffen, Markus/Stöhr, Alexander: Die Umsetzung von Compliance-Maßnahmen im Arbeitsrecht, RdA 2017, 43–52.

Steinkühler, Bernhard/Kunze, Kati: Schmiergelder, Schwarze Kassen und ihre kündigungsrechtlichen Konsequenzen, RdA 2009, 367–372.

Stoffels, Markus: AGB-Recht, C.H.Beck München 3. Auflage 2015 (zit.: Stoffels, AGB-Recht).

Strauch, Mark: Der Sarbanes-Oxley Act und die Entwicklungen im US-Aufsichtsrecht, NZG 2003, 952–956.

Stück, Volker: Kündigung wegen Verstoß gegen Compliance-Richtlinie, Anmerkung zum LAG Hessen, vom 25. 1. 2010 – 17 Sa 21/09, ArbG Frankfurt a.M., vom 8. 10. 2008 – 22 Ca 8461/06, CCZ 2011, 196–197.

Stück, Volker: Compliance und Mitbestimmung, ArbRAktuell 2015, 337–340.

Theusinger, Ingo/Liese, Jens: Rechtliche Risiken der Corporate Governance-Erklärung, DB 2008, 1419–1423.

Thüsing, Gregor/Lambrich, Thomas: AGB-Kontrolle arbeitsvertraglicher Bezugnahmeklauseln-Vertragsgestaltung nach der Schuldrechtsreform, NZA 2002, 1361–1370.

Thüsing, Gregor: Beschäftigtendatenschutz und Compliance- effektive Compliance im Spannungsfeld von BDSG, Persönlichkeitsschutz und betrieblicher Mitbestimmung, C.H.Beck München 2. Auflage 2014 (zit.: Bearbeiter, in Thüsing, Beschäftigtendatenschutz und Compliance).

Thüsing, Gregor: AGB-Kontrolle im Arbeitsrecht, C.H.Beck München 2007 (zit.: Thüsing, in AGB- Kontrolle im Arbeitsrecht).

Triskatis, Claudiana: Ethikrichtlinien im Arbeitsrecht, Peter Lang Frankfurt a. M., 2008 (zit.: Triskatis, S.).

Umnuß, Karsten: Betriebsratsmitbestimmung bei Verhaltens- bzw. Ethikrichtlinien, CCZ 2009, 88–92.

v. Buekist, Konstantin/Fahrig, Stephan: Whistleblowing und der Schutz von Hinweisgebern, BB 2013, 119–124.

v. Hoyningen-Huene, Gerrick/Linck, Rüdiger: Kündigungsschutzgesetz Kommentar, C.H.Beck München 15. Auflage 2013 (zit.: v. Hoyningen- Huene/ Bearbeiter, KSchG).

v. Hoyningen-Huene, Gerrick/Meier- Krenz, U.: Mitbestimmung trotz Tarifvertrages? Tarifvorbehalt und Tarifvorrang in § 77 Abs 3 BetrVG, NZA 1987, 793–799.

v. Hoyningen-Huene, Gerrick: Die Abmahnung im Arbeitsrecht, RdA 1990, 193–212.

Veil, Rüdiger: Compliance-Organisationen in Wertpapierdienstleistungsunternehmen im Zeitalter der MiFiD- Regelungskonzepte und Rechtsprobleme, WM 2008, 1093–1098.

Wagner, Bernhard Andreas: Ethikrichtlinien-Implementierung und Mitbestimmung, Nomos Baden-Baden 2008 (zit.: Wagner, S.).

Waitschies, Markus/Wolters, Tobias: Compliance Was kann ich als Betriebsrat tun?, AiB 2008, 644–650.

Walker, Wolf-Dietrich: Zur Zulässigkeit von Betriebsbußen, in Festschrift für Otto Rudolf Kissel zum 65. Geburtstag, C.H.Beck München 1994 S. 1205–1224 (zit.: Walker, in FS Kissel).

Wallner, Franz X.: Die Änderungskündigung, C.H.Beck München 2005 (zit.: Wallner, S.).

Waltermann,Raimund: Arbeitsrecht, Vahlen München 18. Auflage 2016 (zit.: Waltermann, Arbeitsrecht).

Weber, Ulrich/Ehrich, Christian: Direktionsrecht und Änderungskündigung bei Veränderungen im Arbeitsverhältnis, BB 1996, 2246–2254.

Weber-Rey, Daniela: Gesellschafts- und aufsichtsrechtliche Herausforderungen an die Unternehmensorganisation- Aktuelle Entwicklungen im bereich Corporate Governance, Compliance und Risikomanagement, AG 2008, 345–359.

Weber-Rey, Daniela: Whistleblowing zwischen Corporate Governance und Better Regulation, AG 2006, 406–411.

Wiebauer, Bernd: Whistleblowing im Arbeitsschutz, NZA 2015, 22–27.

Wiese, Günther/Kreutz, Peter/Oetker, Hartmut/Raab, Thomas/Weber, Christoph/Franz, Martin/Gutzeit, Martin/Jacobs, Mattias: Gemeinschaftskommentar zum Betriebsverfassungsgesetz, Luchterhand Neuwied 10. Auflage 2014 (zit.: GK-BetrVG/Bearbeiter).

Wiese, Günther: Der personale Gehalt des Arbeitsverhältnisses, ZfA 1996, 439–479.

Wiese, Günther: Der Persönlichkeitsschutz des Arbeitnehmers gegenüber dem Arbeitgeber, ZfA 1971, 273–317.

Willemsen, Alexander: Einführung und Inhaltskontrolle von Ethikrichtlinien, Centaurus Freiburg 2009 (zit.: Willemsen, S.).

Wisskirchen, Amrei: Außerdienstliches Verhalten von Arbeitnehmern, Humblot Berlin 1999 (zit.: Wisskirchen, Außerdienstliches Verhalten).

Wisskirchen, Gerlind/Bissels, Alexander/Jordan, Christopher: Arbeitsrechtliche Probleme bei der Einführung internationaler Verhaltens- und Ethikrichtlinien (Codes of Conduct/Codes of Ethics), DB 2005, 2190–2195.

Wisskirchen, Gerlind/Körber, Anke/Bissels, Alexander: „Whistleblowing" und „Ethikhotlines" – Probleme des deutschen Arbeits- und Datenschutzrechts, BB 2006, 1567–1572.

Wisskirchen, Gerlind/Schumacher, Maria-Susanna/Bissels, Alexander: „Vorweggenommene Abmahnung" – statt des Mantras der unentbehrlichen Abmahnung, BB 2012, 1473–1477.

Wolf, Manfred: Inhaltskontrolle von Arbeitsverträgen am Beispiel der Befristung einzelner Arbeitsbedingungen, RdA 1988, 270–276.

Wollenberg, Esther: Die Regelungsbefugnis von Arbeitgeber und Sprecherausschuss nach § 28 SprAuG, Peter Lang Frankfurt a. M. 1998 (zit.: Wollenberg, S.).

Wybitul, Tim: Anmerkung zum LAG Hessen, vom 18. Januar 2007 – 5 TaBV 31/06, AuA 2007, 695–696.

Zander, Ulrike: Ethik- und Verhaltensrichtlinien im Betrieb, Logos Berlin 2010 (zit.: Zander, S.).

Zimmer, Mark/Heymann, Robert C.: Beteiligungsrechte des Betriebsrats bei unternehmensinternen Ermittlungen, BB 2010, 1853–1856.

Zimmer, Mark/Seebacher, Krikor R.: Whistleblowing–Wichtige Erkenntnisquelle oder gefährliches Pflaster?, CCZ 2013, 31–33.

Zimmer, Mark/Stetter, Sabine: Korruption und Arbeitsrecht, BB 2006, 1445–1452.

Zimmermann, Georg von: Whistleblowing-Anforderungen des Sarbanes-Oxley-Acts, WM 2007, 1060–1065.

www.ingramcontent.com/pod-product-compliance
Ingram Content Group UK Ltd.
Pitfield, Milton Keynes, MK11 3LW, UK
UKHW021937290926
8980IPUK00016B/1668

9 783631 767672